BERNULF KANITSCHEIDER

VON DER MECHANISTISCHEN WELT
ZUM KREATIVEN UNIVERSUM

BERNULF KANITSCHEIDER

VON DER MECHANISTISCHEN WELT ZUM KREATIVEN UNIVERSUM

Zu einem neuen philosophischen Verständnis der Natur

WISSENSCHAFTLICHE BUCHGESELLSCHAFT
DARMSTADT

Einbandgestaltung: Neil McBeath, Stuttgart.

Einbandbild aus: Benoit B. Mandelbrot, Die fraktale Geometrie der Natur.
Basel: Birkhäuser-Verlag 1987.

Die Deutsche Bibliothek – CIP-Einheitsaufnahme

Kanitscheider, Bernulf:
Von der mechanistischen Welt zum kreativen
Universum: zu einem neuen philosophischen
Verständnis der Natur / Bernulf Kanitscheider. –
Darmstadt: Wiss. Buchges., 1993
ISBN 3-534-11296-2

Bestellnummer 11296-2

©1993 by Wissenschaftliche Buchgesellschaft, Darmstadt
Gedruckt auf säurefreiem und alterungsbeständigem Offsetpapier
Satz: Fotosatz Janß, Pfungstadt
Druck und Einband: Wissenschaftliche Buchgesellschaft, Darmstadt
Printed in Germany
Schrift: Linotype Garamond, 9.5/11

ISBN 3-534-11296-2

Meiner Mutter gewidmet,
die mich als erste auf die mathematische Schönheit
der theoretischen Physik hingewiesen hat

Es ist ein seltsames Mysterium, daß die Natur, allmächtig und blind zugleich, auf ihrem Kreisen durch die unermeßlichen Abgründe des Raumes zuletzt ein Kind gezeugt hat, das zwar immer noch ihrer Macht unterworfen ist, dem aber als Gaben das Vermögen zu sehen, das Wissen um Gut und Böse und die Fähigkeit verliehen sind, die Werke seiner vernunftlosen Mutter zu beurteilen.

Bertrand Russell

INHALT

VORWORT

Die Entstehung eines Buches bedarf vieler günstiger Randbedingungen, institutioneller und familiärer Art. Sie benötigt das Gespräch und ein günstiges Medium für sein Wachstum. Hier habe ich vielen zu danken, zuerst meiner Frau, die mit Nachsicht, Güte und Toleranz in jeder Hinsicht die ökologische Nische für die Genese dieses Werkes vorgegeben hat. Meinen Mitarbeitern Dr. Andreas Bartels und Dipl.-Phys. Stephan Hartmann danke ich für lebendige Diskussion und tatkräftige Hilfe. Besonders verdient gemacht hat sich Dipl.-Phys. Berthold Suchan, der mir vor allem in redaktionell-sprachlicher Hinsicht zur Seite stand. Anregung und Kritik in biologischen und medizinischen Fragen habe ich durch Frau Dr. med. Ilse Scharfetter erfahren. Der Wissenschaftlichen Buchgesellschaft bin ich für die sachgerechte Herstellung verpflichtet, und Frau Christel Dörr hat wie immer keine Mühe am Computer gescheut, um das druckfertige Manuskript herzustellen.

Bernulf Kanitscheider

EINLEITUNG
WISSENSCHAFT UND WELTORIENTIERUNG

Gewöhnlich pflegen sich die Menschen bei ihrer Orientierung in der Welt nicht von der Wissenschaft leiten zu lassen. Die Wissenschaft gilt als ein Luxus einer kleinen Bevölkerungsgruppe, die das Privileg besitzt, nicht körperlich arbeiten zu müssen, und sich mit abstrakten Zusammenhängen befassen kann, deren Nutzen man nur in wenigen Fällen einsieht. Der robuste Lebenspraktiker ist überzeugt, daß er sich auch mit der naturwüchsigen Grundausstattung des Menschen, dem Alltagsverstand und seinen gesunden fünf Sinnen, in der Erfahrungswelt zurechtfinden kann. Dort, wo die unmittelbar zugängliche Gegenständlichkeit nicht gegeben ist, schwindet auch sein Interesse.

Es gibt nur einige wenige Stellen, wo für den Alltagsmenschen Berührungen mit dem Nichtsichtbaren auftauchen. Krankheit, Alter, Tod sind im allgemeinen jene Lebenserfahrungen, die zumindest kurzzeitige Reflexionen auslösen und zu einer Fragehaltung führen nach dem Warum, Woher und Wohin der menschlichen Existenz und deren Zusammenhang mit ihrer weiteren Umgebung. Gewöhnlich wird diese Problematisierung der eigenen Existenz nicht lange andauern, und häufig wird sie auch von der Gesellschaft durch die historisch gegebenen Weltanschauungsaspekte der etablierten Religionen saturiert.

Die Wissenschaft wird in den seltensten Fällen befragt, ihr traut man zwar Erklärungskraft, aber kein Orientierungspotential zu. Dies gründet zum Teil auch in der Haltung der Wissenschaftler selbst. Nur wenige Forscher wagen sich daran, für eine wissenschaftliche Weltauffassung zu argumentieren. Sigmund Freud und Bertrand Russell haben dies getan[1], aber die meisten Menschen blieben eher mißtrauisch gegenüber einer Weltsicht, die auf der analysierenden Rationalität der Wissenschaft aufgebaut war. Eine Weltanschauung ist nach Sigmund Freud „eine intellektuelle Konstruktion, die alle Probleme unseres Daseins aus einer übergeordneten Annahme einheitlich löst, in der demnach keine Frage offen bleibt und alles, was unser Interesse hat, seinen bestimmten Platz findet"[2]. Schon von der Offenheit und Vorläufigkeit aller Resultate der Wissenschaft wird deutlich, daß sie den Totalitäts- und Endgültigkeitsanspruch nicht so erfüllen kann wie die auf Abgeschlossenheit und Unzeitlichkeit angelegten religiösen Weltbilder. Diese erhoben immer den Anspruch, sowohl den Ursprung und die Ordnung der Welt zu erklären als auch Leitvorstellungen in schwierigen Lebenssituationen aufzubauen sowie Handlungsvorschriften zu geben, womit die drei wichtigsten Lebensbedürfnisse angesprochen sind: Wissen, Trost und Handeln. Die religiöse Weltauffassung sorgte für eine enge, aber zuverlässige, umfassende Orientierung. Kann die Wissenschaft auch nur eine Teilfunktion davon übernehmen? Viele zweifeln daran. Selbst Berufsphilosophen wie Ludwig Wittgenstein haben zu begründen versucht, daß die Resultate der Wissenschaft für Lebensprobleme irrelevant sind. So sagt dieser: „Wir fühlen, daß selbst wenn alle *möglichen* wissenschaftlichen Fragen beantwortet sind, unsere Lebensprobleme noch gar nicht berührt sind. Freilich bleibt dann eben keine Frage mehr; und eben dies ist die Antwort."[3] Damit wird ausgedrückt, daß der Mensch im Alltag gleichsam in einer anderen Welt lebt, in einer Welt, wohin der Arm der Wissenschaft nicht reicht. Dies wird zumeist von der wissenschaftlichen Methode her begründet: Die Wissenschaft muß doch aufgrund ihrer methodischen Vorentscheidung, ihrer Forderung nach Objektivierbarkeit, Operationalisierbarkeit und Kontrollierbarkeit alles das, was diesen Kriterien nicht genügt und was das Gemüt wirklich bewegt, also Individualität, Subjektivität und Werterfahrung, ausschließen. Die Wissenschaft liefert doch notgedrungen ein Weltbild, dessen kalte Nüchternheit es völlig unsensibel für das macht, was den Menschen im Leben wirklich bedrängt. Besonders desillusionierend werden dabei Beispiele aus dem emotionalen Sektor empfunden. So wird etwa durch die Psychobiologie die Zuneigung zweier Menschen als ein psychoneuroendokrines Phänomen beschrieben, bei dem endogene chemische Wirkstoffe – wie Östrogene und Progesteron auf der weiblichen Seite und Androgene wie Testosteron auf der männlichen Seite – die entscheidende Steuerfunktion besitzen für das, was von den Betroffenen als das irreduzible Phänomen der Liebe empfunden wird.[4] Auch für die Ankoppelung zwischen den Sexualpartnern scheinen chemisch identifizierbare Wirkstoffe wie die Pheromone, das sind Soziohormone, die nicht aus endokrinen Drüsen abgegeben werden, maßgebend zu sein. Vor nicht allzu langer Zeit entdeckte man auch beim Menschen ein bestimmtes Pheromon im Speichel des Mannes, das die sexuelle Aufforderung an den weiblichen Partner übermittelt.[5] Obwohl die Biochemiker vorsichtig mit Reduktionsbehauptungen umgehen, geht aus den Beschreibungen hervor, daß sie wenig Raum für autonome Empfindungen sehen, die nicht von chemischen Reaktionen beeinflußt sind. Manche Autoren versuchen den „unromantischen Reduktionismus" durch das Einbringen von dichterischen Metaphern ein wenig abzuschwächen[6], jedoch findet man kaum Hinweise, wie die „höheren Funktionen der Liebe"[7] in ihrem kausalen Zusammenhang ohne *irgendeinen* Bezug zur biochemischen Realitätsschicht gedeutet werden könnten. Die meisten Menschen werden jedenfalls eine mehr oder weniger ausgeprägte Reduktion von Gefühlen auf einen pharmakologischen Prozeß als Elimination ansehen, so daß die wissenschaftliche Beschreibung ungeeignet erscheint, irgend etwas Hilfreiches für Lebensprobleme beizusteuern. Noch stärker werden viele Leute in Abwehrhaltung gehen, wenn sie hören, daß selbst religiöse Gefühle von der Psychobiologie erfaßt werden und man diese erhabenen Bewußtseinszustände neurologisch als Wirkung von biogenen Aminen auf den Temporallappen und das limbische System rekonstruiert.[8] Diese Tatsache, daß die menschlichen Gefühlsreaktionen und die daraus resultierenden moralischen Einstellungen in beträchtlichem Maße in den emotionalen Zentren des Gehirns verankert sind, wodurch sie auch der pharmakologischen Steuerung unterworfen werden können, ist wohl eines der Resultate der Wissenschaft, die eine massive Abneigung dagegen hervorgerufen haben, ihr irgendwelche Orientierungskompetenz für Lebensprobleme zuzugestehen. Was kann die wissenschaftliche Beschreibungsform für die kognitive und vor allem für die normative Orientierung leisten – so wird zumeist argumentiert –, wenn bei ihrer rationalen Rekonstruktion die zentralen Erfahrungsqualitäten des menschlichen Lebens verlorengegangen sind?[9]

Von entscheidender Bedeutung ist die Beantwortung der Gegenfrage: Besagt die kausale Erklärung eines Erlebnisphänomens in Begriffen einer tieferen, transphänomenalen Ebene immer auch gleich seine Elimination? Einfacher ausgedrückt, ist mit dem kausalen Verständnis eines Bewußtseinszustandes seine Wegerklärung verbunden?

Die Biochemie und die Psychobiologie erwecken heute in der Tat den Eindruck eines starken nomologischen Reduktionismus, wonach Eigenschaften und Gesetze aller bewußten, lebenden Systeme auf die physiko-chemische Ebene zurückführbar seien. Neurophilosophen wie P. S. Churchland schließen nicht aus, daß sich mit der Zeit alle Bewußtseinserscheinungen glatt und ohne Rest auf neurobiologische Tatsachen reduzieren lassen, in der gleichen Weise, wie Licht zu elektromagnetischer Strahlung und Temperatur zur mittleren kinetischen Energie der Moleküle geworden ist.[10] Wir können diese Entwicklung nicht aufhalten und müssen jenen Grad der Reduktion akzeptieren, den uns die Ergebnisse der Wissenschaften und deren begriffliche Reflexion darbieten. Den umstrittenen Punkt stellt dabei die naturalisti-

sche Beschreibung der Subjektivität und des alle Phänomene zentrie-
renden Ichbewußtseins dar, die prima facie einen irreduziblen, unob-
jektivierbaren Status zu besitzen scheinen.[11] Auch hier versucht man,
jedoch mit informationstheoretischer Modellbildung, das Auftreten
von Fremdkörpern in einer sonst durchgehend naturalistischen Ontologie zu überwinden.

Auch wenn sich in den Naturwissenschaften ganz generell ein plura-
listischer Naturalismus zu festigen scheint, wonach in der Physik und
Biologie komplexer Systeme emergente und holistische Züge vorherrschen, so schließt dies partielle Reduktionen nicht aus, so daß ein
prima-facie-Phänomen, etwa eine Emotion, als etwas anderes, z. B.
eine Hormonausschüttung, entschlüsselt wird. Die Entschlüsselung,
die kausale Erklärung des Gefühls, bedeutet jedoch keineswegs das
Verschwinden des inneren mentalen Zustandes. Auch ein radikal re-
duktionistischer Neuro-Chemiker wird nicht versuchen, einem ver-
liebten Paar seinen emotionalen Bewußtseinszustand auszureden, er
wird ihn nur mit anderen Entitäten und Gesetzen charakterisieren.

Diese neue Kennzeichnung schließt von sich aus aber keineswegs die
Möglichkeit der Orientierungshilfe aus, im Gegenteil, die Kenntnis
der molekularen Tiefenstruktur eröffnet mehr Handlungsspielräume
als das Absolutsetzen der unhinterfragten Phänomenebene. Wenn man
verstanden hat, was sich biochemisch hinter den Kulissen einer emotionalen Bindung verbirgt, wird man zweifellos zu einer gänzlich anderen
Bewertung gelangen als bei einer rein soziokulturellen Deutung.

Den Vorteil der molekularen Betrachtungsweise sieht man am ehesten ein, wenn es sich nicht um normale, positive Erlebnisgehalte des
gesunden Menschen handelt, sondern um Krankheitszustände, an denen etwas zu ändern die Wissenschaft, in diesem Fall die Medizin, auf-
gerufen ist. Die Medizin hat ihre großen Fortschritte begonnen, als sie
sich von der magischen Idee trennte, daß die Krankheit durch das Eindringen eines geistigen Agens in den Körper des Kranken verursacht
sei, und als sie anfing, den Menschen als Objekt mit einer mikroskopischen Struktur anzusehen, das letztlich mit den analytischen Verfahren
der Physik und Chemie zu verstehen ist.[12]

Der dualistischen Sehweise entgegengesetzt hat sich die Analyse der
Feinstruktur des menschlichen Körpers – von William Harveys (1578–
1657) Entdeckung des Blutkreislaufes bis zur Identifikation von Inter-
leukin-2 (IL-2) als dem ersten Hormon des Immunsystems – als weitaus überlegene Strategie erwiesen. Gerade im letzten Fall läßt sich die
Leistungsfähigkeit der mikroskopischen Betrachtungsweise besonders
gut zeigen: Gentechnisch erzeugtes rekombinantes Interleukin-2

wurde erfolgreich bei der Behandlung von Nierenkarzinomen und malignen Melanomen eingesetzt. Gerade in der Medizin hat die von manchen Autoren so gescholtene Methode der analysierenden Zerlegung in Teilsysteme[13] solche greifbaren Erfolge eingebracht, daß man nicht umhin kann, dem reduktionistischen molekularen Zugang eine Teilwahrheit zuzugestehen. Auch wenn die Quantenmechanik lehrt, daß von einem hohen, abstrakten Standpunkt aus das Universum ein einziges großes verschränktes System ist, führt uns dieses Faktum für die Lösung drängender konkreter Probleme nicht weiter. Wenn Ilya Prigogine recht hat, daß „der Hauptwert der Wissenschaft heute gerade in ihrem ethischen Wert liegt, Leiden zu vermindern"[14], dann ist die zerlegende mikroskopische Strategie der Wissenschaft viel mehr am Platz als der philosophisch abstrakte Holismus, wie er sich aus dem Quantenprinzip ergibt. Krankheit, Leiden und Schmerz zu vermindern ist nur möglich, wenn man den Menschen nicht als irreduzible Ganzheit sieht, sondern gezielt seine Teilfunktionen separiert.

Eines der systematischen Anliegen des vorliegenden Buches – abgesehen von seinem begriffsgeschichtlichen Ziel – ist deshalb zu zeigen, daß die Wissenschaft, dem ersten Anschein zum Trotz, durchaus Orientierungsaufgaben übernehmen kann, selbst wenn sie Erfahrungsqualitäten der Lebenswelt in einem neuen Licht sieht, genauer gesagt, sie ontologisch anders interpretiert, nicht mehr bloß als subjektive Empfindungen, sondern als Reflexe biochemischer Prozesse. Man kann meiner Einschätzung nach mindestens drei Formen der Weltorientierung durch die Wissenschaften unterscheiden: die *kognitive*, die *normative* und die *ästhetische*.

Beginnen wir mit der *kognitiven Orientierung*. Wenn wir den Weg verfolgen, den die Entwicklung der Naturwissenschaften vom mechanistischen Zeitalter bis zur postmodernen Ära der Ordnungsentstehung aus dem Chaos gemacht hat, so fällt zuerst auf, daß der alte Gegensatz von Mensch und Natur bis zur Unkenntlichkeit verschwunden ist. Eine Fülle von Brückendisziplinen hat sich der speziellen Züge des bewußten, kognitiven und emotiven Lebens angenommen, nicht um sie wegzuerklären, sondern um sie mit den tieferen, präanthropologischen Schichten der Realität in Verbindung zu bringen. Im Lichte dieser Verknüpfung und nicht im Sinne eines ersatzlosen Weginterpretierens sind die früher angeführten biologisch-chemischen Beispiele zu sehen. Sie ermöglichen ein Menschenbild jenseits der Distinktion von Natur- und Geistwesen. Die Spezifika des Menschen, auf die er so stolz ist, wie seine intellektuellen, moralischen und künstlerischen Leistungen, ebenso wie seine Schattenseiten, seine besonderen, die Welt gefährdenden Freiheitsgrade im Handlungsspielraum, die auf Aggression aufbauen, werden verstehbar, weil sie in einen größeren Naturzusammenhang eingeordnet werden können. Warum soll Naturerkenntnis nicht auf den Menschen ausgedehnt werden? Gibt es gute Gründe, ist es ein anthropologisches Desiderat, wonach der Mensch sich selbst in seinen Kerneigenschaften ein Rätsel bleiben muß? Ich kann nichts davon erblicken! Alle belebten und unbelebten Systeme der Natur mit ihren genuinen Freiheitsgraden in eine umfassende Ordnung zu bringen ist das erklärte *Ziel* der Naturerkenntnis, und der optimale *Weg* dorthin ist immer noch die wissenschaftliche Rationalität. Manche Autoren versuchen, die Aussageleistung der Wissenschaft dadurch zu verringern, daß sie ihr nur den Zugang zu einem aspekthaft verkürzten Ausschnitt einer dahinterliegenden „eigentlichen" Wirklichkeit zubilligen.[15] Leider gibt es nicht den geringsten positiven Hinweis auf die Existenz einer „metaphysisch vorgestellten eigentlichen Wirklichkeit" oder einer „allgemeineren Seinsform".[16] Die Idee einer autonomen philosophischen Welterfahrung, die genuine Erkenntnisse der Realität jenseits der wissenschaftlichen Rationalität hervorbringt, ist eine Illusion. Es gibt kein einziges Beispiel eines absolut analyseresistenten Sachverhaltes, der durch „unmittelbare erlebte Erfahrung" gewonnen wurde. Wir haben nur die historische Abfolge von Theorien mit ihren verschiedenen Repräsentationen der Natur und ihren Bewährungsgraden zur Verfügung. Was wir vernünftigerweise als existierend ansehen, ist der Objektbereich, über den die zum gegenwärtigen Zeitpunkt besten Theorien sprechen. Es gibt keine speziell philosophische Erkenntnisquelle, die diese ontologische Relativität, wie Quine es ausgedrückt hat, durchbrechen kann. Diesen Standpunkt bezeichnet man zumeist mit einem abwertenden Unterton als *Szientismus*; er kommt in dogmatischer und toleranter Form vor.[17] Ein undogmatischer Szientismus besagt nur, daß die Naturwissenschaft in bezug auf ihre problemlösende Kraft heute die erste Wahl gegenüber ihren Konkurrenten darstellt. Anders ausgedrückt, der rationale Zugang zur Natur hat momentan den höchsten kognitiven Wirkungsgrad. Dieser schwache Szientismus ist kompatibel mit zukünftigen alternativen Formen der Wissenschaft, die methodisch neuartig verfahren. Er ist somit eine revidierbare philosophische Hypothese, für die man angesichts der Erklärungsleistung der Wissenschaft und deren Anwendungserfolg eine Fülle von stützenden Argumenten bringen kann. Deshalb gibt es gegenwärtig keine guten Gründe für Fluchtreaktionen in die irrationale Alternativ-Szene. Wir werden uns im Verlaufe der Darstellung öfter mit verschiedenen Konkurrenten zur Schulwissenschaft auseinandersetzen. In einer Reihe von ihnen spielt der Terminus „Kreativität" eine zentrale Rolle.

Um Mißverständnissen vorzubeugen, sei kurz auf unsere Verwendung dieses Wortes eingegangen. Der Begriff „schöpferisch" oder „kreativ" stammt aus der Psychologie, wo man versucht, die künstlerischen und kognitiven Leistungen des Menschen zu klassifizieren und als innovatives Problemlösungsverhalten zu analysieren. Darüber hinaus ist es üblich geworden, sogar bei der inneren Entwicklungstendenz eines nicht bewußten oder auch materiellen Systems von Kreativität zu sprechen, wenn dieses in einer seiner Entwicklungsphasen spontan neuartige Züge hervorbringt, die innere Eigenschaften besitzen, die nicht als einfaches Aggregat der Eigenschaften der Teile verstanden werden können. Natürlich handelt es sich dabei um eine Bedeutungsverschiebung, denn die absichtliche Planung fehlt in diesem Fall. Dennoch ist eine solche Übertragung im Gebrauch des Ausdruckes „schöpferisch" durchaus erlaubt und auch ohne Verwirrung durchführbar, wenn man keine teleologischen Konnotationen mit einem „kreativen Universum" verbindet. Sicher haben nicht alle physikalisch möglichen Welten die Disposition, so viele komplexe Strukturen hervorzubringen, aber unsere besitzt derart spezielle, fein abgestimmte Anfangs- und Randbedingungen, daß sich zu späten Zeiten zielsetzende Lebewesen bilden konnten. Es stellt keinen Widerspruch dar, daß sich auf kausalem Wege in einem Universum *ohne* globale Teleologie Wesen bilden, die eine lokale Teleologie entwickeln, d. h. Wesen, die Ziele und Zwecke antizipieren können, um ihr Verhalten darauf einzustellen. Dies weist eben deutlich auf ein inneres Entwicklungsvermögen der Natur hin, das in der Lage ist, wirklich Neues hervorzubringen. Der dieser Auffassung inhärente Naturalismus stößt vielfach auch heute noch auf massiven Widerstand. Dies mag darin begründet sein, wie Robert Spaemann und Reinhard Löw nachgewiesen haben, daß eine globale Teleologie adäquat nur im religiösen Kontext verstanden werden kann. „Der ontologische Status der Teleologie . . . entscheidet sich an der Frage nach dem Unbedingten."[18] Dieses Unbedingte kann aber nach den beiden Autoren nur in Begriffen wie „göttlich" oder „heilig" beschrieben werden. Damit wird allerdings deutlich, daß hier eine Option vorliegt, die auf diskursivem Wege nicht erzwungen werden kann. Will man diese nicht nachvollziehen, ist man gehalten, sich ohne den Rückhalt in einer transzendenten Metaphysik zu orientieren. Was kann kognitive Orientierung in einem schöpferischen Universum aber nun bedeuten? Einmal, daß der Mensch in der Gesamthierarchie der komplexen Systeme seinen adäquaten Ort findet in dem Sinne, daß er seine geistige Besonderheit kosmologisch, evolutionär und ontologisch einordnen kann. Dabei sollte er sich weder von hochfliegender Arroganz noch von verzweifelter Bescheidenheit leiten lassen. Gemeint ist eine Einstellung, die weder in eine teleologische Überheblichkeit verfällt, die den Menschen zur ‚Krone der Schöpfung' machen will, noch in eine Haltung der absoluten nihilistischen Trostlosigkeit abgleitet – angesichts des Verlustes jedes objektivierbaren Sinnes der Welt im ganzen. Es sollte eine Haltung sein, die dem Menschen ermöglicht, seine zufällige Kontingenz mit Würde und Gelassenheit zu tragen. Teleologie und Nihilismus sind letztendlich Weltdeutungen, die beide während zweitausend Jahren Führung durch theistische Leitideen hervorgebracht wurden. Der Nihilismus ist die depressive Reaktion auf den Entzug des vollkommenen Geleits durch religiöse Systeme, das den Menschen so lange zuteil wurde. Aber der Nihilismus stellt eine unnotwendige Überreaktion dar. Die Alternative, entweder geplantes Ziel des Universums zu sein oder in Hoffnungslosigkeit zu versinken, besteht für den Menschen gar nicht. Aus anderen, außerchristlichen Kulturen sind uns längst Orientierungen überkommen, die uns helfen können, die Entzugserscheinungen nach dem Verlust der heute obsolet gewordenen theistischen Trostquellen zu überwinden. Sucht man eine lebensphilosophische Maxime, die dem Menschen hilft, seine kosmologische Durchgangssituation zu bewältigen, so kann er getrost auf den epikureischen Ratschlag zurückgreifen, wie ihn Horaz unübertrefflich ausgedrückt hat: „dum loquimur, fugerit invida aetas: carpe diem quam minimum credula postero." [19] (Da wir noch sprechen, ist schon entflohen die neidische [kostbare] Zeit: *greif diesen Tag, nimmer traue dem nächsten.*)

Gerade *weil* die Wissenschaft uns mit dieser unserer geringen Bedeutsamkeit in der Welt im großen konfrontiert, müssen wir die Kurzzeitperspektive bei unserer Orientierung zugrunde legen und jede gute Stunde wahrnehmen, die uns das Leben anbietet. Wenn wir Horaz' Maxime gefolgt sind, werden wir am Ende in der Rückschau nicht Enttäuschung empfinden, sondern davon überzeugt sein, daß wir nicht umsonst gelebt haben. Ein intensives Lebensgefühl braucht dabei nicht im Gegensatz zu einer rationalen Problembewältigung zu stehen. Vielmehr sollte der Mensch versuchen, die erfolgreichen Strategien der rationalen Naturerkenntnis in geeignet adaptierter Weise auf den Alltag zu übertragen. Dort braucht man keine Radioteleskope, keine Beschleuniger und keine partiellen Differentialgleichungen, aber ein *rationales Problemlösungsverhalten* kann enorm nützlich sein, auch wenn es statt um Quasare und Neutrinos um Liebe, Krankheit und

Existenzprobleme geht. Jedenfalls legt die in der Wissenschaft so erfolgreiche Verbindung von Rationalität und Naturalismus es nahe, diese Allianz auch bei einer Orientierung in der Lebenswelt beizubehalten.

Damit kommen wir zur *normativen Orientierung*. Den Rationalisten ist oft vorgeworfen worden, daß sie die Rolle der Vernunft überschätzen und den Anteil, den das Wollen und das Fühlen im Menschen einnehmen, unterschätzen. Bereits Bertrand Russell hat darauf die passende Antwort gegeben, indem er klarlegt, daß Anwendung der Vernunft in menschlichen Angelegenheiten nur heißen kann: „Wahl der richtigen Mittel zu einem erwünschten Zweck. Mit der Wahl der Zwecke hat sie gar nichts zu tun."[20] Dabei stützt er sich auf ein berühmtes Wort von David Hume: Die Vernunft ist die Sklavin der Leidenschaften, und nur das soll sie sein.

Damit ist auch klargestellt, daß die Rationalität keineswegs die Leidenschaften eliminieren will, die Ursache und Triebfeder allen Handelns darstellen, sondern die emotionalen Antriebe nur dahin lenkt, wo sie ihre wunschgemäße Erfüllung finden. Selbst intensivste Gefühle lassen sich wesentlich wirkungsvoller pflegen und sogar steigern, wenn die Vernunft sie verwaltet und den Sehnsüchten mit Klugheit zu ihrem Ziel verhilft. Im vernünftigen Handeln ist die Rationalität nicht Ursache, sondern hat eine Leitfunktion. Die Vernunft zerstört somit nichts von dem, was den Menschen im Innersten bewegt, vielmehr kann sie Führungshilfe leisten, um den Strebungen zu ihrer optimalen Erfüllung zu verhelfen.

Auch dann, wenn sich wissenschaftliche Analyse auf die Antriebsstruktur selbst richtet, stiftet sie keinen Schaden. Um noch einmal auf die früher erwähnten Beispiele einzugehen: Sicher ändert sich etwas im Selbstverständnis der Gefühlswelt, wenn im Rahmen der Entschlüsselung der pharmakologischen Abhängigkeiten von psychischen Haltungen und Einstellungen die natürliche dualistische Deutung des Seelenlebens untergraben wird.[21] Aber dieses ontologische Opfer und die Einsicht in die *pharmakologische Brücke* zwischen Gehirn und Bewußtsein liefern auch eine Fülle von neuen Möglichkeiten der Veränderungen von Einstellungen. In der Therapie endogener und psychogener Depressionen werden die antriebssteigernden und stimmungsaufhellenden Antidepressiva bzw. die anxiolytisch und dämpfend wirkenden Psychopharmaka eingesetzt. Sie wirken durch Hemmung oder vermehrte Freisetzung von Neurotransmittern im Zentralnervensystem. Damit ist eine Verbindung hergestellt zu dem, was Sigmund Freud als zweites Desiderat von einer Weltauffassung verlangt hatte:

Angst zu lösen und Trost zu spenden. Hier ist kein Zynismus am Werk. Die Wissenschaft kann keine metaphysische Transzendenz anbieten, die den Menschen in schwierigen Situationen wie mit einem Netz auffängt, sie kann aber helfen, Einstellungen bei seelisch bedrängenden Lebenslagen zu ändern. Es ist ein Ergebnis heutiger Kosmologie, daß die Existenz des Menschen samt aller seiner kulturellen Kreationen an eine mittlere Phase der Entwicklung des Universums gebunden ist. Diese Tatsache, daß also der Mensch mit all seinen Wertungen und schöpferischen Aktivitäten ein Durchgangsstadium darstellt, das spurlos verschwinden wird, mag für viele deprimierend sein, aber Einstellungen sind nicht unabänderlich, wie wir heute wissen. Niemandem sei nahegelegt, Welt- und Existenzängste mit Psychopharmaka zu bekämpfen, aber bereits die Einsicht in die kausalen Abhängigkeiten kann mögliche Überreaktionen dämpfen. Wenn man weiß, daß das emotive Stimmungsgefüge an eine kontingente, neuro-chemische Situation gebunden ist, verliert die Weltangst viel von ihrem bedrohlichen Absolutismus. Auch wenn man sie nicht aktiv verändern will, entlastet die Relativierung.

Kausales Verständnis der psycho-chemischen Zusammenhänge kann also durchaus zur Konfliktlösung eingesetzt werden. Dies gilt auch für biologische Zusammenhänge schlechthin. Wenn die Soziobiologie begründen kann, daß die menschliche Population „maßvoll polygyn" ist[22], wobei die Initiative zum Partnerwechsel zumeist vom Mann ausgeht, der dabei aber auf eine etwas stärkere monogame Tendenz der Frau stößt, so läßt sich dieser Zusammenhang durchaus zur Überwindung des Normenkonfliktes einsetzen. Die Einsicht in das kausale Zustandekommen des Zielkonfliktes kann bei rationaler Reflexion zum gegenseitigen Verständnis und damit zum ersten Schritt der Lösung einer scheinbaren Unvereinbarkeit der Ziele von Mann und Frau führen. Alles verstehen heißt, alles verzeihen, sagt ein altes Sprichwort. Sprichwörter sind ein Ausdruck des Alltagsverstandes. Allerdings muß man sich auch effektiv auf das Verstehen einlassen, und dies bedingt ein Ernstnehmen der von den Wissenschaften gelieferten kausalen Erklärungen. In solchen Fällen kann das Wissen, daß wir Menschen in unseren Handlungen durch den Aufbau und die evolutive Programmierung unserer emotiven Zentren gesteuert werden, Orientierungshilfe in schwierigen Lebensproblemen liefern. Die wissenschaftliche Erkenntnis wird dann zu einer Haltung der Toleranz und der Anerkennung unterschiedlicher Wertungen führen. Die Einsicht in das biologische Programm liefert letzten Endes auch mehr Freiheit für jeden einzelnen. Frei ist ein Mensch dann, wenn man von ihm nicht Stimmungen, Einstellungen und Verhaltensweisen verlangt, die seiner biologischen Tiefenstruktur unangemessen sind. Wenn, um an das frühere Beispiel anzuknüpfen, in einer Partnerschaft beide die unterschiedliche biologische Programmierung von Mann und Frau in ihrem persönlichen Normenkatalog des Verhaltens berücksichtigen, werden sie sich mit größerer Duldsamkeit und Verständnis begegnen, die Kooperation wird effizienter und die Freiheitsspielräume beider Partner werden größer sein, als wenn sie sich als reine Kulturwesen betrachten, ohne normative Prägung. Eingedenk ihrer biologischen Mitgift werden sie es vermeiden, unerfüllbare Forderungen aneinander zu stellen. Sie werden glücklicher sein, weil sie keine Ideale aufbauen, die der Natur des Menschen widersprechen.

Allerdings darf man bezüglich des Naturwissens auch nicht zu hochgespannte Erwartungen hegen. Aus der Einsicht in die biologischen und neuro-chemischen Steuergrößen menschlicher Wertungen lassen sich selbstredend keine idealen Handlungsanleitungen deduzieren, aber dieses Wissen kann uns helfen abzuschätzen, welcher Aufwand mit der Durchsetzung einer bestimmten von einer Kultur hervorgebrachten Norm verbunden ist und wie im Falle des Konfliktes individuelle Freiheit und persönliche Entfaltung davon betroffen sind.

Nicht zuletzt sei noch ein Wort über die *ästhetische Orientierung* gesagt.

Ein anonymer Autor hat auf der Alcazaba der Alhambra die eindrucksvollen Worte hinterlassen:

> Dale limosna mujer
> que no hay en la vida nada
> como la pena de ser
> ciego en Granada.[23]

Die meisten Menschen, die Granada von der Alhambra aus gesehen haben, werden bestätigen, daß es kaum etwas Schlimmeres gibt, als blind zu sein und diese schöne Stadt nicht sehen zu können. Ist die Wissenschaft nicht blind gegenüber dem Phänomen der Schönheit, sei es der Natur oder Kunst? Die Beziehungen liegen sicher nicht auf der Oberfläche und sind demgemäß schwierig zu fassen. Die ästhetische Dimension der Wirklichkeit eröffnet sich im Rahmen der abstrakten Kategorie der „Symmetrie". Schöpferische Theoretiker wie P. A. M. Dirac haben betont, daß die Kategorien der Wahrheit und der Schönheit miteinander Verbindungen besitzen.[24] In der Pflanzen- und Tierwelt stellen wir eine Fülle von Symmetrien fest, die sicher zum Teil dafür verantwortlich sind, daß die Menschen vielen Naturobjekten diese Wertigkeit verleihen. Unsere Sensibilität, die Natur nicht nur unter

deskriptivem, sondern auch unter ästhetischem Gesichtspunkt sehen
zu können, hat somit sicher einen tieferen Grund, der sich keineswegs
der wissenschaftlichen Rationalität entzieht. Symmetrie hat einen hohen Rang in der Naturbeschreibung. Die fundamentale Symmetrie-
gruppe in der Elementarteilchenphysik bestimmt, welche Teilchen-
familien den Materieaufbau beherrschen. Der Typus der Symmetrie
einer Blume oder eines Kristalls löst vermutlich die Empfindungen der
Schönheit im Beobachter aus.[25] So sind die ästhetischen Phänomene,
wie sie der unbefangene Naturbeobachter feststellt, weder analyseresi-
stent noch der Wissenschaft kategorial fremd. Der oft beschworene
Antagonismus von Wissenschaftswelt und Lebenswelt ist ein Artefakt.
Gerade dann, wenn man die Entwicklung von der klassischen Naturwissenschaft zur modernen theoretischen Handhabung von Komplexität verfolgt, verschwindet der Eindruck mehr und mehr, daß irgendeine Notwendigkeit für diese Gegensätzlichkeit vorliegt. Um dies zu
veranschaulichen, haben wir auch die Intention des Buches durch ein
Fraktal symbolisiert. Es ist eine erstaunliche Tatsache, daß die komplexe Vielfalt der Natur in weitem Maße durch selbstähnliche Strukturen charakterisiert ist, wir aber zugleich von der Schönheit der
fraktalen Gebilde beeindruckt werden.[26] Die außerordentlich hohe Re-
präsentanz der fraktalen Strukturen in der Natur besagt, daß das
Chaos tief in der Natur verankert ist. Dies bedeutet jedoch nicht, daß
hier eine Grenze für Naturgesetzlichkeit zu finden ist. Das Chaos setzt
ja nicht die Gesetze schlechthin außer Kraft, sondern ist vielmehr die
Folge eines besonderen Gesetzestypus, in dem Nichtlinearität konstitutiv ist und dessen Erscheinungsformen von der Selbstähnlichkeit
beherrscht sind. Die damit verbundene Formenwelt erscheint uns
Menschen als von außerordentlicher Ästhetik. Hier tut sich eine tiefe
Verbindung von Naturzusammenhängen und menschlichem Empfin-
dungsvermögen auf, die sicher auf mehr als auf Zufall beruht.

Die Wissenschaft ist ein offenes System. Sie geht weder dogmatisch
vor, noch besitzt sie unüberschreitbare Schranken, vor dem Phänomen
des Guten, des Schönen, des Erhabenen und dem Sinn Halt zu machen. Es besteht keine Dringlichkeit, zwei unabhängige Weltbilder mit
sich zu tragen, ein humanistisches und ein naturwissenschaftliches,
und die Angst ist unbegründet, daß der Sinn, den wir unserem Leben
geben, durch die Ergebnisse der Wissenschaft gefährdet wird. Niemand hat dies überzeugender ausgedrückt als Bertrand Russell: „Man
mag behaupten, daß das Wissen uns Sorgen verursacht hat; diese Sorgen werden aber nicht durch Nichtwissen beseitigt. Nur noch mehr
und tiefere Einsicht kann eine glückliche Welt schaffen."[27]

I. DIE BEGRIFFLICHE SITUATION AM VORABEND DER PHYSIKALISCHEN UMWÄLZUNGEN

1. Die klassische Mechanik und Gravitationstheorie als Paradigma aller Naturerkenntnis

Isaac Newton hatte 1687 mit seinen mathematischen Prinzipien der Naturlehre den Grund gelegt für das neuzeitliche Verständnis der Natur.[28] Seine drei Gesetze der Mechanik – das Trägheitsgesetz, das Bewegungsgesetz und das Wirkungs- und Gegenwirkungsgesetz – wurden zusammen mit seiner Gravitationstheorie im 18. und 19. Jahrhundert auf immer kompliziertere Situationen angewandt und bewährten sich dort in erstaunlicher Weise. Joseph-Louis Lagrange, Pierre Simon de Laplace, William Rowan Hamilton u. a. m. konnten durch Verfeinerung des mathematischen Instrumentariums in der sogenannten Störungstheorie immer detailliertere Züge der Planetenbewegungen einfangen. Ein Paradebeispiel war die große Anomalie von Jupiter und Saturn, bei der Laplace zeigen konnte, daß die gegenseitige Störung der beiden Planeten sich nicht beliebig aufschaukelt, sondern periodisch ist. Das bedeutet, daß sich die Störung nach einiger Zeit wieder wegdämpft und nicht für das ganze System bedrohlich wird. Viele ähnliche Erfolge der Mechanik ließen die Überzeugung wachsen, daß man mit dieser Theorie bereits im Besitz der wirklichen, unüberholbaren Gesetzesmuster der Natur sei.[29] Zwar blieb es eine Sache der Erfahrung, also der Beobachtung und des Experimentes, die in der Materie wirkenden Kräfte herauszufinden, aber wenn diese einmal bestimmt sind, dann liefern die Bewegungsgesetze, davon war man überzeugt, alle Veränderungen der Natur. Die Welt ist eine Maschine, eine riesige Uhr, für die Newton die Gesetzesstruktur entdeckt hatte. Der entscheidende Zug einer Uhr ist ihre deterministische Verfassung. Das Uhrwerk „Welt" besteht aus allen Teilchen des Universums, die jeweils unter der Krafteinwirkung aller anderen Körper stehen. Kennt man die Massen und jeweiligen Entfernungen dieser Objekte, ist die beschleunigende Wirkung festgelegt. Wenn man dann die Anfangsgeschwindigkeiten und Orte eines Körpers kennt, ist sein weiterer Bewegungsablauf völlig determiniert.

Zu den eindrucksvollsten Erfolgen von Newtons Theorie gehört Edmond Halleys Vorhersage von 1704, daß der heute nach ihm benannte

Komet im Jahre 1758 wieder auftauchen werde.[30] Die Einordnung der Kometen in das Naturbild stellt eine der aufschlußreichsten geistesgeschichtlichen Entwicklungen dar. Demokrit verdanken wir die Einsicht, daß Kometen Himmelskörper sind und durch einen natürlichen Vorgang entstehen. Aristoteles deutet Kometen ebenfalls natürlich, aber er ordnet sie unter die terrestrischen Phänomene ein: Es sind sublunare Welterscheinungen. Wenn Gas aus Vulkanen aufsteigt, wird es am Himmel durch die Sonnennähe stark erhitzt und – sobald es den Rand des sublunaren Bereichs berührt – durch die ewigen Drehbewegungen des Himmels mitgeführt. Erst Seneca argumentiert in einer ausführlichen Erörterung im 7. Buch seiner Quaestiones Naturales, daß Kometen Gestirne eigener Art seien, deren innere Natur noch unbekannt sei.[31] Er macht aber dort die Prognose, daß dereinst ein Gelehrter kommen wird, der die Besonderheiten der Bahnen, den Aufbau und die Beschaffenheit der Kometen erklären kann. Dazwischen lagen Jahrhunderte, in denen so ziemlich alles, was nur denkbar ist, mit den Kometen verbunden wurde; das skurrilste Vorkommnis war möglicherweise die Exkommunikation des (Halleyschen) Kometen von 1456 durch Papst Calixtus III., von der man nicht genau weiß, ob sie echt ist, die aber der Geisteshaltung dieser Zeit durchaus entsprach.[32] Der entscheidende empirische Fortschritt wurde durch Tycho Brahe erzielt, der durch die Perspektivenverschiebung des Kometenbildes von zwei verschiedenen Sternwarten aus den Kometen von 1577 einwandfrei jenseits der Mondsphäre lokalisieren konnte. Edmond Halleys große Leistung, mit der er Senecas Prophezeiung erfüllte, bestand darin, die Kometenerscheinungen von 1531, 1607 und 1682 akribisch zu vergleichen und mit der Hintergrundannahme, daß sie alle durch ein identisches Objekt ausgelöst wurden, auf ihre Ähnlichkeiten hin zu untersuchen: Neigung der Bahnebene zur Ekliptik, Entfernung von der Sonne bei Periheldurchgang, Ort des Periheldurchganges an der Sphäre, Lage des aufsteigenden Knotens. Die Übereinstimmung in den Parametern war so groß und seine Abschätzung der Störungswirkungen durch Jupiter und Saturn so korrekt, daß er ohne Zögern für 1758 das nächste Auftauchen des Kometen prognostizieren konnte. In Europa war die Spannung groß, ob Halley recht behalten sollte und wie genau er Erscheinungsort und -datum getroffen habe. Am Weihnachtsabend des Jahres 1758 sah ein norddeutscher Hobbyastronom namens Johann Palitzsch als erster den Kometen. Dieser Erfolg für die Newtonsche Berechenbarkeit des Himmels stärkte das Vertrauen in die mathematische Mechanik ungeheuer, zu sehr, wie man heute weiß. Es muß der eklatante Gegensatz zwischen dem seit Jahrtausenden als erratisch angesehenen Phänomen und dieser quantitativen Vorhersage gewesen sein, der weite Kreise so stark beeindruckte und überzeugte. Vielleicht war auch etwas von dem Einsteinschen Staunen im Spiel, daß die Welt in so hohem Maße intelligibel ist.

Kometen sind aber noch in einer weiteren Sicht hervorragende Studienobjekte für grundsätzliche Veränderungen des naturwissenschaftlichen Weltbildes. Die wesentlich tiefergreifende Veränderung am klassischen Determinismus wurde nicht durch die Quantenmechanik hervorgebracht, sondern durch die Einsicht der letzten Dezennien, daß klassische deterministische Systeme chaotische Zustandsentwicklungen besitzen können. Davor war man überzeugt, daß mangelnde Vorhersagbarkeit immer dann auftritt, wenn viele Teilsysteme in einer schwierig zu durchschauenden Weise wechselwirken. Neu und unerwartet zeigte sich fehlende Zukunftsberechenbarkeit auch in ganz einfachen Systemen mit wenigen Freiheitsgraden. Obwohl später ausführlich davon die Rede sein wird, ist es sinnvoll, sich dies schon jetzt an dem Fall eines Kometen wie des Halleyschen vor Augen zu führen, da ja gerade er so viel dazu beigetragen hat, die Vortrefflichkeit des Systems der klassischen Mechanik publik zu machen.[33] Betrachten wir ein einfaches Dreikörper-Problem von Jupiter, Sonne und Halleyschem Komet. (Abb. 1)

Bei jeder Nahbegegnung wird der Komet ein wenig durch das Gravitationsfeld des Jupiters gestört. Wenn man die Anfangsdaten (Bahnelemente) des Kometen vor der Begegnung mit absoluter Genauigkeit kennte, würde sich seine zukünftige Bahn exakt berechnen lassen. Da in diesem Fall aber eine extrem empfindliche Abhängigkeit der Bewegung vom Winkel der Annäherung vorliegt, wird aus einer vielleicht einprozentigen Genauigkeit der Anfangssituation eine um den Faktor 10 oder gar 100 verschmierte Endsituation. Damit wird nach vielen Begegnungen die Zukunft des Kometen unvorhersehbar.

Diese Abweichung vom Determinismus ist grundsätzlicher Art und nicht nur eine praktische Schwierigkeit, denn eine Steigerung in der Genauigkeit der Anfangsbedingungen bringt nur eine begrenzte Verbesserung in der Zukunftsberechenbarkeit mit sich. In bezug auf die sehr ferne Zukunft wird der Ort des Kometen ein Spielball des Zufalls sein. Dennoch ist keines der Gesetze der Planetenbewegung verletzt. Keplers drei Gesetze und Newtons Gravitationstheorie bleiben immer erfüllt. Interessanterweise war Newton selbst von der Langzeitstabilität des Planetensystems nicht völlig überzeugt und hielt entsprechend der geistigen Situation der damaligen Zeit einen Eingriff Gottes in das System in bestimmten zeitlichen Abständen für notwendig.[34]

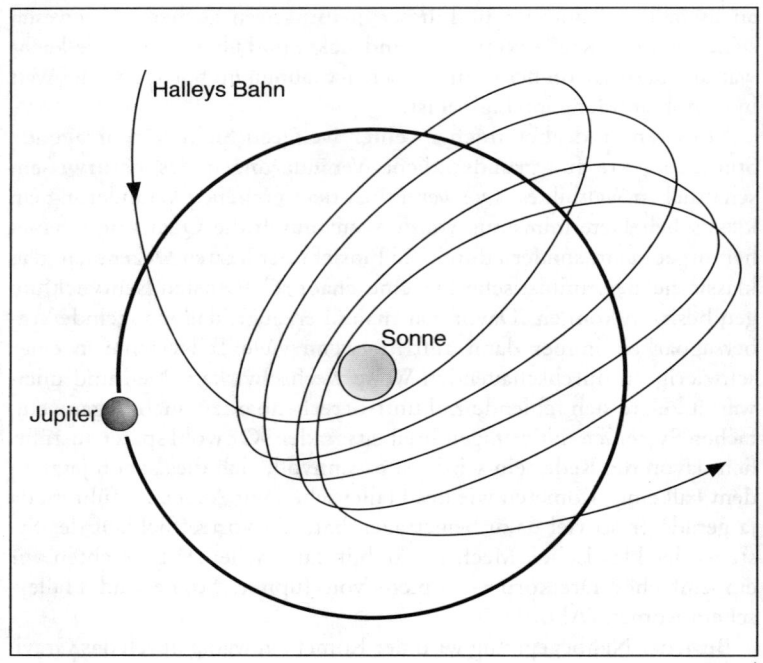

Abb. 1: Dreikörper-Problem

Heute mehren sich die Anzeichen für die Existenz von chaotischen Mitgliedern im Sonnensystem.[35] Hauptstudienobjekt ist dabei der Planet Pluto. Seine stark exzentrische, zur Ekliptik schief liegende Bahn hebt ihn schon phänomenologisch aus dem Sonnensystem heraus. Computersimulationen zeigen, daß Pluto so empfindlich von den Einflüssen seiner Umgebung abhängt, daß sein künftiges Verhalten nicht vorhergesagt werden kann. Dies hat sofort einsehbare Konsequenzen für die Rekonstruktion der Entstehung dieses Himmelskörpers. Wenn Pluto seine Anfangsbedingungen vergessen hat, ist auch seine Herkunft kaum zu erforschen. Man muß sich sogar wundern, daß er heute noch existiert. Vermutlich haben Resonanzen mit Neptun die Kollision verhindert. Auch andere Mitglieder unseres Planetensystems, wie der Saturnmond Hyperion und der Uranusmond Miranda, taumeln so chaotisch um ihren Zentralkörper, daß Newtons Mechanik die Vorhersage der nächsten Rotation nicht erlaubt.

Warum sind dennoch die chaotischen Phänomene nicht so beherrschend, wie man meinen möchte? Steven Weinberg hat die Vermutung

geäußert, daß ein Prinzip von der Art "survival of the stablest"[36] am
Werk ist. Die meisten Körper, die in chaotischen Bahnbereichen entstanden sind, wurden entweder in stabile Bahnen gestoßen oder aus
dem Sonnensystem überhaupt entfernt.

Auch wenn wir heute aufgrund der eben genannten Ergebnisse den
Determinismus einschränken müssen, kann die Vorbildfunktion der
Mechanik Newtons kaum überschätzt werden. Der Grund für den
Erfolg seines Ansatzes liegt in dem hohen Abstraktionsgrad seiner Begrifflichkeit. Nicht nur Newtons Einführung unendlich kleiner Größen, um stetige Prozesse zu beschreiben, auch seine Idealisierungen,
sein Abstand von dem empirisch Gegebenen, brachten den großen
Erfolg und die einigende Kraft seiner Physik. Sein erstes Gesetz beschreibt jene Situation, in der alle Kräfte verschwinden – eine Situation, die in unserer Erfahrungswelt niemals vorkommt, selbst im Weltraum ist das nicht der Fall. Es gibt gar keine Möglichkeit, alle Kräfte
abzuschirmen. Dennoch war gerade diese Idealisierung erfolgreich.

Gerade weil wir später auch die Grenzen des klassischen mechanischen Denkens anführen müssen, ist es wichtig, zuerst dessen unge-
heuren Einfluß abzuschätzen, um das herauszuschälen, was bis in die
gegenwärtige Naturwissenschaft Bestand hat. Das ist mehr, als man ge-
meinhin ahnt. Vielfach wird die winzige Korrektur, die Einsteins Allgemeine Relativitätstheorie an Newtons Gravitationstheorie angebracht hat, falsch gedeutet. 42,5 Bogensekunden pro Jahrhundert Korrektur für die Periheldrehung des Merkurs sind wahrlich nicht viel.
Sicherlich ist die quantitative Größe der Differenz nicht das Entscheidende. Die Unterschiede zwischen beiden Theorien für die Bahn der
Erde um die Sonne liegt sogar in der Ordnung von $1:10^8$ und ist damit
auch heute noch unmeßbar. Viel wichtiger ist, daß Einstein Newtons
Theorie in einen umfassenden Rahmen eingebettet hat und damit eine
Erklärung für den Erfolg von Newtons Theorie fand. Newton hätte jeden Exponenten für das Gravitationsgesetz hinnehmen müssen, das
die einfache Form ($K = G \frac{m_1 m_2}{r^2}$) besitzt. Er hätte auch zufrieden sein
müssen, wenn die empirischen Fakten eine Abnahme der Gravitations-
kräfte zwischen zwei Massen mit $r^{-2,17345}$ geliefert hätten. Daß die
Kräfte zwischen den Massen ausgerechnet mit r^{-2} abnehmen, läßt sich
nur aus der einbettenden Einsteinschen Theorie zeigen, in der die
Struktur der Raumzeit mit der Materie verbunden wird.

Für die innerphysikalische Begriffsbildung lieferte aber bereits Newton den entscheidenden Anstoß zu einer umfassenden einheitlichen
Theorie der Natur. Die von Aristoteles her ontologisch und nomolo-

gisch getrennten Bereiche der cälestischen und terrestrischen Physik wurden durch Newtons Theorie der universellen Gravitation vereinigt. In dieser Hinsicht leistete Newtons These Vorbildliches. Es war gerade die unbegrenzte Reichweite seiner Theorie, die ein Vorbild für das spätere einheitliche Naturverständnis lieferte. Newton wußte natürlich, daß die Gravitation nicht die einzige Kraft sein könnte. Elektrische, magnetische Kräfte, aber auch chemische und biologische Kräfte deuteten sich an. Wenn man sie kennte, müßte sich ein umfassendes Naturbild nach mechanischen Prinzipien erstellen lassen.

Genau dieser universale Erklärungsanspruch der mechanistischen Philosophie tat dann seine aufklärerische Wirkung. Die Überzeugung von der mechanischen Gesetzlichkeit der Natur beseitigte den Hexenglauben im 18. Jahrhundert und brachte als Langzeiteffekt auch die Industrielle Revolution im 19. Jahrhundert hervor. Allerdings ging die Aufklärung auch in Richtungen, die manchem Vertreter überkommener Weltanschauungen ungelegen kamen: Wenn das Universum eine Uhr ist, kann es nicht ein inneres zielgerichtetes Bestreben (τέλος) besitzen, eine Realisation von objektivem Sinn und teleologischer Bestimmung darstellen. Wenn es von einem höchsten Wesen geschaffen wurde, dann kann dieses Wesen als erste Ursache gewirkt haben, nämlich bei der Vorgabe der Gesetze und Anfangsbedingungen. Danach aber hat es sich, wie ein Ingenieur im Ruhestand[37], aus der Welt zurückgezogen und die Uhr ihrem Lauf überlassen. Das Aufklärungspotential des mechanistischen Naturbildes hat somit psychologisch eine *entlastende* wie eine *belastende* Funktion. Zum einen bringt es das mit sich, was Max Weber treffend die „Entzauberung der Welt" benannt hat, d. h. eine durchsichtige, rationale, berechenbare Natur verliert ihren drohenden Charakter. Zum anderen ist aber das nicht mehr vorhanden, was konstitutiv für die religiöse Weltauffassung war, nämlich einen Sinnzusammenhang für das gesamte Weltgeschehen zu liefern, in dem auch das menschliche Leben eingebettet ist.[38] Allerdings gehört die letzte Konsequenz eher zu den von Newton selbst *nicht intendierten* Folgerungen des Uhrwerkuniversums. Er glaubte vielmehr, in dem hohen Grad an Gesetzesartigkeit das Wirken eines perfekten Planers sehen zu können.

Unter Berufung auf den Briefwechsel mit Newton hat dann in erster Linie Richard Bentley das Planungsargument verteidigt. Vor allem das Auftauchen der universellen Naturkonstante G, die die Stärke der Gravitationswechselwirkung festlegt, deutet er als einen absoluten Zug des Newtonschen Weltmodells, der nicht durch Zufall, sondern nur durch weise Vorsehung erklärt werden kann.[39] Auch der Astronom William

Whiston sieht in der Universalität der Gravitation einen Hinweis auf die Einheitlichkeit des göttlichen Planes.[40] Dieser Gedanke ist dann Anfang des 19. Jahrhunderts von William Paley zu einem umfangreichen teleologischen System ausgebaut worden. Paley rekurriert speziell auf die Uhrenmetapher.[41] Wenn jemand bei einer Wanderung durch die Heide eine Uhr auf dem Boden findet, sie öffnet und den Mechanismus analysiert, kommt er nicht umhin, die Zwecksetzung des Uhrmachers zu erkennen. Paley argumentiert von einer Analogie her: Was für eine Uhr evident ist, gilt auch für den Mechanismus des Universums. Eine spontane, autonome Entstehung eines solchen zweckmäßigen Mechanismus hält er für unmöglich. Wie wir sehen werden, ist gerade die spontane Entstehung von komplexer Ordnung der entscheidende Punkt in den modernen Systemtheorien. In jüngster Zeit ist diese Deutung der fein abgestimmten Naturgesetze und Konstanten wieder im Rahmen der Diskussion um das Anthropische Prinzip aufgelebt. Einige Autoren haben jedenfalls von der Möglichkeit Gebrauch gemacht, die Feinabstimmungen der notwendigen Voraussetzungen für die Existenz von Leben teleologisch zu deuten.[42]

Im vorstehenden wurden teleologische Begründungen im Kontext eines deterministischen Weltablaufes stets mit dem Ursprung des gesamten Weltsystems verbunden. Eine eher destruierende Wirkung des Uhrenuniversums auf die traditionelle christliche Metaphysik wird deutlich, wenn es um willkürliche, den Ablauf der Naturgesetze unterbrechende Eingriffe Gottes geht. David Hume macht bei seiner Argumentation gegen die Glaubwürdigkeit von Wundern gerade von der Ausnahmslosigkeit der deterministischen Naturgesetze Gebrauch.[43] Wenn das Universum wirklich eine Uhr im strengen Sinne ist, wird jede scheinbare Ausnahme von der Gesetzlichkeit eine intensive Suche nach neuen Regularitäten auslösen, und, gegeben Zeit und Ausdauer, wird man sie finden. Auch das Planungsargument, also den Schluß von der Ordnung der Uhr auf den Ordner, enthüllt Hume als non sequitur.[44] Es ist ein Analogieschluß, der logisch gesehen nie tragfähig ist, außerdem ist er subjektiv und plump anthropomorphistisch: ". . . we are guilty of the grossest and most narrow partiality, and make ourselves the model of the whole universe."[45] Darüber hinaus übersehen die Menschen, wenn sie den hohen Ordnungsgrad und die Gesetzesartigkeit betonen, zumeist die ungeordneten Züge und den Zerfall von Strukturen. Hume war eher skeptisch in bezug auf eine kausale Erklärung der Naturordnung. Die Natur ist uns nur einmal gegeben. Wie sollen wir Vergleiche anstellen, wie sollen wir generelle Gesetze der Ordnungsentstehung finden? Am ehesten konnte sich Hume noch mit

einem Zufallsprozeß anfreunden.[46] Wenn das Universum räumlich
endlich ist, aber unendlich viel Zeit zur Verfügung steht und alle Kombinationen von materiellen Teilchen wirklich vorkommen, dann herrschen zwar die meiste Zeit chaotische Zustände, selten, aber doch dann
und wann, kommen geordnete Konfigurationen vor, und einige von
ihnen gleichen denjenigen, die wir Leben nennen. Unter diesem kom-
binatorischen Gesichtspunkt ist es natürlich nicht verwunderlich, daß
wir gerade in jenen Zeiten leben, in denen die hochgeordneten Konfigurationen vorherrschen, denn diese sind ja die notwendige Voraussetzung für unsere Existenz. Humes Zufallsprozeß führt damit direkt zu
einer anthropischen Argumentation.

Seine Zweifel an der Teleologie betrafen nicht nur die Zweckmäßig-
keit der Naturordnung, sondern auch die Grundgesetze der Erkenntnis generell. Newton und seine Anhänger waren zweifelsohne von einer ontologischen Deutung der mechanischen Gesetzlichkeit ausge-
gangen. Hume destruierte mit seiner empiristischen Analyse die Kausalität, die bis dahin immer als ein realer Prozeß, als ein physikalischer
Transfer von Ursache zur Wirkung verstanden worden war. Durch
seine Wirkung auf Immanuel Kant leitete Hume die Wende zu einer
idealistischen Epistemologie ein, die letzten Endes zur großen Ent-
fremdung von Philosophie und Naturwissenschaft mit ihrem Kulmina-
tionspunkt im deutschen Idealismus führte. Die transzendentale Kehre
führte weg von einer realistischen Naturphilosophie zu einer idealistischen Erkenntnislehre, wonach Wissenschaft nurmehr von den Erscheinungen der Dinge handelt und die unerkennbaren wirklichen Gegenstände durch die Filterwirkung der Anschauungsformen und Kategorien unelemimierbar verdeckt sind. Die Entstehung von Ordnung ist
deshalb auch kein realer Prozeß, sondern durch den kategorialen Rahmen induziert. Dann wird natürlich auch jede teleologische Ordnung
eine Idee, unter der die Wissenschaftler arbeiten können, die aber nicht
den Dingen selbst innewohnt. Damit wird unter anderem die weltan-
schaulich heikle Frage, ob die Ordnung der Natur spontan entstehen
kann oder als göttliche Planung in den Gesetzen steckt, umgangen.
Eine Motivation des Lutheraners Kant lag sicher darin, im starren Kausalnexus der Newtonschen Mechanik durch die transzendentale Wendung Platz für Freiheit, Ordnung und Sinn zu schaffen. Allerdings
mußte er dazu in einem bestimmten Sinn eine Entwicklung rückgängig
machen, die im Newtonschen Denken schon vollzogen war, nämlich
den Verzicht auf die Mittelpunktstellung des Menschen im Universum.
In einem idealistischen Erkenntnismodell steht der menschliche Geist
im Zentrum der Dinge, nicht räumlich, aber gedanklich als Brenn-

punkt der Konstitution der Gegenstandswelt.[47] Deshalb kann man bei der transzendentalen Wende durchaus von einer „antikopernikanischen Gegenrevolution" sprechen. K. R. Popper hat diese Wendung so gefaßt: „Kopernikus nahm der Menschheit ihre zentrale Position in der Welt. Kants ‚Kopernikanische Wendung' ist eine Wiedergutmachung dieser Position. Denn Kant beweist uns nicht nur, daß unsere räumliche Stellung in der Welt irrelevant ist, sondern zeigt uns auch, daß sich, in gewissem Sinne, unsere Welt um uns dreht. Denn wir sind es ja, die, wenigstens zum Teil, die Ordnung erzeugen, welche wir in der Welt finden. Wir sind es, die unser Wissen von der Welt erschaffen."[48] So wie Kant betont Popper natürlich, daß wir nur die Erzeuger des Wissens sind, nicht aber die Welt selbst entstehen lassen.

Trotz aller scharfsinnigen Überlegungen von Hume und Kant war die Wirkung der logischen und erkenntnistheoretischen Argumentation auf die Naturwissenschaft gering. Sie legte fast durchwegs eine realistische Erkenntnisauffassung zu Grunde und versuchte, Newtons mechanistischen Ansatz in der Physik auf andere Bereiche zu übertragen. Selbstredend ist Darwins Evolutionstheorie die natürliche Fortsetzung des kausalmechanistischen Denkens in den Bereich des Lebendigen, in dem Wachstum von komplexer Ordnung ohne Finalität und ohne übernatürliche Planung erfolgt. Man kann dies besonders genau sehen, wenn man sich noch einmal Thomas Huxleys Auslegung von Paleys berühmtem Uhrenbeispiel ansieht. Paley wollte zeigen, daß die Tatsache, daß alle Teile der Uhr so gut zusammenpassen, daß sie perfekt die Zeit anzeigt, beweist, daß die Uhr besonders zu diesem Zweck konstruiert worden ist, also auf eine erfindende Intelligenz zurückweist.[49] Paleys Argumentation verfängt in dem Moment nicht mehr, wie Huxley zeigt, wo es kausale Vorläufer der Uhr gibt, man also sieht, daß die Uhr das Ergebnis der Veränderung einer anderen, nur mangelhaft gebauten Uhr ist. Es könnte sogar sein, daß man eine rudimentäre Uhr findet, in der die Zahlen und das Zifferblatt fehlen, die Zeiger nur angedeutet sind. Vielleicht finden wir sogar aus der ganz alten Zeit einen sich drehenden Zylinder. Wenn wir dazu im Besitz einer dynamischen Theorie sind, wonach diese Urform eines Chronometers systematisch alle möglichen Veränderungen durchläuft, und wir zweitens guten Grund haben zu vermuten, daß die umgebende Welt die Tendenz besitzt, ein gutes Zeitmeßgerät herzustellen, dann haben wir sicherlich eine passende Alternative für die teleologische Erklärung des Vorhandenseins der Uhr, „denn es würde bewiesen sein, daß ein Apparat, der vollständig einem Zwecke gemäß gestaltet ist, doch ebensowohl das Ergebnis einer Methode des Versuchens und des Irrens von seiten unintel-

ligenter Ursachen sein konnte, als das Ergebnis der unmittelbaren Anwendung der zu jenem Zwecke führenden Mittel von seiten eines intelligenten Wesens"[50].

Es ist äußerst instruktiv für das Verständnis des Zeitgeistes des
18. Jahrhunderts, daß der Gedanke einer Entwicklung der gesamten
Natur nach den Prinzipien der Mechanik damals als philosophisch respektable, wenngleich kühne Idee galt. Kant konzipiert das Szenarium
bereits sehr eindrucksvoll:

> Es ist rühmlich, vermittelst einer komparativen Anatomie die große Schöp-
> fung organisierter Naturen durchzugehen, um zu sehen, ob sich daran nicht
> etwas einem System Ähnliches, und zwar dem Erzeugungsprinzip nach, vor-
> finde. [...] Die Übereinkunft so vieler Tiergattungen in einem gewissen ge-
> meinsamen Schema, das nicht allein in ihrem Knochenbau, sondern auch in der
> Anordnung der übrigen Teile zum Grund zu liegen scheint, wo bewunderungs-
> würdige Einfalt des Grundrisses durch Verkürzung einer und Verlängerung an-
> derer, durch Einwickelung dieser und Auswickelung jener Teile eine so große
> Mannigfaltigkeit von Spezies hat hervorbringen können, läßt einen obgleich
> schwachen Strahl von Hoffnung in das Gemüt fallen, daß hier wohl etwas mit
> dem Prinzip des Mechanismus der Natur, ohne welches es überhaupt keine
> Naturwissenschaft geben kann, auszurichten sein möchte. Diese Analogie der
> Formen, sofern sie bei aller Verschiedenheit einem gemeinschaftlichen Urbilde
> gemäß erzeugt zu sein scheinen, verstärkt die Vermutung einer wirklichen Ver-
> wandtschaft derselben in der Erzeugung von einer gemeinschaftlichen Urmut-
> ter, durch die stufenartige Annäherung einer Tiergattung zur anderen, von der-
> jenigen an, in welcher das Prinzip der Zwecke am meisten bewährt zu sein
> scheint, nämlich dem Menschen, bis zum Polyp, von diesem sogar bis zu
> Moosen und Flechten, und endlich zu der niedrigsten uns merklichen Stufe der
> Natur, zur rohen Materie; aus welcher und ihren Kräften, nach mechanischen
> Gesetzen (gleich denen, wonach sie in Kristallerzeugungen wirkt), die ganze
> Technik der Natur, die uns in organisierten Wesen so unbegreiflich ist, daß wir uns
> dazu ein anderes Prinzip zu denken genötigt glauben, abzustammen scheint.[51]

Kants Weitblick im Jahre 1790 ist zu bewundern, denn sein Entwurf
umfaßt auch jene Evolutionsschritte, die von der unbelebten Materie
zu den ersten primitiven organischen Substanzen geführt haben. Zum
Teil werden noch heute Biochemiker, die dieses Programm realisieren
wollen, von kreationistisch orientierten Kollegen kritisiert.[52] Die
Durchsetzungsphase von Kants Idee einer gesetzesartigen Entwicklung aller Komplexitätsstufen der Natur ist offenbar noch nicht abgeschlossen.

Lange ehe der Newton des Grashalms – wie Kant Darwin in prophe-
tischer Vorwegnahme genannt hatte – seine mechanische Interpretation
des Lebendigen gegeben hatte, versuchten andere Wissenschaftler

Newtons Erklärungsmuster in neue Bereiche zu übertragen.[53] Adam Smith sah die gesellschaftlichen Kräfte der unsichtbaren Hand, welche die politische und wirtschaftliche Ordnung aufbauen, analog mechanischen Kräften. Von einem systemtheoretischen Standpunkt aus ist es interessant, daß dieser klassische Ökonom überzeugt war, daß eine freie Marktgesellschaft unweigerlich ein Strukturwachstum im Sinne einer sich verzweigenden Heterogenität durch die wachsende Arbeitsteilung hervorbringen muß. „Ursprünglich ist diese Arbeitsteilung, die so viele Fortschritte nach sich gezogen hat, nicht das Werk menschlicher Weisheit, welche die dadurch bewirkte allgemeine Wohlhabenheit etwa vorhergesehen und beabsichtigt hätte, sie ist vielmehr die notwendige, wenn auch sehr langsam und Schritt für Schritt sich ergebende Folgeerscheinung, einer gewissen Neigung derartig nicht auf die Verfolgung so weitreichender Vorteile gerichteten menschlichen Natur, nämlich der Neigung zum Tausche, zum Tauschhandel und zum Austauschen einer Sache gegen eine andere."[54] Adam Smith postulierte als Ausgangspunkt gesellschaftlicher Entwicklung einen Zustand, bei dem weder Arbeitsteilung noch Tauschhandel vorhanden waren. In dem Moment, wo die Arbeitsteilung sich durchsetzt, kann der Einzelne seinen Bedarf nicht mehr alleine decken, er ist größtenteils auf die Arbeit anderer angewiesen. Arbeitsteilung und Tausch setzen aber Kapital voraus. Der Sinn des Kapitals besteht darin, den Hersteller eines Verbrauchsgutes während der Produktionsphase und in der Zeit des Umlaufs der Ware zu ernähren. In einer arbeitsteiligen Gesellschaft muß also vorher Kapital vorhanden sein, und der Fortschritt der arbeitsteiligen Gesellschaft ist eine Funktion der Kapitalbildung. Die erhöhte Produktivität der Arbeit, der Ertrag, ist somit nach Smith durch das wachsende Kapital verursacht. Darin kann man das Analogon zur Physik sehen.

Größere Arbeitsteilung ist auch mit einem Anwachsen der Gesamtinformation der Gesellschaft verbunden. Wenn nämlich jedes Individuum Fachmann in einem Bereich sein muß und nicht mehr alle Gebiete zu durchschauen braucht, kann er sein Wissen auf diesem Spezialbereich viel mehr vertiefen. Er wird entlastet, überall zu Hause zu sein. Nur in einer homogenen Gesellschaft hat jedes Mitglied das gleiche Wissen, aber die gesamte Gemeinschaft hat nicht mehr Information als der Einzelne. Arbeitsteilung erlaubt so Fortschritt in Richtung auf Wachstum des Wissens. Eine freie, arbeitsteilig orientierte Marktgesellschaft inkorporiert eine höhere Gesamtmenge an Wissen. Dies ist einer der Gründe für ihre ökonomische Überlegenheit gegenüber einer sozialistischen Gesellschaft. Das höhere Wissen der marktorientierten Gesellschaft erlaubt auch einen stärkeren Grad an kausaler Vernetzung

zwischen den Arbeitsbereichen. Es sind mehr ungelenkte Kooperationen möglich, da die Steuerung durch die Regierung eine geringere
Rolle spielt. Schon aus dieser Skizze der ökonomischen Grundidee
von Adam Smith wird deutlich, daß es sich dabei eigentlich um eine
Entwicklungstheorie sozialer Strukturen handelt. Historische Untersuchungen haben gezeigt[55], daß die Ökonomie der Biologie den Ent-
wicklungsgedanken vermittelt hat. Im Jahre 1838, als Darwin von
seiner Weltreise mit der Beagle zurückkam und nun die empirischen
Ergebnisse der Reise in einer Theorie fassen wollte, las er Adam Smiths
Hauptwerk. Man kann davon ausgehen, daß es seine Wirkung nicht
verfehlt hat.

Das Paradigma Newtonscher Begriffsbildung reicht noch in weitere
Bereiche hinein. Joseph Priestley bemühte sich, das philosophische
Problem der menschlichen Freiheit über ein mechanisches Modell zu
lösen.[56] In seinem Ansatz wird die Wirkung Newtonschen Denkens
noch viel deutlicher sichtbar. Von Thomas Hobbes beeinflußt, geht er
davon aus, daß geistige Aktivitäten Gehirnprozesse sind. Wenn dem so
ist, müßte Newtons Theorie, als umfassende Theorie der materiellen
Welt verstanden, auch für den menschlichen Willen und seine Entscheidungen zuständig sein. Dies wäre von hohem methodologischen Vorteil, so argumentiert Priestley, genauso wie es erklärungstechnisch
sparsam ist, wenn man die Mondbewegung und den freien Fall mit einem
Ursachenpaket abdecken kann. Die gleiche ontologische Sparsamkeit,
die sicher auch im Sinne von Newtons „hypothesis non fingo" ist,
sollte man auch auf Seelenphänomene wie den Willen übertragen.

Wenn ein Mensch sich in einer Entscheidungssituation befindet,
spielen zwei Informationsstücke die wesentliche Rolle, seine innere
Disposition in Form der ererbten und erworbenen Erfahrung und die
sinnliche Wahrnehmung der Objekte, auf die sich die Entscheidung
bezieht. Der seelischen Disposition entspricht im mechanischen
System die Gravitationskraft und der Anfangslage und Anfangsgeschwindigkeit des dieser Kraft unterworfenen Objektes die auslösenden
Faktoren der Wahlsituation. Motive sind also jene Kräfte, die die Wil-
lensentscheidungen des Menschen steuern. Natürlich können im physikalischen wie im psychischen Fall äußere Zwangsbedingungen vorliegen. Ein Stein kann am Fallen im Gravitationsfeld gehindert werden,
ein Mensch durch Gefängnismauern begrenzt sein. Fehlt jedoch der
äußere Zwang, kann der Mensch seinen eigenen inneren Antrieben folgen, dann ist er frei. Aus dieser mechanistischen Analogie folgt der *Versöhnungsstandpunkt von Determinismus und Freiheit*. Eine Tat kann
ohne weiteres verursacht sein, und dennoch ist der Täter dieser Tat frei,

weil der Antrieb dazu aus seinem Inneren kommt. Durch diese Analogieübertragung gelangte Priestley zu einer Konzeption von Freiheit, wie sie heute von vielen analytischen Philosophen vertreten wird.[57] Daraus sieht man, daß Newtons Patenschaft durchaus aktuelle Problemlösungen antizipieren konnte. Nicht ein kontrakausales Durchbrechen der Naturzusammenhänge ermöglicht freies Handeln, sondern die Realisation der inneren mentalen Zustände in der äußeren Erfahrungswelt.[58]

In allen mechanistischen Konzeptionen tritt natürlich das Problem der Anfangsbedingungen auf. Selbst Thomas Huxley machte es klar, daß, obwohl zielgerichtete Planung in dem Mechanismus von Mutation und Selektion nicht mehr gebraucht wird, sehr spezielle Anfangsbedingungen für die Materiezustände gefordert werden müssen, wenn der Mechanismus zu den hochorganisierten, lebenden Strukturen führen soll.[59]

Darüber hinaus hatte Huxley bereits Bedenken, ob in einer deterministischen Uhrenwelt, in der die Entwicklungsprodukte eine feste Funktion der anfänglichen molekularen Konfigurationen sind, die lebenden Systeme überhaupt entstehen könnten. Damit deutet sich bereits die Frage nach der Rolle des Zufalls im Entwicklungsprozeß an.

Um dieselbe Zeit meldet auch bereits James Clark Maxwell Bedenken an, ob in einem starr deterministischen Laplace-Universum qualitative Veränderung möglich ist, bzw. ob man nicht auch unstetige Sprünge heranziehen müßte. Die Naturwissenschaften sollten sich auch mit den „Singularitäten" und „Instabilitäten" befassen und nicht nur mit den kontinuierlichen Veränderungen der Dinge. Erst dann könne man das Vorurteil gegenüber dem Determinismus beseitigen, das aus der Annahme resultiert, daß die Zukunft nur einfach ein vergrößertes Bild der Vergangenheit darstellt.[60] Damit deutet sich bereits in dem mechanistisch orientierten 19. Jahrhundert an, daß zur deterministischen Entwicklung ein stochastisches Element hinzutreten muß, um das System von seinem berechenbaren Kurs abzubringen.

Einer der frühesten Versuche, in ein Newtonsches, deterministisches Universum einen universellen Entwicklungsprozeß einzubauen, stammt von Herbert Spencer. Angeregt durch die klassische Ökonomie, suchte Spencer hinter dem Differenzierungsvorgang in allen Bereichen eine gleichstrukturierte, treibende Ursache zu sehen.

Offenbar bilden die astronomischen, geologischen, biologischen, psychologischen und soziologischen Erscheinungsformen ein zusammenhängendes Aggregat von Phänomenen, dergestalt, daß die aufeinanderfolgenden Teile in unmerklich kleinen Abstufungen auseinander hervorgegangen sind, so daß ihre

Einteilung mehr konventioneller Art ist. Offenbar liegt ihr Einheitspunkt in ihrem gemeinsamen Gesetz der Umformung. Sie müssen deshalb in ein zusammenhängendes Theoriebündel gefaßt werden, das durch die Verwandtschaft der grundlegenden Beziehungen zusammengehalten wird.[61]

Im Sinne der Kant-Laplaceschen Nebularhypothese versuchte er, Parallelen zu finden zwischen einer homogenen Materiewolke, die sich unter der Gravitationswechselwirkung in Sterne und Planeten ausdifferenziert, einem Aggregat von Molekülen, das unter elektrischen Kräften chemisch und biologisch zusammengesetzte Systeme aufbaut, bis zum freien Markt der Ökonomie, bei dem die individuellen Zielsetzungen der einzelnen Individuen die treibenden Kräfte sind. Aber auch bei Spencer wird bereits deutlich, daß der differenzierende Strukturbildungsprozeß auf die Existenz von Instabilitäten zurückgeht, die dann auftreten, wenn ein homogenes System in Teilen unterschiedlichen Kräften ausgesetzt ist. Was man heute mit dem Begriff der Symmetriebrechung bezeichnet, tauchte damals als Ahnung eines zusätzlichen Elementes in der deterministischen Veränderung auf. Spätere Theoretiker der liberalen Richtung der politischen Ökonomie betonen immer wieder das in allen sozialen Systemen inhärente Element der Unvorhersagbarkeit.[62] Die Nichtprognostizierbarkeit hat ihren einen Grund darin, daß homogene Zustände spontan in weniger symmetrische aufbrechen können. Ein anderer Grund liegt darin, daß ein exaktes Modell der Gesellschaft viel zu komplex wäre, um von dem Gehirn, oder in unserer Zeit von einem Computer, eines Mitgliedes der Gesellschaft erfaßt werden zu können. Deshalb darf man die Analogie zwischen dem klassischen Liberalismus in der Wirtschaftsordnung und der modernen Idee der Selbstorganisation nicht zu weit treiben. Es darf nicht vergessen werden, daß die Dynamik der Wirtschaftssysteme im 18. Jahrhundert im Sinne eines deterministischen Wirkungszusammenhanges gedacht wurde. Für die Idee der spontanen Ordnung fehlt das Moment der Nichtberechenbarkeit, das auf der Nichtlinearität der rückkoppelnden Systeme beruht, wodurch erst die sich selbst organisierende Auslese und der Optimierungsprozeß entstehen.[63]

Die Unmöglichkeit der ökonomischen Berechnung liegt nicht in den technischen Hindernissen begründet, die man vielleicht eines Tages entfernen kann. Sie sind also nicht von der Art der großen Entfernung zu den Fixsternen, die die Raumfahrt zu anderen Planetensystemen behindern.

Der Markt-Vorgang könnte nur dann durch soziale Berechnung und Planung ersetzt werden, wenn es ein theoretisches Wissen auf der

Ebene der gesamten Gesellschaft gäbe, das das praktische Wissen der einzelnen Individuen ersetzt. Wir werden noch von mehreren Seiten auf dasselbe Resultat stoßen, die Undurchführbarkeit der Planung gesellschaftlicher Entwicklung gründet nicht in der praktischen Ineffektivität der „sozialen Steuerung", sondern in deren grundsätzlichen erkenntnistheoretischen Unmöglichkeit.[64] In einer geplanten Gesellschaft wird vergessen, daß der Markt ein Instrument zur Entdeckung und zum Gebrauch von Wissen darstellt. Soziale Institutionen haben informationstragende Funktion. Dies ist durchaus kompatibel mit dem evolutionären Standpunkt:

Wettbewerb und natürliche Auslese zwischen sozialen Institutionen und Traditionen finden zweifelsohne statt. Der Erfolg einer Tradition hängt wesentlich von ihrem Wirkungsgrad ab, als Informationsträger und Übermittler von Wissen zu agieren. Die Erfolglosigkeit jeder geplanten Ökonomie rührt von der Vernachlässigung der epistemischen Funktion der Markt-Institution her. So sieht man, wie das Problem der Berechenbarkeit, das aus der klassischen Ära der Physik überkommen ist, tief in die gegenwärtigen Fragen der politischen Ökonomie hineinreicht. Wir werden später noch genauer verfolgen, wie auf allen Ebenen der Naturbeschreibung die vollständige theoretische Erfaßbarkeit zur Schlüsselfrage wurde.

2. Das elektromagnetische Feld und die Natur des Lichtes

Newtons Physik besteht nicht nur aus den Gleichungen der Mechanik und Gravitationstheorie, sondern auch aus einer Ontologie. Die physikalische Realität baut sich nach Newton aus Raumzeit, Teilchen und Kräften auf, wobei die Kräfte sich als Fernwirkungen ohne Retardierung, also ohne zeitliche Verzögerung, über den Raum ausbreiten. Wir haben schon darauf hingewiesen, welch enormes Absehen von der Erfahrungswelt bereits die Mechanik bedingt. Die wachsende Abstraktion von der grobsinnlichen Erfahrung ist vermutlich eine der Wurzeln für den überwältigenden Erfolg der modernen Naturwissenschaft. Dies läßt sich auch an der Entstehung des Feldbegriffes eindrucksvoll demonstrieren.

Newton war sehr unglücklich und sehr unzufrieden mit der Tatsache, daß sein Gesetz keine Aussage über die Art und Weise zuläßt, in der sich Gravitation von einer Masse zur anderen ausbreitet.[65] Es ist nicht allgemein bekannt, daß es einen Übergangsbegriff gibt, der den Feldbegriff teilweise vorbereitet hat, und dieser ist der des *Potentials*. (Abb. 2)

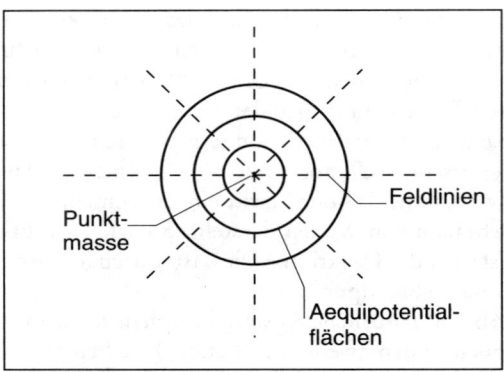

Abb. 2: Das Potential

Man kann Newtons Gravitationstheorie umformulieren durch Einführung eines Kraftfeldes, das den gesamten Raum stetig erfüllt. Aus der Ableitung des Gravitationspotentials erhält man wieder das ursprüngliche r^{-2}-Gesetz von Newton. Für dieses Potential hat dann Laplace eine Differentialgleichung gefunden. Sie beschreibt die stetige Veränderung des Potentials außerhalb der Quellenmassen. Siméon Denis Poisson hat 1811 diese Gleichung für das Potential innerhalb der Materieverteilung verallgemeinert. Das Potential hat einen begrifflichen Status, der eine Art Übergangsform zum Feldbegriff darstellt, denn es schließt den Begriff der *Möglichkeit* ein. An jedem Punkt des Raumes ist damit die mögliche Einwirkung des Kraftfeldes auf einen Massepunkt gegeben. Die Äquipotentialflächen drücken die gleichartige Stärke des Kraftfeldes in einem bestimmten Abstand von der Quelle aus. Im Fall einer Punktmasse sind dies konzentrische Kugelflächen um die Quelle. Orthogonal zu den Äquipotentialflächen stehen die Feldlinien des Kraftfeldes.

Damit sind schon wesentliche Bestimmungsstücke der Gravitation als eines Feldes erreicht. Allerdings schließt die Konzeption des Kraftfeldes nicht eine beliebig hohe Ausbreitungsgeschwindigkeit der Wirkung aus.

Die Einführung der Idee des Feldes in den Realitätsbestand der Physik kam in kleinen Schritten. Als Michael Faraday die wissenschaftliche Bühne betrat, behandelte man die elektrischen und magnetischen Kräfte ganz analog dem Fernwirkungscharakter der Gravitation. Teilchen, mit ungleichnamiger magnetischer oder elektrischer Ladung ausgestattet, ziehen einander an, und zwar mit einer Kraft, die auch mit r^{-2}

abnimmt. Allerdings tritt der Unterschied zur Gravitation auf, daß gleichnamige Ladungen sich mit derselben geometrischen Abhängigkeit abstoßen.

Trotz der primären Ähnlichkeit von Gravitation und Elektromagnetismus offenbaren sich bei näherem Zusehen immer mehr Differenzen. Nicht nur in bezug auf die Polarität – es gibt offenbar keine negativen Gravitationsladungen –, auch das geometrische Verhalten von Elektrizität und Magnetismus ist verschieden. Ganz anders als bei der Gravitation spielt die *Bewegung* der geladenen Objekte eine Rolle. Die Bewegung eines Magneten durch eine Spule übt eine beschleunigende Wirkung auf elektrische Ladungen aus und erzeugt einen Strom, und eine bewegte elektrische Ladung erzeugt ein Magnetfeld. Zwei Phänomengruppen, die man vordem für getrennt gehalten hatte, zeigen offenbar eine tiefliegende Abhängigkeit. Der begrifflich entscheidende Schritt bestand darin, eine neue, direkt nicht sichtbare Entität zu postulieren, als deren spezifische Ausprägungen man die elektrischen und magnetischen Phänomene ansehen konnte, nämlich das *elektromagnetische Feld*. Die übergreifende Einheit bleibt verborgen, solange man sich auf den elektrostatischen bzw. magnetostatischen Bereich beschränkt. Sie enthüllt sich, wenn die Quellen in relative Bewegungen versetzt werden. Es handelt sich also um eine *dynamische Einheit* von Magnetismus und Elektrizität, die durch den Feldbegriff gestiftet wird. Das Feld ist das raumerfüllende Medium, das die Wirkungen der geladenen Teilchen vermittelt und das man an den Feldlinien sichtbar machen kann.

Faraday wird sehr häufig mit einem sehr ausgeprägten Empirismus in Zusammenhang gebracht, was es dann relativ schwierig macht, seine Einführung einer theoretischen Entität wie des Feldes zu verstehen. Die Analyse von Faradays erkenntnistheoretischem Selbstverständnis hat jedoch ergeben[66], daß er durchaus differenziert in der Erkenntnis die sinnliche Wahrnehmung, die Urteilskraft und die Vorstellung unterschied. Das Wirken der Urteilskraft schließt bereits die aktive Auswahl unter dem Datenmaterial ein, und das Vorstellungsvermögen bildet die neuen theoretischen Begriffe, welche in den Hypothesen verwendet werden. So sieht man, daß vom Ursprung her der Feldbegriff nicht nur an dem anschaulichen Verlauf der Linien des Kraftfeldes hängt, wie man ihn mit Eisenfeilspänen sichtbar machen kann.

Die wahre Reichweite der Feldidee enthüllte sich jedoch erst, als James Clark Maxwell begann, diese in die mathematische Sprache der Vektoranalysis zu gießen. Das Feld wurde trotz der Existenz der neuen Vektorgleichungen nicht sofort als philosophisch respektable auto-

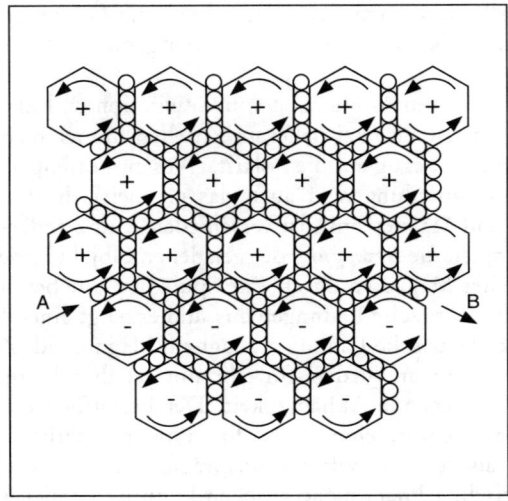

Abb. 3: Kugellagermodell des Äthers

nome Entität akzeptiert, zu sehr hing man damals an einer Teilchen-
ontologie. Maxwell selbst versuchte noch mechanische Modelle zu entwerfen, um das Feld anschaulicher und greifbarer zu machen.[67] (Abb. 3)
    Zu den eindrucksvollen Erfahrungen der theoretischen Physik ge-
hört die Tatsache, daß die Maxwell-Gleichungen eine Art intellektuel-
les Eigenleben zu entwickeln begannen. Um sie mathematisch konsistent zu formulieren, mußte Maxwell neue Terme hinzunehmen, deren
physikalischer Sinn erst nach und nach klar wurde. Elektrizität und
Magnetismus werden nur dann konsistent miteinander verbunden,
wenn man die Existenz des „Verschiebungsstroms" fordert, aus dem
sich wiederum die Vorhersage ergibt, daß sich elektromagnetische Wellen mit Lichtgeschwindigkeit ausbreiten. Gerade diese theoretisch erzwungenen (supervenienten) Entitäten führten somit zur Überschußbedeutung, welche der Theorie ihre Stärke verlieh. Die Voraussage von
Maxwells Theorie, daß elektromagnetische Felder sich in der Form von
Transversalwellen mit Lichtgeschwindigkeit ausbreiten, wurde von
H. Hertz 1886 experimentell bestätigt. Drei vordem getrennte physikalische Gebiete, Elektrizität, Magnetismus und Licht, wurden nun
auf einmal durch eine einheitliche Theorie umfaßt. Es nimmt nicht
wunder, daß Maxwells Elektrodynamik später Vorbild aller Vereinheit-
lichungsversuche wurde.
    Man sollte zudem darauf hinweisen, daß die aus dem Elektromagne-

tismus resultierenden Einheitsbestrebungen zumindest teilweise eine philosophische Wurzel besitzen, nämlich in der romantischen Naturphilosophie gründen.[68] F. W. J. Schelling sah es als Aufgabe seiner „spekulativen Physik" an, hinter allem Gegensätzlichen eine verborgene Identität zu suchen. Historisch ist belegt, daß Hans Christian Ørstedts Entdeckung der magnetischen Wirkung des elektrischen Stromes durch Schellings metaphysische Einheitsidee katalysiert wurde. Auch die Identität elektrischer und chemischer Kräfte, wie sie etwa in der Elektrochemie Johann Wilhelm Ritters zum Ausdruck kommt, ist durch die Einheitsidee der Romantik gefördert worden.[69]

Faradays Nachweis der elektromagnetischen Induktion hat diesen zu spekulativen Überlegungen veranlaßt, ob nicht nur Magnetismus, Elektrizität und Licht, sondern vielleicht auch Wärme und Gravitation (!) eine gemeinsame Wurzel besitzen. Es wird berichtet, daß Faraday in seinem Hörsaal Metallstücke von der Decke auf ein Kissen auf den Boden fallen ließ, um herauszufinden, ob die Schwerkraft einen elektrischen Strom induzieren könnte. Auch wenn ein solches Experiment damals wie heute keinen Erfolg zeitigen konnte, war die dahinterstehende Idee zukunftsweisend und wird heute mit hohem mathematischen Aufwand weiterverfolgt.[70]

Methodisch kann man jedenfalls eine Gemeinsamkeit zwischen Newtons Mechanik und Maxwells Elektrodynamik konstatieren. Beide verbinden phänomenologisch extrem unterschiedliche Bereiche. So verschieden das Fallen eines Apfels und die Bewegung des Mondes ist und ebenso verschieden die Einstellung einer Kompaßnadel und die Entladung eines Blitzes ist, es ist das Gütesiegel für eine hochrangige Theorie, derartige disparate Phänomene zu verknüpfen. An dieser Stelle ist auch zu betonen, daß zwischen Unifizieren und Gesetzessuche kein grundsätzlicher Gegensatz besteht. Die Suche nach einheitlichen Theorien ist letzten Endes nichts anderes als das Fortführen der Suche nach Gesetzen auf einer höheren theoretischen Ebene. Ein Gesetz sucht das Gemeinschaftliche unter vielen Phänomenen heraus, und eine einheitliche Theorie versucht die gemeinschaftlichen Züge einer größeren Zahl von Gesetzen unter sich zu begreifen. So ist Vereinheitlichung nichts anderes als die Fortsetzung der Gesetzessuche mit anderen Mitteln.[71]

Das bedeutsamste Phänomen, an dem sich diese Entwicklung offenbarte, war selbstredend das *Licht*. Hinweise auf die Wellennatur des Lichtes waren schon Anfang des 19. Jahrhunderts von Thomas Young entdeckt worden.[72] Er fand 1801, daß sich Lichtbündel genau wie Wasserwellen gegenseitig verstärken und auslöschen können. Auch Beu-

gungserscheinungen, wenn Licht durch Spalte oder Gitter hindurch-
geht, beobachtete man wie beim Schall. Die starke Analogie von aku-
stischen und optischen Phänomenen führte zur mechanischen Licht-
theorie, bei der das Licht sein eigenes Schwingungsmedium besitzt –
den Äther. Elektrizität, Magnetismus und Licht waren nach dem
mechanischen Vorbild Spannungszustände des Äthers. Die elektromagnetischen Wellen, die Heinrich Hertz 1886 experimentell nachwies und
die Maxwells Theorie großartig bestätigten, wurden in dieser mechanischen Interpretation als periodische Veränderungen der Ätherspannun-
gen angesehen. Wir können aus dieser Entwicklung ermessen, wie
wichtig das Ätherkonzept in den letzten Jahrzehnten des 19. Jahrhunderts gewesen ist. Um so mehr wird es verständlich, daß sich viele auch
hochrangige Physiker gegen Einsteins Theorie von 1905 wehrten, in
der der Äther seine Funktion verlor. Zuerst einmal galt es aber, den
Äther mit der gewöhnlichen Materie zu verbinden.

3. Auf der Suche nach dem Äther

Von Newton her war die atomistische Vorstellung vom Aufbau der
Materie überkommen. Dieser hatte sie am Ende seiner ›Opticks‹ in folgender Weise skizziert: „Nach all diesen Erwägungen ist es mir wahrscheinlich, daß Gott am Anfang der Dinge Materie in massiven, festen,
harten, undurchdringlichen und unbeweglichen Partikeln erschuf ...
damit also die Natur von beständiger Dauer sei, ist der Wandel der körperlichen Dinge ausschließlich in die verschiedenen Trennungen, neuen
Vereinigungen und Bewegungen dieser permanenten Teilchen zu verlegen." [73] Durch den Elektromagnetismus war jetzt eine weitere Substanz
neben den Atomen als gleichberechtigt eingeführt worden, eben der
Äther. In der Spätzeit des 19. Jahrhunderts sah man es als eine der
wichtigsten Aufgaben der Physik an, die physikalischen Eigenschaften
des Äthers zu bestimmen. Darüber hinaus tauchte natürlich die Frage
auf, ob die beiden Arten der Grundstoffe in irgendeiner Weise aufeinander bezogen werden könnten. Faraday hatte die Äthereigenschaft im
mechanischen Sinne verstanden. In der Umgebung eines Magnetpols
sind Spannungen im Äther vorhanden, und die Kraft wird von einem
Pol zum anderen durch Druck und Zug, also durch mechanische Größen, übertragen. Durch eine solche Vorstellung wurde auch Newtons
immer etwas rätselhaft gebliebene Fernwirkungsidee plausibler.
    Die Feldidee wurde gegen Ende des 19. Jahrhunderts so stark, daß
eine Reihe von Theoretikern wie Max Abraham, Hendrik Antoon

Lorentz und Wilhelm Wien nach einer einheitlichen feldtheoretischen Beschreibung der Natur suchten. Es wurde immer deutlicher, daß eine Ableitung der Physik des Äthers aus der Mechanik wenig Aussicht auf Erfolg haben würde. Eher versuchte man, sich umgekehrt zu orientieren, um vielleicht die Gesetze der Mechanik aus der Lorentzschen Theorie des Elektromagnetismus zu gewinnen. In einem solchen Forschungsprogramm müßte dann eine rein mechanische Eigenschaft wie die der Masse des Elektrons durch das eigene elektrische Feld dieses Teilchens hervorgerufen werden. Es sah um 1900 so aus, als ob ein umfassendes elektromagnetisches Weltbild kurz bevorstünde.[74]

In einer Hinsicht ergänzte und verstärkte Maxwells Elektrodynamik Newtons Mechanik perfekt. Dies war der *deterministische Charakter* der Theorie. Wir waren schon früher auf Maxwells Bedenken gestoßen, ob Entwicklung und qualitative Veränderung in einem perfekt deterministischen Universum möglich sei. 1859 und 1871 waren inzwischen Darwins große Werke zur Abstammungslehre erschienen. Mit der Entstehung der Arten und der Abstammung des Menschen geht nun die Zufallskomponente in einer entscheidenen Weise in die naturwissenschaftliche Theorienkonstruktion ein. Zufällig vorhandene Eigenschaften einer Population, die dem Überleben dienlich sind, werden durch die Umweltbedingungen verstärkt. Aber die Frage bleibt natürlich bestehen, wie in einem deterministisch ablaufenden Universum Zufallsereignisse überhaupt auftreten können. Wenn der Determinismus wirklich umfassend ist, dann kann der Zufall immer nur in der Unkenntnis der wahren Ursachen bestehen. Alle Ereignisse müssen eine eindeutige Funktion der ersten Anfangsbedingungen sein. Auf diese Weise würde sich das Rätsel der Existenz von Zufall und damit auch der hochorganisierten komplexen Welt nur auf die Frühzeit verschieben: Die Welt ist, wie sie ist, weil sie war, wie sie war.

Vom Standpunkt der Verteidiger der Teleologie ist der starre Determinismus natürlich vorzuziehen, denn dann lassen sich die Anfangsbedingungen leicht als übernatürliche Planung interpretieren, was schlecht geht, wenn im Laufe der Entwicklung wirklich irreduzible stochastische Elemente vorkommen, denn diese können nicht geplant sein. Auf der anderen Seite enthält der Determinismus keinen Spielraum für übernatürliche Eingriffe während des Ablaufes. Man kann in eine gutgehende Uhr nicht eingreifen, ohne sie zu stören. Maxwell war Atomist wie Newton: „Obwohl im Verlauf der Zeitalter immer wieder Katastrophen passiert sind und auch in Zukunft sicher noch passieren werden, obwohl sich alte Systeme aufgelöst haben und neue Systeme aus diesen Ruinen entstanden sind, die Moleküle, aus denen sich alle diese Systeme gebildet haben, die Bausteine des materialen Universums, bleiben unvergänglich und können sich nicht abnützen."[75] Die Eigenschaften der Moleküle, heute würden wir sagen der Atome, sind permanent und nicht der Entwicklung unterworfen. Gerade die perfekte Gleichheit der Elementarbausteine weist nach Maxwell auf eine Planung hin. Diese Deutung steht so lange zur Disposition, wie die Identität aller Elementarteilchen nicht aus physikalischen Gesetzen folgt.

Wenn die Entwicklung einmal läuft, können immer noch zwei Fälle eintreten. Die deterministische Veränderung kann nach Uhrenart stabil sein, d. h., kleine Abweichungen in den Anfangsbedingungen erzeugen kleine Unterschiede in den Endzuständen. Es kann aber auch vorkommen, daß eine minutiöse Differenz in der Anfangssituation sehr schnell zu einem beträchtlichen Abweichen in der Endkonfiguration führt. Diese Instabilität in der Entwicklung erzeugt ein nicht berechenbares Moment. Maxwell sieht also bereits (vor Poincaré!) klar das Element der Nichtberechenbarkeit, das in klassischen deterministischen Systemen vorhanden ist.

Bei Maxwell finden wir zwar die Idee der begrenzten Vorhersehbarkeit von deterministischen Systemen, wenn Instabilitäten auftauchen, aber sie verbindet sich noch nicht mit dem Gedanken der Strukturentstehung. Deutlich wird nur, daß auch in deterministischen Systemen, seien es Teilchen oder Felder, die von Laplace dem intellektuellen Dämon zugeordnete Fähigkeit der Berechenbarkeit nicht mehr gegeben ist. Neben dem Determinismus ist der Mechanik und der Elektrodynamik auch eine weitere Eigenschaft gemeinsam, nämlich ihr *reversibler Charakter*. In keiner von beiden Theorien findet sich eine Spur von einer Zeitrichtung; Strukturaufbau und Komplexitätswachstum scheinen hingegen nur in einer Richtung der Zeit vorzukommen, deshalb muß man weitersuchen, um einen theoretischen Ort zu finden, wo der Pfeil der Zeit seinen Grund besitzt.

4. Wärme und Atome: Boltzmanns Idee vom Ursprung des Zeitpfeils

Die Mechanik ist in einer Hinsicht eine unvollkommene Theorie. Filmen wir einen mechanischen Prozeß und lassen wir den Film rückwärts ablaufen, so stellen wir erst einmal fest, daß in der Erfahrungswelt solche Vorgänge nicht vorkommen. Wenn jemand einen Tennisball in eine Zimmerecke wirft, so bleibt dieser nach wenigen gedämpften Schwingungen am Boden liegen. Niemals kommt es vor, daß ein

Ball spontan aus der Ruhelage in der Zimmerecke nach einigen sich aufschaukelnden Schwingungen in die Hand des Werfers springt. Wir können jedoch aus der Mechanik keinen Grund für dieses Nichtvorkommen des gespiegelten Vorganges angeben. Die Unumkehrbarkeit, die Irreversibilität der Vorgänge ist mechanisch nicht begründbar.

Anfang des 19. Jahrhunderts fand man bei der Untersuchung des Wirkungsgrades von Wärmekraftmaschinen Gründe dafür, *warum* nicht alle von der Mechanik zugelassenen Prozesse in der Natur vorkommen, sondern, grob gesprochen, nur etwa die Hälfte. Aus diesem praktischen Problem heraus wuchs eine neue Disziplin der Physik, die einem hilft zu verstehen, warum es in einem See keine vom Ufer her plötzlich einlaufenden Wellen gibt, die sich in der Mitte vernichten, oder warum Körper sich nicht spontan, anscheinend ursachelos, in Bewegung setzen. Am Anfang schien die Theorie unproblematisch das zu leisten, was man von ihr erwartete. Man fand eine Zustandsgröße für thermodynamische Systeme, genannt die *Entropie*, die bei allen wirklichen Prozessen anwächst, bzw. nur im idealen Grenzfall von umkehrbaren Prozessen gleich bleibt, jedenfalls aber nie abnimmt. Entropie ist ein Kunstwort, das vom griechischen Wort τροπή abgeleitet ist[76] und von Rudolf Clausius 1865 eingeführt wurde.[77] Damit ließ sich durchaus eine Richtung in den Naturvorgängen auszeichnen. Jene Hälfte der mechanischen Vorgänge, bei denen die Entropie abnimmt, kommt eben in der Realität nicht vor. Die reversible Mechanik läßt zu viele Prozesse zu, aber die Thermodynamik schränkt sie gerade wieder so ein, daß die in der Natur beobachteten irreversiblen Prozesse übrigbleiben.

Begriffliche Schwierigkeiten traten auf, als Ludwig Boltzmann im Sinne eines einheitlichen deterministischen Weltbildes versuchte, das Entropiewachstum atomistisch zu verstehen, und zwar als das Ergebnis vieler elementarer Stoßprozesse zwischen den Molekülen.[78] Damit wurde dem Zufall eine zentrale Rolle in der Naturbeschreibung zugewiesen. An die Stelle des Verfolgens der einzelnen mechanischen Stöße treten Größen, die das mittlere Verhalten vieler Moleküle wiedergeben. Eine entscheidende Bedeutung kommt hier der *Verteilungsfunktion* zu.[79] Wenn man die Annahme macht, daß die Kollision der Moleküle zufällig erfolgt und daß die Ordnung und Geschwindigkeiten der Teilchen vor dem Stoß unkorreliert sind, dann geht jede beliebige Anfangsverteilung der Geschwindigkeit der Moleküle in jene Verteilungsfunktion über, die nach Maxwell und Boltzmann ihren Namen hat, sie ist für ein Gas im Gleichgewicht die wahrscheinlichste.

Wichtig ist zu betonen, daß eine mechanische Erklärung der irreversiblen Vorgänge nur unter dieser Vorgabe des *Stoßzahlansatzes* bzw. der molekularen Unordnung möglich ist. Boltzmanns Forschungsziel war es, den zweiten Hauptsatz der Thermodynamik, also das Entropiegesetz, mechanisch zu begründen. Er wollte auch die gerichteten Vorgänge der Welt aus bestimmten statistischen Annahmen über Atomzusammenstöße ableiten. Im Jahre 1872 fand er eine Funktion H, die von den Lagen und Geschwindigkeiten der Atome abhängt und die immer mit der Zeit abnimmt oder höchstens gleichbleibt.[80] Durch die Identifikation von H mit dem negativen Wert der Entropie glaubte Boltzmann nun ein mechanisches Verständnis aller irreversiblen Prozesse gewonnen zu haben.

Doch die Zeitgenossen blieben skeptisch. Sie konnten nicht einsehen, wie man durch Anhäufung noch so vieler *mikroskopisch reversibler* Vorgänge einen *makroskopisch irreversiblen* Vorgang erzeugen könne. Sie vermuteten hier einen logischen Sprung in der Begründung, eine Beweislücke. Die Frage, ob die Kritiker recht hatten, war von hoher Bedeutsamkeit, denn es stand viel auf dem Spiel. Man kann Boltzmanns Ansatz nur verstehen, wenn man sich klarmacht, daß dieser aus zwei Quellen gespeist wird, der klassischen Mechanik und der Atomlehre.

Auch wenn Boltzmann keine dogmatische Handhabung seiner Grundelemente physikalischer Erklärung vorgeworfen werden kann, so besteht doch kein Zweifel, daß er den atomaren Aufbau der Materie und die mechanische Art der Wechselwirkung zwischen den Elementen der Natur als fundamentale Faktoren der Beschreibung ansah.[81] Sowohl die idealen reversiblen als die realen irreversiblen Phänomene sollten in Boltzmanns Perspektive durch eine einheitliche Theorie erfaßt werden. J. D. van der Waals hat den entscheidenden Erkenntnisvorteil einer solchen mechanischen Rettung irreversibler Phänomene betont. Wenn Boltzmanns Vorhaben nicht gelingt, wäre die Mechanik nur eine mathematische Disziplin, die die idealen Grenzfälle – wie sie näherungsweise in der Astronomie vorkommen – beschreibt, aber nicht die überwältigende Mehrzahl der terrestrischen Vorgänge, die immer mit Entropieproduktion verbunden sind. „Die Folge hiervon würde sein, daß wir anstatt die Natur als von einer geringen Anzahl mechanisch einfacher Gesetze beherrscht anzusehen, aus denen die wahrgenommenen Naturgesetze sich ableiten ließen, eine unnennbare große Anzahl von unabhängigen Naturgesetzen würden annehmen müssen."[82]

Das Ideal eines einheitlichen Naturverständnisses wurde im 19. Jahrhundert nicht realisiert, es wurde als Wunschvorstellung an die Theore-

tiker des 20. Jahrhunderts weitergegeben. Im folgenden werden wir
sehen, wie die Einheitsidee immer wieder neue Formen annimmt.
Heute liegt sie in Gestalt der systemtheoretischen Einheit der Naturwissenschaft vor, doch bis dahin türmten sich ungeahnte Hindernisse
auf.

II. UNGELÖSTE PROBLEME DER KLASSISCHEN PHYSIK

1. Welchen Aufbau hat die Welt im Großen?

Obwohl die meisten Physiker um die Jahrhundertwende die Situation der Physik sehr optimistisch einschätzten, gab es einige unerklärliche Anomalien, einige dunkle Wolken am Himmel der Physik, wie Lord Kelvin sich ausdrückte[83], die nicht ganz in das klassische Bild passen wollten. Sehen wir uns einige dieser Wolken an: Die erste hat etwas mit dem innersten Planeten unseres Sonnensystems zu tun.

Der Merkur ist der sonnennächste Planet, der sich einmal in 88 Tagen um die Sonne und in 59 Tagen um sich selbst dreht. Er steht immer nahe bei der Sonne und ist relativ schwierig zu beobachten. So dauerte es eine Zeitlang, bis man bemerkte, daß der Merkur sich nicht ganz nach den Newtonschen Gesetzen richtete. Urbain Jean Joseph Leverrier fand 1859 eine Anomalie in seiner Bewegung, die sich klassisch nicht verstehen ließ. Um diese Abweichung richtig zu würdigen, muß man wissen, daß die Himmelsmechanik ihr Instrumentarium inzwischen so verfeinert hatte, daß sie alle störenden Wirkungen der vielen Körper des Sonnensystems auf einen bestimmten, dessen Bewegung man verfolgen wollte, in Rechnung stellen konnte. Als Ausgangspunkt dient dabei die ungestörte Kepler-Bewegung zweier Himmelskörper. Die Störungstheorie ist dann in der Lage vorauszusagen, welche Abweichungen von der reinen Ellipsenform Keplers zu erwarten sind. Die große Halbachse des Merkurs bleibt, wie übrigens bei allen anderen Planeten auch, nicht im Raum fest, sondern dreht sich. Der Perihel rückt damit vor, und der Weg des Merkurs im Raum beschreibt statt einer geschlossenen Ellipse eine offene Rosettenbahn.

Qualitativ war die Theorie in Übereinstimmung mit der Beobachtung. Man sah, daß der Merkur tatsächlich eine Rosettenbahn durchläuft. Quantitativ fand jedoch Leverrier einen Fehlbetrag in der Periheldrehung von 38″ pro Jahrhundert gegenüber der theoretischen Voraussage. Um diesen kleinen Winkel rückt das Perihel des Merkurs weiter vor, als es nach Newton sollte. (Abb. 4)

Einen etwas genaueren Meßwert von 42,15″ pro Jahrhundert, den man bis heute für verbindlich hält, ermittelte 1882 Simon Newcomb. Weil aus der bestehenden Theorie heraus kein Grund für diesen Zu-

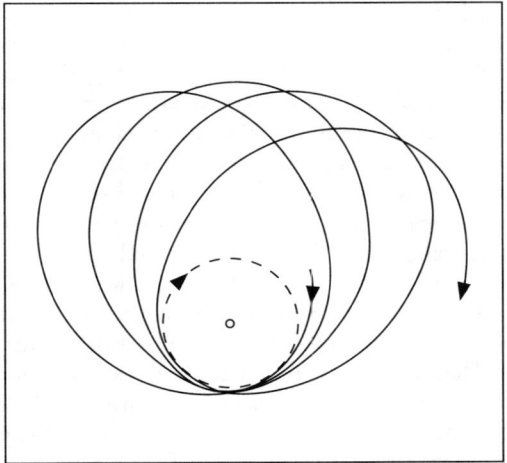

Abb. 4: Periheldrehung des Merkurs

satzterm ersichtlich war, erfand man eine Reihe von Hilfshypothesen
als Erklärungsalternativen. Man dachte an einen neuen Planeten zwischen Merkur und Sonne oder einen intramerkurischen Ring von Asteroiden oder an irgendwelche bis dahin übersehenen Staubwolken. Das
waren jedoch alles ziemlich willkürlich herangezogene Hypothesen,
die samt und sonders einen unabhängigen Test nicht bestanden. Auch
Ad-hoc-Änderungen an Newtons Gravitationsgesetz, nur für den
Zweck erfunden, diese kleine Anomalie aufzufangen, waren nicht erfolgreich. So blieb dieses Rätsel bestehen, ohne daß man einen Hinweis darauf hatte, ob die klassische Physik tatsächlich Anwendungs-
grenzen besitzt oder ob man es durch Entdeckung eines passenden
Himmelskörpers letztlich doch würde auflösen können.

An dieser Stelle können wir bereits auf eine Schwierigkeit begriff-
licher Art eingehen, die uns im Zuge unserer wissenschaftstheoretischen
Überlegungen immer wieder begegnen wird. Als Leverrier und Newcomb den nichtklassischen Periheldrehungseffekt feststellten, hatten
sie keine Ahnung, durch welche Theorie dereinst diese Anomalie aufgelöst würde. Also verwendeten sie bei der *Beschreibung* des Effektes
selbstverständlich die Sprache der klassischen Himmelsmechanik,
auch wenn die *Erklärung* des Effektes noch offen war. Sicherlich hatten beide keinen Zweifel, vernünftig über die anomale Verschiebung
des Planeten an der Sphäre reden zu können. Dennoch enthält diese
Situation das Problem, wie man die *Bedeutung* eines theoretischen

Terms fixiert. Lange Zeit dachte man, daß die Bedeutung eines Ausdruckes eine seiner inneren Eigenschaften sei, die er fest mit sich trägt, unabhängig davon, in welchem Zusammenhang der Ausdruck gebraucht wird. 1956 wies Rudolf Carnap darauf hin, daß der theoretische Kontext entscheidend für die Bedeutung eines Ausdruckes ist, da er in einem Zusammenhang sinnvoll, in einem anderen sinnlos sein kann.[84] Thomas S. Kuhn und Paul Feyerabend haben dann die Kontextauffassung so verstärkt, daß die Bedeutung eines sprachlichen Ausdruckes ausschließlich durch das Hintergrundwissen oder das Paradigma festgelegt wird. Auch völlig gleichartig aussehende Terme sind, wenn sie in unterschiedlichen Kontexten vorkommen, unvergleichbar oder „inkommensurabel". Die Unvergleichbarkeit betrifft nach Kuhn nicht nur die theoretischen Zusammenhänge, sondern auch reine Beobachtungstatsachen und Experimentalergebnisse. Auf Grund dieses Bedeutungswandels werden natürlich theoretische und experimentelle Resultate, die in verschiedenen wissenschaftstheoretischen Epochen in unterschiedlichen Kontexten gewonnen werden, nicht nur *unvereinbar*, sondern auch *unvergleichbar*. Einige Autoren haben versucht, eine vermittelnde Position zu verteidigen, wonach es *Grade* der Bedeutungsähnlichkeit gibt, aber auch dies ist von Kuhn und später von Feyerabend abgelehnt worden. Als Paradebeispiel wurde zumeist der Newtonsche und der Einsteinsche Massebegriff verwendet[85], aber wir können noch besser die Periheldrehung als Beispiel nehmen, weil es hier einen Newtonschen und einen Einsteinschen Anteil an dem gleichen Beobachtungseffekt gibt. Wie wir später sehen werden, gelang es mit der Allgemeinen Relativitätstheorie, genau den früher erwähnten Rest von 42,15″ aufzufangen. Nach der semantischen Verschiebungshypothese hieße aber „Periheldrehung" im klassischen und relativistischen Kontext etwas so grundsätzlich Verschiedenes, daß es nicht einmal erlaubt wäre, die beiden Effekte, die der Astronom an der Sphäre ungeteilt beobachtet, numerisch zu addieren. Es wäre gar nicht gestattet, von einer *Gesamtperiheldrehung* des Merkurs zu sprechen.

Den entscheidenden Einwand gegen die radikale Bedeutungsverschiebung hat Dudley Shapere gebracht.[86] Wenn man behauptet, daß es keine Vergleichbarkeit bezüglich eines Ausdruckes (wie Masse, Periheldrehung, Lichtablenkung) gibt, der in zwei verschiedenen Theorien vorkommt, verurteilt man die offensichtlich vorhandenen *Merkmalsgemeinsamkeiten* zur Irrelevanz, wohingegen die *Merkmalsunterschiede* allein als maßgebend für die Bedeutung angesehen werden. Für diese offensichtlich unterschiedliche Gewichtung von Ähnlichkeit und Verschiedenheit gibt es nicht den geringsten Grund. Darüber hinaus ist die Inkommensurabilitätsthese logisch inkohärent. Wie kann man von zwei kategorialen Rahmen völlige Unvergleichbarkeit aussagen, sie aber dann doch als wissenschaftliche Theorien bzw. Paradigmen ansprechen? Dies ist nur möglich, wenn sie irgend etwas miteinander gemeinsam haben. Gerade wenn man Vergleiche durchführt – und dies müssen auch Kuhn und Feyerabend –, sind transparadigmatische Überschreitungen der Bedeutungsbarrieren unausweichlich. Dudley Shapere und Hilary Putnam haben Vorschläge gemacht, wie man Terme in verschiedenen Kontexten vergleichen kann.[87] Dies ist die Voraussetzung für historische Kontinuität dafür, daß man sagen kann, eine Nachfolgetheorie löse ihre Probleme besser als ihre Vorgänger.

Eines ist zu bedenken: Im Verlauf der Wissenschaftsgeschichte ist es immer wieder vorgekommen, daß Entitäten, die man durch eine Klasse von Eigenschaften klar identifiziert zu haben glaubte, durch neue Erkenntnisse einen Teil dieser Eigenschaften oder manchmal fast alle von ihnen verloren haben. Man denke etwa an den Atombegriff. Deshalb kann man die *Eigenschaften* von Objekten sicherlich nicht als die unveränderlichen Bedeutungen von Termen ansehen. Es gibt zweifellos kein unveränderliches Wesen der Dinge. Statt dessen rekurriert man auf den Begriff des semantischen Bezuges oder der *Referenz*. Damit läßt sich ausdrücken, daß Begriffe, die in verschiedenen Theorien vorkommen, sich auf dasselbe Objekt beziehen. Es mag sein, daß die *Beschreibungen*, also die Zuerkennung bestimmter Eigenschaften zu einem Ding oder System, im Laufe der Geschichte sich drastisch verändern, dennoch sprechen die sich ablösenden *Theorien* über das gleiche Referenzobjekt. Mittels einer Referenztheorie, die nicht von Bedeutungen abhängig ist, kann man eine theorieübergreifende Sprechweise einführen. Innerhalb einer solchen ist es dann sinnvoll, von *transtheoretischen* Termen zu sprechen. „Periheldrehung" wäre ein Beispiel dafür. Die Tatsache, daß Newton und Einstein verschiedene erklärende Mechanismen für den klassischen und den relativistischen Anteil der Perihelverschiebung liefern, ist vereinbar damit, daß beide sich auf den gleichen astronomischen Effekt beziehen.

Für die *Transtheoretizität* führt Shapere darüber hinaus auch die gesamte Kette von Überlegungen an, die einer theoretischen Entität die historische Abfolge von Eigenschaften zugeschrieben hat. Sie konstituiert gewissermaßen die transtheoretische Einheit und den theorieübergreifenden Bezug. Dieser ist auch dann noch vorhanden, wenn, durch lange historische Zeiträume getrennt, die Eigenschaftsklassen einer theoretischen Entität kein gemeinsames Element mehr besitzen, wie dies vielleicht für den demokritischen und quantenmechanischen

Atombegriff der Fall ist, wenngleich nicht für den Newtonschen und den Einsteinschen Begriff der Periheldrehung.

Die gemeinsame Gedankenkette, die theorieübergreifende Denktradition, stiftet auch dann noch eine Verbindung, wenn zwei Theorien kein gemeinsames Bezugsobjekt mehr besitzen. Vergleichbarkeit von Theorien bedeutet nicht nur Kontinuität der Aussagen über ein gemeinsames Referenzobjekt, sie ist selbst dann gegeben, wenn die Theorien Problemsituationen in derselben rationalen Tradition zu bewältigen versuchen. Wir werden noch mehrfach Gelegenheit haben, den überzogenen Anspruch dessen zu kritisieren, was Popper den „Mythos des Rahmens" genannt hat.[88] Es wird sich zeigen, daß die angeblich so starren Rahmenbedingungen der wissenschaftsgeschichtlichen Analyse nicht standhalten.

Nach diesem kurzen Exkurs in die diachrone Wissenschaftstheorie zurück zu den ungelösten Fragen der klassischen Physik!

Ein weiteres Problem, das bereits in der klassischen Zeit gestellt worden war, im 18. Jahrhundert aber ebensowenig wie im 19. Jahrhundert geklärt werden konnte, mußte für seine Lösung auf das 20. Jahrhundert warten. Es betrifft die Anwendung von Newtons Gravitationstheorie auf die Welt im Großen. Die Mechanik ist eine universelle Theorie, die den Anspruch erhebt, für jedes beliebige Sternsystem eine Beschreibung der Bewegungen zu liefern, wenn die zwischen den Teilen des Systems wirkenden Kräfte bekannt sind. Wenn eine Theorie auf jeden Systemtypus anwendbar ist, dann folgt daraus noch nicht, daß die Theorie auch ein sinnvolles Resultat gibt, wenn sie auf alle existierenden Körper zugleich angewandt wird. Newton hatte sich seinerzeit schon ausführlich mit Reverend Richard Bentley in einem berühmten Briefwechsel über die Frage unterhalten[89], ob man das Universum als endliche Materieinsel in einem unendlichen, leeren Raum ansehen sollte oder ob der Raum homogen, d. h. überall gleichförmig bis in die Unendlichkeit, mit Sternen besetzt sei. Schon damals tauchte die Frage auf, ob eine endliche Materieanordnung überhaupt stabil wäre. Würde nicht eine solche Insel einfach unter der Wirkung der eigenen Schwere einen Gravitationskollaps erfahren? Newton meinte damals, daß eine endliche Materieinsel bald in eine riesige sphärische, strukturlose Masse übergehen würde, also keineswegs die differenzierte Hierarchie von Strukturen aufbauen könnte, die wir tatsächlich beobachten. Wenn das Materiesystem jedoch unendlich wäre, träten zwar lokale Zusammenballungen auf, aber ein globaler Kollaps würde vermieden. In einer solchen Welt, die keine Mitte und keinen Rand besitzt und die zentralsymmetrisch um jeden Punkt ist, würden sich, so meinte Newton, die kosmischen Kräfte in jedem Punkt aufheben.[90] Die Balance zwischen unendlichen Kräften ist jedoch begrifflich viel heikler zu handhaben und kann nicht einfach wie ein Gleichgewicht zwischen endlichen Kräften behandelt werden. Die Subtraktion von unendlichen Größen ist mehrdeutig; so ist es in der Mathematik wohlbekannt, daß die Summe einer unendlichen Reihe von der Anordnung der Summanden abhängen kann. Damit ergibt sich, aber dies wurde erst lange nach Newton klar, daß die universelle anziehende Natur der Gravitation unvereinbar mit einem statischen unendlichen Universum ist. Unter den Newtonschen Voraussetzungen müßten sich die Sterne in Bewegung setzen. Allenfalls hätte Newton sein unendliches statisches Universum retten können, wenn er gefordert hätte, daß die Gravitation in großer Entfernung abstoßend (repulsiv) würde. Selbst dann ergäbe sich aber nur ein instabiles Gleichgewicht, eine kleine Schwankung in der Sternentfernung hätte sofort das Überwiegen der Attraktion oder der Repulsion zur Folge. Damit würde sich die großräumige Struktur von selbst verändern. Im nachhinein ist leicht urteilen, aber unter den Voraussetzungen von 1687 hätte Newton die *Expansion des Universums* voraussagen können.[91] Natürlich ist eine solche Forderung historisch gesehen unrealistisch. Viel zu stark wirkte die seit Aristoteles verbindliche metaphysische Hintergrundüberzeugung von der Unveränderlichkeit des Himmels. Selbst Einstein konstruierte sein erstes kosmologisches Modell noch unter dem Einfluß der Aristotelischen Randbedingungen.

Die klassische Kosmologie ist noch mit einer zweiten Schwierigkeit behaftet. Es gibt ein Paradoxon, das nach einigen früheren Versionen, die erste stammt sogar von Johannes Kepler[92], vor allem von Heinrich Wilhelm Olbers 1826 publik gemacht wurde.[93] Man kann es auch als elektromagnetisches oder *Strahlungsparadoxon* bezeichnen. Summiert man die gesamte Strahlung in einem solchen unendlichen mit Sternen besetzten Universum, wobei die Sterne seit Ewigkeit geschienen haben, dann ist der Strahlungsfluß, der an jedem Punkt des Universums ankommt, unendlich. Der Strahlungshintergrund, der sich vor allem bei einem mondlosen nächtlichen Sternenhimmel zeigt, müßte unendlich hell sein, bzw. wenn man die Absorption der Sterne berücksichtigt, müßte der Strahlungshintergrund mindestens so stark sein, daß er der Oberflächentemperatur eines durchschnittlichen Sternes entspräche. Man kann sich das Ergebnis des strengen geometrischen Argumentes einfach veranschaulichen, wenn man bedenkt, daß in einem unendlichen Universum jede Sehlinie eines Beobachters früher oder später auf einen Stern treffen muß. Wenn nun jede Sehlinie bei einem

Stern endet, dann wird ein Beobachter, wie lang die Sehlinien auch sein mögen, nicht mehr zwischen einer Vielzahl von Sternen und einer einzigen Sternoberfläche unterscheiden können. Die vielen, auf Lücke stehenden Sterne decken sich so auf, daß sie wie eine geschlossene Sternoberfläche wirken. Nun ist der Nachthimmel aber gar nicht gleißend hell – so etwas könnten wir auch gar nicht beobachten, die Existenz eines Beobachters ist weder mit einem unendlich hellen Strahlungshintergrund noch mit einer Temperatur von 5000 bis 6000 Kelvin vereinbar –, also muß an den Voraussetzungen etwas falsch sein.

Bei den beiden Paradoxa der klassischen Kosmologie konnte man schon aus rein logischen Gründen nicht wissen, welche von den Voraussetzungen unzutreffend sei. Dies trifft für jede Falsifikation zu. Wenn die Konsequenz einer Prämissenmenge von der Beobachtung nicht erfüllt wird, kann man niemals eindeutig die falsche Prämisse identifizieren, hier hilft es nur, mit Versuch und Irrtum die einzelnen Möglichkeiten durchzuprobieren. Ohne auf alle Lösungsvorschläge, die im späten 19. Jahrhundert gemacht wurden, einzugehen [94] – Carl Neumann und Hugo Seeliger schlugen z. B. vor, das Paradoxon der Kräfte durch eine Abänderung des Gravitationsgesetzes für große Distanzen zu beseitigen, Heinrich Olbers wollte das elektromagnetische Paradoxon vermittels Absorption der Strahlung durch interstellare Materie lösen –, kann man summarisch behaupten, daß diese Hypothesen alle unbefriedigend waren. [95]

Damit war die Situation ziemlich eindeutig. Die Übertragung der klassischen Ideen über Raum, Zeit und Materie auf die kosmische Größenskala brachte keine Lösung des kosmologischen Problems mit sich, wenn wir unter dem kosmologischen Problem verstehen, die großräumige Verteilung und Bewegung der Materie zusammen mit der Struktur der Raumzeit zu finden. Es sei schon hier betont, daß durch diese aporetische Situation viel auf dem Spiel stand, nicht mehr und nicht weniger als die *Intelligibilität des Universums*. [96] Könnte es sein, daß die menschlichen Ideen und Theorienentwürfe vielleicht überhaupt zu schwach sind, um die Welt im ganzen zu erfassen? Eine Welt, von der wir nicht wissen, ob sie endlich oder unendlich ist. Immerhin hatten ja die Skeptiker, unter ihnen auch Kant, immer schon betont, daß eine Physik vom Weltganzen eigentlich gar nicht möglich sei und unausweichlich zu Antinomien führe. Dazu kommt, daß selbst dann, wenn es ein konsistentes kosmologisches Modell der klassischen Mechanik und Gravitationstheorie gäbe, das Problem der Entstehung der Strukturen ungelöst bliebe. Newton hatte dieses Problem schon ins Auge gefaßt, als er darauf hinwies, daß eine gravitationsdominierte Welt in Ge-

fahr sei, eine riesige Masse aufzubauen anstatt vieler gleichmäßig ver-
teilter Materieklumpen. In der Tat wissen wir heute, daß es ein delika-
tes kosmologisches Anfangswertproblem darstellt, die Bedingungen
für ein homogen mit Galaxien und Sternen besetztes Universum zu finden. Wir werden sehen, daß das Strukturproblem wesentlich dorniger
ist als der großräumige Aufbau des Kosmos. Der Grund liegt in der
Vorgabe der statistischen Schwankungselemente, die in die deterministische kosmologische Entwicklung eingebaut werden müssen.

2. Gibt es einen Ätherwind?

Ein weiteres Rätsel der klassischen Physik kam aus einem anderen
Bereich. Wir haben gesehen, wie sich die Existenz einer Trägersubstanz für das elektromagnetische Feld aus Maxwells Theorie fast
zwangsläufig ergibt. Die zweifelsfrei von Heinrich Hertz 1886 nachge-
wiesenen elektromagnetischen Wellen schienen den Äther unmittelbar
nahezulegen. Aber welche Eigenschaften besitzt dieser Wellenträger,
und wie wirkt er auf gewöhnliche Materie? Die Bestimmung der materialen Eigenschaften dieses Lichtmediums war eine der Hauptaufgaben
der Physik des späten 19. Jahrhunderts. Die Meinungen gingen jedoch
weit auseinander, ob der Äther ein elastischer Festkörper sei oder ob
man ihn sich als flüssige oder gasförmige Substanz vorzustellen habe.
Im nachhinein erscheint diese Vieldeutigkeit verdächtig, aber vom heutigen relativistischen Standpunkt, wo der Äther gar nicht mehr gebraucht wird, können wir leicht urteilen.

Wenn man sich schon nicht einig werden konnte über die materielle
Natur dieses Stoffes, so war doch eines klar, daß nämlich der Äther im
absoluten Raum ruhen müsse. Newtons Mechanik setzt neben den vielen Inertialsystemen, die als relative Räume fungieren, eines als ausge-
zeichnetes Absolutsystem voraus, kann es empirisch aber nicht festmachen. Genauer gesagt, bei mechanischen Experimenten läßt sich immer nur ein Bezugssystem auswählen, das als Fundamentalsystem der
Mechanik eingesetzt werden kann, insofern das Trägheitsgesetz im
Rahmen der möglichen Meßgenauigkeit erfüllt ist. Für alle praktischen
Zwecke erfüllt unsere Galaxis alle Anforderungen an ein Fundamentalsystem, dennoch realisiert unser lokales Sternsystem den absoluten
Raum nur näherungsweise. Auch wenn man zu umfassenderen Mate-
rieanordnungen übergeht, wie etwa der lokalen Gruppe von Galaxien
oder gar einem Supercluster, hätte man keine Gewähr, daß damit der
absolute Raum repräsentiert wäre.

Der elektromagnetische Äther war nun eine Möglichkeit, dieses ausge-
zeichnete Inertialsystem endlich auf dem Beobachtungswege zu finden.
Da die Erde sich um die Sonne bewegt, kann die Erde nicht im Äther
ruhen, ja selbst die Sonne sollte, da sie sich um das Zentrum unserer Galaxis dreht, die Erde noch zusätzlich durch den Äther mitführen. Wenn
nach den damaligen mechanischen Vorstellungen elektrische und magnetische Kräfte durch Spannungen im Äther übertragen werden, müßte die
Erdbewegung durch den Äther zu meßbaren Veränderungen an elektrischen und magnetischen Prozessen auf der Erde führen. Man hatte schon
bis 1880 einiges ausprobiert, um den Ätherwind festzustellen, aber immer mit negativem Ergebnis. Da aber die inneren Qualitäten des Äthers
unbekannt waren und auch die Art der Wechselwirkung mit der terrestrischen Experimentalanordnung nicht vorhersehbar war, konnte es immer
noch an einer rätselhaften Eigenschaft des Stoffes liegen, daß er keine
sichtbare Wirkung auf die Versuchsanordnungen ausübte.

Ab 1881 entwickelte nun Albert A. Michelson zuerst in Berlin und
dann in Cleveland (Ohio) ein neuartiges Experiment, das endgültig das
Problem der Bewegung der Erde durch den Äther lösen sollte. Dieses
Experiment, das nicht nur wie viele frühere Versuche Feinheiten von
der Größenordnung $v/c(10^{-4})$ auflösen konnte, sondern genau von der
Ordnung v^2/c^2 (10^{-8}) war (v/c = Erdgeschwindigkeit / Lichtgeschwindigkeit), stützte sich auf das Interferenzprinzip. Wellen haben die
Eigenschaft, sich bei Überlagerung auszulöschen oder zu verstärken. Die Grundidee von Michelsons Interferenzexperiment besteht
darin, die Zeiten zu vergleichen, die das Licht benötigt, um die
gleiche Entfernung parallel bzw. senkrecht zur Erdbewegung durch
den Äther zurückzulegen. Bei einer solchen Anordnung müßte sich
die Anwesenheit eines ruhenden Äthers durch einen Zeitunter-
schied bemerkbar machen, was man dadurch sichtbar herausstellt,
daß man den parallelen und senkrechten Strahl zur Interferenz bringt.
(Abb. 5)

Zum Erstaunen aller konnte nicht der kleinste Hinweis auf einen
Ätherwind gefunden werden. Selbst eine Erdgeschwindigkeit von wenigen Kilometern/Sekunde hätte sich im Experiment zeigen müssen.
Dieses Experiment, das Michelson 1887 mit Edward William Morley
mit größter Sorgfalt wiederholte, wobei sich abermals ein Nulleffekt
ergab, erzeugte Kopfschütteln, Ratlosigkeit und Unruhe unter den
bedeutendsten Physikern der Zeit wie Lord Kelvin, Rayleigh und Lorentz. Um alle Eventualitäten auszuschließen, steigerte man die Genauigkeit des Interferenzexperimentes weiter, kam aber auch danach
zu keinem weiteren Befund.

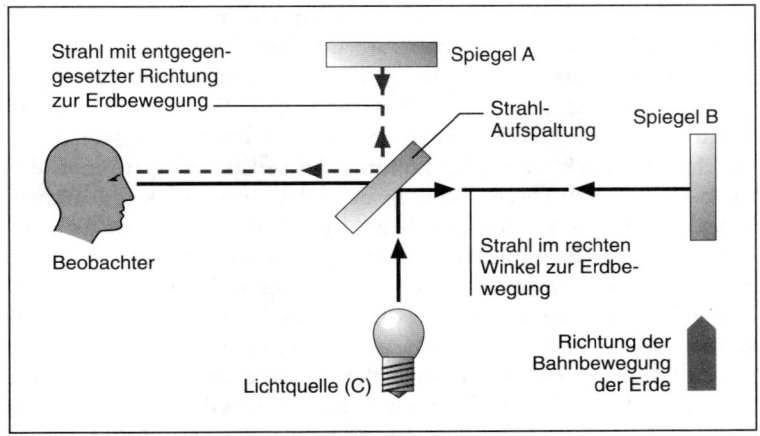

Abb. 5: Ätherdrift-Experiment

In schöpferischer Weise reagierte Lorentz auf die rätselhafte Experimentalsituation, indem er nämlich 1904 eine neue Theorie aller elektromagnetischen Erscheinungen aufstellte, eine Theorie, die auch die Nullergebnisse der Ätherdriftexperimente erfassen sollte.[97] Die Lorentzsche Elektronentheorie zeigt jedoch beim genauen Hinsehen eine zusammengesetzte Struktur, sie besteht aus einer Basistheorie, mit der die Nullergebnisse der Ätherdriftexperimente erster Ordnung erklärt werden können, und aus einer „ergänzenden Hypothese", die die sogenannte Lorentz-Fitzgerald-Kontraktion ausdrückt. Das ist genau jene Zusatzannahme, mit der auch die Experimente zweiter Ordnung abgedeckt werden. George Francis Fitzgerald hatte bereits 1889, knapp nach dem Bekanntwerden der Interferometerergebnisse von Morley und Michelson, behauptet[98], daß die einzige Annahme, die hier den Einklang mit der Theorie herstellen könnte, die sei, daß die Länge der materialen Körper bei der Bewegung durch den Äther sich verändere, und zwar in einer Stärke, die vom Quadrat des Verhältnisses ihrer Geschwindigkeit zu der des Lichtes abhänge, d. h. von $(v/c)^2$. Man beachte aber, daß bei Fitzgerald immer ein *dynamischer Kontraktionsvorgang* gemeint ist, also ein solcher, der die Moleküle bei ihrer Bewegung durch den Äther zusammenpreßt. Diese Zusatzhypothese von Fitzgerald baute Lorentz nun in seine Theorie ein, die als die umfassendste vereinheitlichte feldtheoretische Beschreibung der Natur in der vorrelativistischen Ära anzusehen ist.

Um den begrifflichen Übergang zur Speziellen Relativitätstheorie

wirklich zu verstehen, muß man sich die Entwicklung der Situation bis
zum Jahre 1905 noch einmal vor Augen halten. Viele Effekte, die wir
heute als relativistisch bezeichnen, waren bekannt. Es gab eine dynamische Theorie des Elektrons, aus der heraus die Deformation des
Elektrons in bewegten Systemen und die Geschwindigkeitsabhängig-
keit der Masse erklärt werden konnten. Diese Erklärungen verwendeten aber immer Wechselwirkungen der gebundenen Elektronen eines
makroskopischen Systems mit dem Äther. Nach wie vor sind die im
Äther *ruhenden* Bezugssysteme ausgezeichnet. Der absolute Raum, in
der Form des elektromagnetischen Lichtäthers, ist unverzichtbarer
Bestandteil der Theorie. Soweit die Theorie keine systematische Erklärung für bestimmte Effekte liefert, wird mit einer Hilfshypothese
gearbeitet, die zu den Axiomen der Theorie einfach hinzugefügt
wird. Auf gleiche Weise wird auch garantiert, daß die Lichtgeschwindigkeit in jedem Inertialsystem gleich c ist, was durch die optischen
Experimente nahegelegt wurde. Da zudem die neuen Transforma-
tionsgleichungen von Raum und Zeit in den verschiedenen Bezugssystemen bekannt waren, sah es so aus, als ob das elektromagnetische
Weltbild kurz vor seiner Vollendung stünde. Doch es kam anders, und
zwar durch Albert Einstein. Er hatte eine völlig neue Idee, wie man
eine Elektrodynamik bewegter Körper aufbauen könnte. Wie seine
Wendung des Ätherproblems aussieht, werden wir uns in Kap. III.3
ansehen.

3. Das Strahlungsproblem und die Stetigkeit der Natur

Die diachrone Betrachtungsweise der Wissenschaft, wie sie im Anschluß an Thomas Kuhns epochemachendes Werk üblich geworden
ist[99], hat das Gewicht in erster Linie auf die Bruchzonen der Umgestaltung gelegt. Den Wegbereitern der Umstürze wurde dabei zumeist geringe Aufmerksamkeit geschenkt. Dies führte aber in vielen Fällen zu
einer verfälschenden Simplifizierung der wissenschaftsgeschichtlichen
Situation, die radikale Verschiebungen im Deutungsspektrum der
theoretischen Terme suggerierte, die in Wahrheit gar nicht existierten.
Dies wird besonders deutlich in dem Fall, in dem die Lösung eines Problems der klassischen Physik durch die Quantentheorie geliefert wird.
In dieser relativ langen Entwicklungsphase fand eine durchaus rationale Diskussion zwischen allen Beteiligten statt, in der die Schlüsselbe-
griffe sich nur unwesentlich in der Bedeutung verschoben.
Im Falle des Strahlungsproblems geht jene Wende, die 1900 statt-

fand, wesentlich auf das Jahr 1859 zurück, das gleiche Jahr übrigens, in dem Leverrier die Anomalie des Merkurs entdeckte und Charles Darwin seine Abstammungslehre veröffentlichte. In demselben Jahr bewies Gustav Kirchhoff aus Heidelberg ein Theorem, dessen Hauptaussage darin besteht, daß man zum Auffinden einer korrekten Strahlungsformel nicht alle Eigenschaften beliebiger individueller Körper untersuchen muß, sondern nur die schwarze Strahlung.[100] Man stellt sich schwarze Strahlung am besten in einem dunklen Hohlraum realisiert vor, der ein kleines Loch besitzt. Erhitzt man die Wände des Hohlraumes, dann erhält man eine aus der kleinen Öffnung austretende schwarze Strahlung der gewünschten Temperatur. Kirchhoffs großer Fortschritt bestand darin, das Problem so zu vereinfachen, daß man nur noch eine Funktion suchen mußte, bei der das Emissionsvermögen E eines schwarzen Körpers von der Wellenlänge λ (bzw. der Frequenz v) und der Temperatur T abhängt, E (λ, T). Hierzu wurden im Laufe der Jahrzehnte verschiedene, bereichsabhängige Teillösungen erzielt. Kirchhoffs Problem, so kann man es formulieren, wurde stufenweise gelöst. Max Planck fand dann schließlich im Jahre 1900 die endgültige Lösung. Ähnlich wie bei Newtons Idealbegriff des Massenpunktes war es Kirchhoffs Einführung eines idealen, niemals in der Natur vorkommenden Körpers, der den wichtigen Erkenntnisfortschritt brachte. In der Realität gibt es keine wirklich schwarzen Körper, die unabhängig von der auffallenden Strahlung diese weder durchlassen noch reflektieren. Auch hier sieht man wieder, daß Abstraktion und gezielte Idealisierung den theoretischen Fortschritt eher liefern als ein zu enges Anhaften an der Empirie bei der Konstruktion der Grundbegriffe der Physik.

Kirchhoffs Programm stellte aber nicht nur eine theoretische Aufgabe dar. Viel experimentelle Arbeit mußte geleistet werden. Es erwies sich als gar nicht so einfach, Körper herzustellen, die schwarz genug waren, bzw. Strahlungsdetektoren mit passender Empfindlichkeit zu finden, und es war schwierig, die Messung über weite Frequenzbereiche auszudehnen.

Auf der theoretischen Seite gelang es Wilhelm Wien 1896, einen Schritt weiterzukommen, indem er ein Exponentialgesetz fand, in dem die spektrale Dichte von der Frequenz v und der Temperatur T abhängt.[101] Das Gesetz wurde zuerst von Friedrich Paschen in Hannover, dann von Otto Lummer und Ernst Pringsheim sowie Heinrich Rubens und Ferdinand Kurlbaum in Berlin mit Messungen geprüft, die immer weiter in den infraroten Teil des Spektrums eindrangen. Untersuchungen dieser Art, die an der Physikalisch Technischen Reichsanstalt in Berlin im ultraroten Spektralgebiet durchgeführt wurden, bestätigten das Wien-Gesetz aber nicht. Ehe wir Plancks Lösung des Strahlungsproblems vorstellen, müssen wir erwähnen, daß ebenfalls im Jahre 1900, aber kurz vorher, Lord Rayleigh eine Strahlungsformel vorgeschlagen hatte [102], die auf Grund einer späteren Korrektur von James Jeans als *Rayleigh-Jeans-Gesetz* in die Literatur eingegangen ist. Dieses Gesetz war auf Grund klassischer Voraussetzungen vor allem unter Verwendung des Gleichverteilungssatzes gefunden worden. Der Gleichverteilungssatz oder das Äquipartitionstheorem besagt, daß die Energie sich auf alle Freiheitsgrade eines Systems gleichförmig verteilt. Es sei hier angemerkt, daß das Äquipartitionstheorem eine Annahme ist, die an verschiedenen Stellen, wo die klassische Physik versagt, eine Rolle gespielt hat, so etwa auch bei der Theorie der spezifischen Wärme. [103]

So existierten also knapp vor der Planckschen Wendung zwei Grenzgesetze, von denen jedes seinen Gültigkeitsbereich besaß, aber in anderen versagte. Man kannte also ein Gesetz für jenen Spektralbereich, der sich später als die Quantendomäne herausstellte, und man hatte ein Gesetz für den rein klassischen, von der Maxwell-Theorie her beherrschten Spektralbereich. Jetzt galt es, ein einheitliches, den gesamten Spektralbereich abdeckendes universelles Gesetz zu finden, in das die Wiensche und Rayleigh-Jeanssche Formel für bestimmte Übergänge münden. In den Berliner Messungen von Rubens und Kurlbaum hatte sich gezeigt, daß beide Strahlungsgesetze, also das Wiensche und das Rayleigh-Jeanssche, nicht exakt die Daten abdecken können. Die Aufgabe für den Theoretiker war mithin klar gestellt – er mußte eine Lösung finden, die einerseits neu war, andererseits aber an etwas Vorhandenes anschloß. Aus der zu suchenden neuen Lösung sollte überdies hervorgehen, warum die beiden existierenden Strahlungsgesetze nur als Grenzgesetze betrachtet werden können, worin also der Grund für ihr Versagen im jeweils anderen Spektralbereich liegt. Hier läßt sich ein wichtiges Element des *Erkenntnisfortschrittes* festmachen. Es ist immer die Aufgabe eines fundamentalen Gesetzes, nicht nur mehr zu sagen als seine Vorgänger, sondern auch erkennen zu lassen, warum der Gültigkeits- und Aussagebereich der Vorgängergesetze in bestimmter Weise begrenzt war. Wir werden sehen, wie Planck die Aufgabe, ein universelles Strahlungsgesetz zu finden, gelöst hat.

Thomas S. Kuhn hat in seiner Rekonstruktion von Plancks Entdekkungsprozeß [104] dafür argumentiert, daß es eben die damals in der Gemeinschaft der Wissenschaftler vorhandene methodologische Überzeugung von der Notwendigkeit einer theoretischen Vereinheitlichung war, die zur Akzeptanz des Planck-Gesetzes geführt hat, an Stelle der beiden Grenzgesetze von Wien und Rayleigh-Jeans. Damit wäre es eine zufällig in der damaligen Forschungsgruppe vorhandene psychologisch-gesellschaftliche Determinante gewesen, die die Durchsetzung des Planck-Gesetzes mit sich gebracht hätte. Aber wie Newton-Smith gezeigt hat, läßt sich diese Entscheidung der Gesellschaft durchaus als rational verteidigen. Die kognitive Veränderung läßt eine rationale Erklärung mittels der gerechtfertigten Überzeugungen der Wissenschaftler zu. Nicht soziologische Gründe, sondern wissenschaftsinterne sind es, die für die Wahl einer einheitlichen, alle Temperaturbereiche überdeckenden Strahlungsformel sprechen.[105] Somit kann kein Zweifel sein, daß Plancks neues Strahlungsgesetz und das darin enthaltene Wirkungsquantum auf rationale Weise in die intellektuelle Welt eingetreten sind. *Der erste Transformationsschritt, der das mechanistische Weltbild wesentlich veränderte, kam auf dem Wege der kritischen Diskussion zustande.*

4. Irreversibilität in einer mechanistischen Welt

Ehe wir uns daranmachen, die Lösungen dieser Fragen der Physik des 19. Jahrhunderts zu vergegenwärtigen, müssen wir noch einen Blick auf ein letztes Rätsel werfen. Zu den Physikern, die ungläubig Boltzmanns Ableitung der Irreversibilität aus der Mechanik mittels der H-Funktion betrachteten, gehörte auch sein Wiener Kollege Joseph Loschmidt. Dieser wies 1876 darauf hin[106], daß man für jede Entwicklung eines atomaren Systems, bei der H abnimmt, durch das Umdrehen der Geschwindigkeit v → −v eine Entwicklung erhält, in der H zunimmt. Damit wäre die eindeutige, asymmetrische Prozeßrichtung der Natur wieder zerstört, da es eben nicht möglich ist zu zeigen, daß H für alle denkbaren Anfangsbedingungen niemals zunimmt. Boltzmann gab auch auf diesen Umkehreinwand zu[107], daß man nicht sagen kann, daß unabhängig von den Anfangsbedingungen H niemals wächst, sondern nur, daß H für fast alle Anfangszustände fern vom Gleichgewicht sich seinem Minimum nähert. Damit wird der zweite Hauptsatz der Thermodynamik zum statistischen Gesetz. Loschmidts Kritik an Boltzmanns H-Theorem war durch eine philosophische Motivation bewirkt. Loschmidt wollte nicht die mechanistische Erklärung der Zeitrichtung torpedieren, sondern er suchte nach einem Ausweg aus der Folgerung von Clausius, wonach die Entropie des Weltalls einem Maximum zustrebt. Es ging darum, „den terroristischen Nimbus" des zweiten Hauptsatzes zu zerstören, „welcher ihn als vernichtendes Princip des gesamten Lebens des Universums erscheinen läßt".[108] Damit wird recht deutlich, daß der Entropiesatz eine Perspektive in Richtung auf den Menschen besitzt. Dies wird noch klarer, wenn man bedenkt, daß dieses Gesetz der Thermodynamik damit zusammenhängt, daß Atome sehr klein gegenüber Lebewesen wie Menschen sind. Maxwell hat ein Beispiel dafür gegeben, daß, wenn es Lebewesen von molekularer Größe gäbe, diese kein stetiges Wachstum der Entropie beobachten würden, ja, daß diese Wesen den zweiten Hauptsatz gezielt überlisten könnten.[109]

Selten wird betont, daß in einer solchen Überlistung des physikalischen Gesetzes ein philosophisches Problem verborgen liegt.[110] Naturgesetze sind die objektiven Muster der Realität, die zwar von Menschen gefunden werden, aber ihre Geltung vor und unabhängig von subjektiven Einstellungen besitzen sollen. So gesehen, ergibt es gar keinen Sinn, ein Naturgesetz zu überlisten. Wer auf einer eisglatten Straße mit dem Auto eine Kurve zu schnell angeht, wird nach Newtons 1. Gesetz tangential die Straße verlassen. Es gibt keinen intelligenten Trick, bei fehlender Haftung der Reifen auf der Straße eine Kurve dennoch mit hoher Geschwindigkeit zu durchfahren. Um so mehr nimmt es wunder, daß es möglich sein soll, ein hochrangiges Gesetz wie den zweiten Hauptsatz der Thermodynamik durch Eingriff intelligenter Wesen zu überlisten. Wenn dies möglich wäre, müßte dieses Gesetz einen subjektiven, anthropomorphen Charakter besitzen. Maxwell war in der Tat davon überzeugt, daß der Entropiesatz ein menschliches Artefakt sei, das auf der kontingenten Tatsache fuße, daß wir so viel größer als die Moleküle seien. Folgende Anordnung liegt Maxwells Gedankenexperiment mittels eines intelligenten Dämons zugrunde. (Abb. 6)

Ein Gas in einem zweiteiligen Behälter befindet sich im Gleichgewicht, d. h., die Moleküle besitzen die früher erwähnte Geschwindigkeitsverteilung von Maxwell-Boltzmann. Der molekülsortierende Dämon sitzt an der Teilungswand, die mit einer Schließvorrichtung ausgestattet ist. Der Dämon beobachtet genau die Geschwindigkeit der heranfliegenden Moleküle und läßt durch Öffnen und Schließen der Klappe nur jene Moleküle von A nach B, die schneller sind als die mittlere Geschwindigkeit. Dadurch sammeln sich nach und nach die schnellen Moleküle in B, womit eine Temperaturdifferenz gegenüber A entsteht, die aber letztendlich wieder dazu verwendet werden könnte, um Arbeit zu leisten. Dies wäre ein Perpetuum mobile zweiter Art in Verletzung des zweiten Hauptsatzes. Einige Zeitgenossen Maxwells wie Bafour Stewart und Peter Guthrie Tait haben das dämonische Gedankenexperiment so ernst genommen[111], daß sie darauf eine spe-

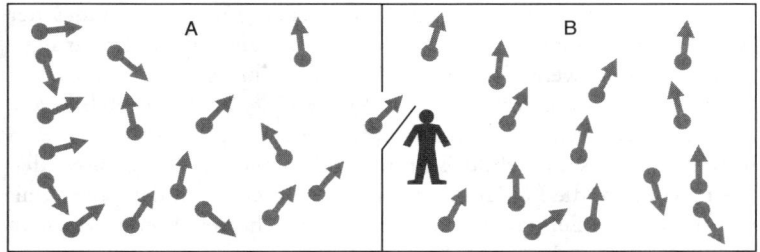

Abb. 6: Maxwells Dämon

kulative Kosmologie gründeten, in der es andere Welten mit antientro-
pischer Thermodynamik gibt. Hauptmotiv war es, eine Möglichkeit
zu finden, der zerstörerischen Konsequenz des Entropiesatzes, dem
Wärmetod, zu entkommen.[112] Erst wesentlich später fand man das
schwache Glied in der Argumentation Maxwells. Es liegt im *Meßvorgang* des Dämons begründet. Wie Leo Szilard und Leon Brillouin zeigen konnten, ist der Arbeitsaufwand für die Geschwindigkeitsmessung
der einzelnen Moleküle so hoch, daß damit die Entropie des Systems
stärker steigt, als sie durch die Trennung der Moleküle erniedrigt werden kann. Damit wurde klar, daß in der quantitativen Bilanz der Dämon Maxwells doch nicht arbeiten kann und der objektive Status des
Entropiesatzes gerettet ist.[113]

Ein Schüler von Max Planck, Ernst Zermelo, fand 1896 ein weiteres
Argument gegen Boltzmanns mechanische Erklärung irreversibler Vorgänge.[114] Er wies darauf hin, daß Henri Poincaré 1890 bewiesen hatte,
daß fast jedes mechanische System mit endlicher potentieller und kine-
tischer Energie, das räumlich begrenzt ist, notwendigerweise wieder –
wenn genug Zeit zur Verfügung steht, sogar unendlich oft – jeden früheren Zustand erreicht. Man kann sich dies anhand eines Kartenspiels
verdeutlichen: Auch wenn durch anfängliches Mischen der geordnete
Zustand des neu gekauften Kartenspiels fast sofort in die ungeordneten
Zustände übergeht, muß sich durch fortgesetztes Weitermischen irgendwann der Anfangszustand wieder einstellen, bei unbegrenzter
Zeit nicht nur einmal, sondern immer wieder. Boltzmanns mechanisch
gedachte Entropie des Universums müßte also irgendwann in der Zukunft wieder abnehmen und ihren gegenwärtigen Wert erreichen.
Heute beobachten wir, daß die Entropie des Universums zunimmt.
Dies muß aber als ein kontingentes Element der Naturbeschreibung
angesehen werden, dessen physikalischer Ursprung sich aus der Theorie selbst nicht verstehen läßt. Boltzmann wies nun 1897 darauf hin[115],

daß es neben der Annahme dieses speziellen Anfangszustandes der
Welt als eines unhintergehbaren Faktums noch eine andere Erklärungs-
alternative gibt. Wenn das gesamte Universum im thermodynamischen
Gleichgewicht wäre und immer nur kleine Teile, zu denen auch unsere
beobachtbare Welt gehört, Entropieschwankungen erführen, dann
wäre es nicht erstaunlich, daß gerade in dem Teil des Universums, den
wir bewohnen, die H-Funktion abnähme. Auch wenn das ganze Universum im Großen tot ist und ohne Zeitrichtung, könnte doch in
Teilen desselben, durch unvermeidliche Fluktuationen verursacht, ein
Abweichen vom Gleichgewicht in Richtung auf einen niedrigeren Entropiewert stattgefunden haben. Da organische Systeme als notwendige Voraussetzung eine solche Situation fern vom Gleichgewicht zur
Aufrechterhaltung der Lebensprozesse brauchen, nimmt es nicht wunder, daß in der von uns bewohnten Region die H-Funktion abnimmt.
Jedes Lebewesen, das folgt aus Boltzmanns kosmologischer Lösung
des Entropieparadoxons, wird für sein Zweigsystem eine unwahrscheinliche Anfangssituation niedriger Entropie konstatieren und deshalb auch eine stetige Zunahme der Gesamtentropie seiner Welt feststellen. In einem bestimmten Sinne hängt also die unwahrscheinliche
thermodynamische Situation, die wir heute beobachten, mit unserer
menschlichen Existenz und den notwendigen Vorbedingungen für die
Aufrechterhaltung unseres Lebens zusammen.

Boltzmanns Annahme der vielen Welten vermeidet eine teleologische Erklärung. Es bedarf keiner besonderen Steuerung unserer Welt,
den vorliegenden entropischen Zustand zu erzeugen, er passiert ganz
von selbst aus statistischen Gründen. Eine unglaubwürdige Zentrie-
rung der unwahrscheinlichen Anfangsbedingungen auf die Existenz
des Menschen ist damit vermieden. Man kann aus Boltzmanns Hypothese eher eine Begründung erkennen, warum wir keine Erklärung für
die besonderen lebensdienlichen Anfangsbedingungen in unserem
Universum brauchen. Boltzmanns Hypothese ist deshalb nicht im
Sinne einer überzogenen anthropischen Erklärung zu sehen, daß die
Welt sich deshalb auf dem ansteigenden Hang eines Entropietales befindet, *weil* wir hier sind. Ob auf dem gegenüberliegenden Abhang des
Entropietales Leben möglich ist, war immer strittig. Poincaré ver-
neinte es, indem er darauf hinwies, daß in einer solchen Welt Voraussagen grundsätzlich unmöglich wären.[116] Zwei Körper im Tempera-
turgleichgewicht könnten plötzlich und unerwartet unterschiedliche
Temperaturen annehmen. Lauwarmes Badewasser trennte sich in un-
vorhersehbarer Weise spontan in einen kochenden und einen eiskalten
Teil. Zielgerichtetes Handeln wäre in einer solchen Welt kaum denk-

bar. Aber warum sollte die Welt denn so lebensfreundlich sein? Zwar hat uns eine Riesenfluktuation, eben unsere, die Vorbedingung für unsere Existenz beschert, jedoch gibt es unzählige kleinere Schwankungen, die eben nicht mit Leben und intelligenten Wesen zu späten Zeiten verbunden sind. An dieser Stelle spielt natürlich die erkenntnistheoretische Einstellung eine Rolle. In einer realistischen Auffassung von Natur stellt es keine Schwierigkeit dar, das gesamte Universum aus Teilen aufgebaut zu denken, von denen einige prinzipiell beobachtbar sind und einige nicht. Nur für einen epistemologischen Idealisten, für den die Naturobjekte in der permanenten Möglichkeit des Wahrgenommenwerdens bestehen, ist eine solche kosmologische Konstruktion verschlossen.

Allerdings muß man bei Boltzmanns Hypothese mit einem Einwand rechnen, der die Größe der lebensdienlichen Schwankung betrifft. Brauchen wir als Vorbedingung für unsere Existenz wirklich eine thermodynamische Schwankung von der Größe des sichtbaren Universums, reicht nicht ein planetarer oder zumindest galaktischer Raum? Es bedarf einer zusätzlichen Begründung, warum das ganze beobachtbare Universum als notwendige Voraussetzung für die Existenz von Leben gebraucht wird. Ein Argument hierfür ergibt sich, wie wir noch sehen werden, aus der relativistischen Kosmologie.

Boltzmann selbst hat aufgrund seiner Wahrscheinlichkeitsdeutung der thermodynamischen Prozesse auch Übergänge von Gleichgewichts- zu Ungleichgewichtszuständen ins Auge gefaßt. Bereits 1878 war ihm klar, daß in dem Moment, wo man Körper sehr kleiner Dimensionen betrachtet, der zweite Hauptsatz in seiner Gültigkeit begrenzt ist. Den empirischen Nachweis der im Kleinen auftretenden Schwankungen hat Boltzmann nicht mehr bewußt erlebt.

Diese Schwankungen haben eine interessante Vorgeschichte. Seit 1827 kannte man die von dem Botaniker Robert Brown entdeckte Zitterbewegung kleiner Teilchen, z. B. Staub, Pollen oder Tusche, die in einer Flüssigkeit suspendiert sind. Albert Einstein und Marian von Smoluchowsky konnten 1905 bzw. 1906 zeigen, daß diese nie zum Stillstand kommende Bewegung durch die Stöße der Moleküle an die eingelagerten Teilchen bewirkt wird.[117] Die Brownsche Bewegung war der erste Fall einer Schwankungserscheinung oder Fluktuation, wo im Kleinen antientropische Prozesse beobachtet werden konnten.

Poincarés Beweis, daß jedes mechanische System, das endliche Energie besitzt und räumlich begrenzt ist, unendlich oft und unendlich nahe an seinen Ausgangszustand zurückkehrt[118], erzeugte eine starke Diskrepanz zwischen der mechanischen und der thermodynamischen

Sehweise. Was mikroskopisch in mechanischen Systemen dauernd vorkommt, realisiert sich makroskopisch nach gigantischen Zeiten. So hat das mechanistische Weltbild offenbar eine Art *innerer zyklischer Struktur*, wohingegen die thermodynamische Perspektive eine einsinnig gerichtete Tendenz aufweist. Welche Theorie sieht aber tiefer? Wenn man die Newtonschen Gesetze als endgültig betrachtet, kann der Gleichgewichtszustand des Wärmetodes nicht das letzte Ende sein, sondern es muß sich eine oszillierende Abfolge von Weltzuständen einstellen, ein Geschehen, das Friedrich Nietzsche die ewige Wiederkehr des Gleichen genannt hat.[119] Nietzsches kosmologisches Modell enthält in der Tat die Vorstellung, daß nicht nur die globale Materieverteilung, sondern alle lokalen Anordnungen bis zu den kleinsten Lebewesen hin wiederkehren. Gerade der immer wiederkehrende Strukturaufbau in den einzelnen Zyklen der kosmischen Entwicklung ist aber mit der Aussage des zweiten Hauptsatzes der Thermodynamik unvereinbar. Der Konflikt zwischen den zyklischen und den unidirektionalen Entwicklungsmodellen zog sich vom 19. Jahrhundert bis in die relativistische Physik hinein.[120] Auch in der ebenso reversiblen Gravitationstheorie Einsteins gibt es Lösungen, die ein oszillierendes geschlossenes Universum erlauben. Allerdings sind die einzelnen Zyklen durch Singularitäten getrennt, die, wie man später mathematisch beweisen konnte, absolut undurchlässig für Informationen sind. Somit konnte man eigentlich nicht von einer „ewigen Wiederkehr" sprechen, sondern nur von distinkten Universen, die keine gemeinsame kosmische Zeit besitzen, also ontologisch keine zusammenhängenden Entitäten bilden.

Den Abschluß der Diskussion um die ewige Wiederkehr brachte ein sehr allgemeiner mathematischer Satz, den Frank Tipler 1980 beweisen konnte, das sogenannte „No-Return-Theorem".[121] Anders als beim endlichen Newtonschen Universum gibt es bei einem geschlossenen allgemeinrelativistischen Universum keine Wiederkehr. Die gegenwärtigen Ereignisse werden in der Zukunft nie wieder eintreten, ja die kommenden Ereignisse werden sich nicht einmal den heutigen beliebig nähern. Somit kann es keinen oszillierenden Weltablauf geben.

Die Strategie, den niedrigen Entropiezustand auf den Anfang zu verlegen, erfuhr mit der Entdeckung der Expansion des Universums durch Edward Powel Hubble im Jahre 1929 eine gewisse Verstärkung. Die Expansion liefert eine interne Zeitskala, an deren Beginn es natürlich erscheint, bestimmte Anfangsbedingungen zu fordern. Damit ist Zermelos Frage nach dem Ursprung der unwahrscheinlichen Anfangsbedingungen genaugenommen nicht beantwortet, aber doch verschoben, und zwar auf die Lösung des Problems der Anfangssingularität. Der Einsatz der Allgemeinen Relativitätstheorie bei der Beschreibung der Expansion hat somit eine grundsätzliche Änderung hervorgebracht. Auf Grund des No-Return-Theorems ist Poincarés ewige Wiederkehr der Zustände, die in einem Universum vorliegt, das durch die klassische Mechanik regiert wird, nicht auf die relativistischen Welten übertragbar. Hier läßt sich die statistische Deutung des zweiten Hauptsatzes der Thermodynamik mit der Idee des irreversiblen Wärmetodes der Welt verbinden. Dazu werden wir später noch mehr hören.

Neben der kosmologischen Schwankungslösung des Entropieparadoxons besteht rein logisch natürlich auch die Möglichkeit einer *kreationistischen Hypothese*. Dies wäre eine Annahme von der Art, daß die unwahrscheinlichen Anfangsbedingungen von irgendeiner transzendenten Macht vorgegeben worden sind. Boltzmanns Lösung, auf eine Vielzahl von Welten auszuweichen, stellt demgegenüber eine naturalistische Erklärung dar. Die Gesamtheit der Realität wird erweitert, um im Rahmen normaler naturwissenschaftlicher Erklärungen bleiben zu können, die keine transzendenten Setzungen der Anfangsbedingungen des Universums verwenden.

5. Entropie, Ökonomie, Ökologie – Zusammenhänge

Obwohl uns das Problem der Herausbildung komplexer Systeme erst später eingehender interessieren wird, sei jetzt schon auf einige Aspekte der thermodynamischen Diskussion hingewiesen, die bis in die moderne Ökologie und Gesellschaftstheorie hineinreichen. Das mechanistische Weltbild enthält keine globale Teleologie – keine zielgerichtete Entwicklung des Universums –, es liefert auch keinen Grund für eine fortschreitende Höherentwicklung (Meliorismus). Dennoch war im optimistischen 19. Jahrhundert dieser durch die Physik eigentlich nicht gerechtfertigte Meliorismus eines stetigen Aufstiegs der Natur allgemeine Überzeugung. Selbst als die Teleologie durch die mechanische Konzeption der Evolution zu Fall gebracht worden war, blieb die melioristische Grundeinstellung im Bewußtsein der Wissenschaftler erhalten. Auch Darwin war sich dessen sicher: „... da die natürliche Selektion ausschließlich zum Wohle der einzelnen Lebewesen wirkt, werden sich ihre körperlichen und geistigen Fähigkeiten in Richtung auf weitere Vervollkommnung entwickeln." [122]

Hermann von Helmholtz wies 1854 zuerst darauf hin, daß eine Konsequenz des zweiten Hauptsatzes der Thermodynamik mit diesem

Optimismus unverträglich sei.[123] Obwohl in einem abgeschlossenen
System die Gesamtenergie konstant bleibt, wird sie mit der Zeit unverfügbar, um Arbeit zu leisten. Die freie, für die Arbeit verfügbare Energie[124] geht von selbst in gebundene Energie über, wodurch mit der
Zeit alle Prozesse innerhalb des Systems zum Erliegen kommen. Nur
wenn das System sich öffnet und von außen angestoßen wird, können
neue Prozesse in Gang kommen. Da im Fall des Universums aber keine
Umgebung vorhanden ist, der gegenüber das System offen sein
könnte, scheint die Konsequenz des endzeitlichen (eschatologischen)
Wärmetodes unausweichlich zu sein. Damit bleibt Anagenese sicher
auf ein mittleres Zeitintervall beschränkt. Ob der Homo sapiens als ein
Durchgangsstadium auf dem Wege zu einem Homo superbus betrachtet
werden kann, hängt davon ab, ob ausreichend lange günstige Randbedingungen vorliegen. Unter widrigen Umständen wird dieser Aufstieg
eine Utopie bleiben, sicherlich aber kann es keine *beliebige* Höherentwicklung geben.

Meliorismus wird oft mit Wertgesichtspunkten verbunden, ist jedoch ein rein komparativer, deskriptiver Begriff. Es läßt sich kein Nullpunkt festmachen, der auf einer Werteskala für Entwicklungsstufen
eingetragen werden könnte. Unser intelligentes Leben ist das einzige,
das wir kennen. Wenn wir wirklich die *einzigen* erkennenden Lebewesen sind, könnte man dies, vom Wirkungsgrad eines sich entwickeln-
den Kosmos her gesehen, auch als einen sehr begrenzten Erfolg des
Universums werten. Da es keinen absoluten Standard für geistige Ent-
wicklungshöhe gibt, läßt sich aber nicht beurteilen, wieviel an Kultur-
leistung durch die Gattung homo eigentlich erreicht worden ist. Unsere
hohe Eigeneinschätzung jener kulturellen Werte und geistigen Errun-
genschaften, die die Menschheit bisher hervorgebracht hat, ist in Abwesenheit einer Beurteilungsskala mit einem natürlichen Nullpunkt ohne
Aussagewert. Es ist verständlich und verzeihlich, aber rational nicht begründbar, daß die Menschen sich selbst einen enorm hohen axiologi-
schen Status in der Gesamtentwicklung der Natur zuerkannt haben.

Viele traditionelle Philosophen, die von ihrem theologischen Erbe her
auf eine Welt des objektiven Sinnes ausgerichtet waren, hatten Mühe, sich
mit der Situation abzufinden, daß der Mensch mit all seinen intellektuellen und künstlerischen Ideen nur ein sub specie aeternitatis bedeutungs-
loses Durchgangsstadium der kosmischen Entwicklung darstellt, daß er
eine Epoche charakterisiert, die in berechenbarer Zeit, ohne weitere Spuren zu hinterlassen, ausgelöscht sein wird. Bertrand Russell hat darauf
hingewiesen, daß nur die Besinnung auf Nahziele die Menschen vor pes-
simistischen Überreaktionen schützen könnte, die aus der Langzeitper-

spektive der Thermodynamik folgen müßte. Nur die epikureische Einstellung, sich auf die direkt vor einem liegenden Aufgaben zu konzentrieren, bewahrt den Menschen davor, in depressive lebensphilosophische Haltungen abzugleiten. Doch für viele Wissenschaftler und Philosophen war es schwierig, diese Einstellung der Kurzzeitperspektive einzunehmen. Leben, Bewußtsein und Erkenntnis einfach als temporäres Durchgangsphänomen anzusehen, das für eine Weile das physikalische Universum bereichert, dann aber spurlos verschwindet, war nach jahrhundertelanger Verkündigung von Aufstiegsideen nicht leicht in das Weltbild zu integrieren. Der Wärmetod zerstört beides, sowohl eine teleologisch gezielte als auch eine unbeabsichtigte mechanisch ablaufende Höherentwicklung. Er raubt damit auch der Geistigkeit die letzte Zentralität im Gesamtverband der Dinge. Boltzmann selbst war der Langzeitprospekt der Thermodynamik unsympathisch, er sprach 1897 von der „abgeschmackten Annahme eines Wärmetodes".[125] Von daher kann man auch verstehen, daß er gerne von der Möglichkeit Gebrauch machte, die seine statistische Formulierung der Thermodynamik erlaubt, nämlich zu der erwähnten Fluktuationshypothese Zuflucht zu nehmen. Hier ist, wie wir gehört haben, zwar das Universum im Ganzen tot und richtungslos, aber Teilwelten durchlaufen aufgrund von unvermeidlichen Schwankungserscheinungen immer wieder aktive Phasen, in denen Leben, Bewußtsein und intellektuelle Aktivität auftreten können.

Der Wärmetod spielt ebenfalls eine Rolle im Rahmen der Diskussion um die Zukunft des menschlichen Wohnortes, des Planeten Erde. Auch unser Lebensträger und sein Energielieferant, die Sonne, sind der endzeitlichen thermodynamischen Entwicklungstendenz unterworfen. Das menschliche Interesse ist natürlich darauf ausgerichtet, die lebensdienlichen, komplexen Systeme möglichst lange vor dem thermodynamischen Schicksal zu bewahren. Was kann man und was soll man tun angesichts der physikalischen Langzeitperspektive, der ja *alle* Systeme unterworfen sind, wie komplex auch immer? Die Ökologen haben erst einmal einen Zusammenhang zwischen der Komplexität eines Systems und seiner Stabilität herausgefunden.[126] Natürliche komplexe Ökosysteme, wie etwa von selbst entstandene Waldgebiete, haben eine größere innere Stabilität als künstliche, vom Menschen erzeugte einfache Ökosysteme wie etwa ein Kornfeld. Die Versuche des Menschen, die komplexen Systeme durch gezielte Eingriffe zu verändern, erhöhen zumeist deren Instabilität. Dieser Zusammenhang ist nicht nur eine Vermutung, sondern läßt sich durch Computerexperimente stützen. Dietrich Dörner hat das strategische Denken in komplexen Situationen in seinen Tanaland-Gedankenexperimenten erforscht. [127] Zwölf Versuchspersonen hatten die Aufgabe, das Wohlergehen der Bevölkerung von Tanaland durch gezielte Maßnahmen so zu steuern, daß das Land in jeder Hinsicht, also medizinischer Versorgung, Nahrungsangebot, Kindersterblichkeit, Lebenserwartung usw., optimiert würde. Die Ergebnisse der Steuerungen in dieser Modellwelt waren sehr aufschlußreich. Fast alle Versuche sozialer Ingenieurkunst führten zu unerwarteten Katastrophen in fernerliegenden Bereichen. „Es war das Übliche: anstehende Probleme wurden gelöst, ohne daß dabei die durch die neuen Problemlösungen entstandenen Fernwirkungen und damit die neuen Probleme, die durch die Problemlösungen erzeugt wurden, gesehen wurden." [128]

Bei der psychologischen Analyse von Handlungen in komplexen Situationen zeigt sich, daß Menschen schlecht dazu geeignet sind, vernetzte, intransparente und dynamische Systeme zu durchschauen und handzuhaben. Wenn also die Zustandsgrößen des Systems mehrdimensionale vielfache Verknüpfungen aufweisen, auf der Phänomenebene nicht sichtbare Variablen besitzen und außerdem im Beurteilungszeitraum eine schnelle Entwicklung durchlaufen, dann ist der Mensch überfordert, eine zielgerichtete Steuerung an einem solchen komplexen System vorzunehmen. In Fällen eines begrenzten Komplexitätsgrades, in denen die Zahl der Komponenten und die Wechselwirkungen zwischen den Variablen bekannt sind und einer expliziten Dynamik folgen, kann unter Umständen für einige Experten, die diese Struktur durchschaut haben, eine Steuerung durchführbar sein. Dörner schließt für die von ihm analysierten Modelle, also für Fälle geringerer Komplexität wie Tanaland, Lohhausen oder einen Kernreaktor, zielgerichtetes Handeln nicht aus. Wenn jedoch das System eine bestimmte Größenordnung überschreitet – wir werden gleich Beispiele dafür kennenlernen –, wird es diese Fachleute gar nicht mehr geben.

Gerade in bezug auf das Stabilitätsproblem findet man eine bedeutsame Parallele zwischen Ökologie und Ökonomie. Friedrich von Hayek, nach Ludwig von Mises der wichtigste Vertreter der liberalistischen, sogenannten österreichischen Schule der Nationalökonomie, sieht die Entstehung eines komplexen Gebildes wie des Marktes analog der autonomen Bildung von Sprache, Recht und Moral, die auch nicht, geplant von einem menschlichen Verstand, geschaffen wurden, sondern sich nach Darwinschen Prinzipien von selbst gebildet haben. Entscheidend ist dabei in diesem komplexen System die Unerfaßbarkeit aller internen Beziehungen unter den einzelnen Komponenten des Systems:

Die Entstehung der Großgesellschaft, oder wie ich es gerne nenne, der ausgedehnten Gesellschaft, ist möglich geworden, weil wir gelernt haben, uns anzupassen an Umstände, die wir nicht kennen. Der Markt und das Preissystem sind ein Kommunikationssystem geworden, das uns über Umstände informiert, die wir konkret nicht kennen können. Infolgedessen ist die gesamte Marktordnung ein Problem der Anpassung an Umstände, die unsere konkreten Kenntnisse weit übersteigen, und das bedeutet, daß die Nutzung der Produktivkräfte der ganzen Welt, die wir heute haben, nicht mehr eine Nutzung unserer Kenntnisse sein kann, sondern daß wir uns eines Mechanismus bedienen, den wir nicht bewußt zu diesem Zweck geschaffen haben, der uns aber die Information zur Verfügung stellt, der uns in die Lage versetzt, uns an Dinge anzupassen, von denen wir gar nichts wissen.[129]

Aus diesem Zustandekommen und diesem Status der komplexen Systeme folgt Bedeutsames. Wenn Regierungen versuchen, die Ökonomie und die Geldzufuhr zu steuern, destabilisieren sie das komplexe System. In der Ökonomie und analog dazu auch in der Ökologie wird die optimale Verwendung der im System steckenden Information gemacht, wenn man das System nicht so vereinfacht, daß man ihm ein oder mehrere Ziele von außen auferlegen kann – nur dann besitzt das System seine maximale Stabilität. Diese wird erreicht, wenn man möglichst vielen individuellen Zielsetzungen und möglichst vielen wechselwirkenden Plänen aller Einzelwesen freies Spiel läßt. Dies gilt für die verschränkten Wechselwirkungen der Elemente eines ökologischen Systems, aber ebenso auch für die menschlichen Absichten eines ökonomischen Systems. Wenn man mit dieser Konsequenz der allgemeinen Komplexitätstheorie ernst machte, würde auch für die Ökologie folgen, daß das Oktroyieren von obersten Zielen eine Fehlentscheidung wäre. Das Auferlegen von Zielen in einem System der politischen Ökonomie destabilisiert dieses ebenso wie der willkürliche Eingriff in ein ökologisches System. Ein komplexes System wie eine ökologische Ordnung oder eine Marktordnung hat selbst kein Ziel. Die einzelnen Benutzer des Marktes haben zwar Ziele, aber eine Großgruppe von 10^8 über den Markt interagierenden Mitgliedern einer Gesellschaft hat kein Ziel. Es ist eine abstrakte Ordnung ohne ordnendes Wesen. Deshalb muß auch jeder Versuch, einem komplexen System ein äußeres Ziel aufzuzwingen, zur Katastrophe führen. Komplexe Systeme sind stabiler als einfache – sie haben einen Selektionsvorteil gegenüber allen anderen. Deshalb hat sich auch die kapitalistische Wirtschaftsordnung gegenüber der sozialistischen Ordnung durchgesetzt. James Buchanan hat dies so ausgedrückt: „Der Regress ad infinitum, der mit der Einstellung verknüpft ist, was man die ,Gemeinwohl-Attitude' nennt, schreitet voran. Wenn etwas mißlingt, soll die Regierung steuernd eingreifen. Wenn die regulierenden Instanzen versagen, werden neue Eingriffe gefordert usw. Diese Entwicklung ist zum Teil die unvermeidliche Folge der allgemeinen Unfähigkeit, den einfachen Laisserfaire-Grundsatz zu verstehen, wonach Resultate, die durch unbeeinflußte Interaktion erzielt werden, oft in Ergebnissen direkter politischer Intervention überlegen sein können und es tatsächlich auch sind." [130] Im totalitären Modell der sozialen Steuerung trennt sich eine kleine elitäre Gruppe von der Gesellschaft ab, um diese nach selbstgewählten Zielen auszurichten. Politische Entwicklung und moderne Ökonomie haben das Scheitern des Steuerungsmodells aufgezeigt. Der weltweite Niedergang des Sozialismus hat systemtheoretische Gründe. [131]

Bedeutsam ist dabei der enge Zusammenhang zwischen wirtschaftlicher, politischer und individueller *Freiheit*. Das hat vor allem Milton Friedman herausgearbeitet:

> Es ist ganz klar: Wirtschaftliche Freiheit als solche macht einen bedeutenden Teil der ganzen Freiheit aus. Betrachtet man sie als ein Mittel zum Zweck der politischen Freiheit, so sind die wirtschaftlichen Engagements wichtig, weil sie einen Einfluß auf die Konzentration und die Verteilung der Macht ausüben. Die wirtschaftliche Organisationsform, die unmittelbar für wirtschaftliche Freiheit sorgt, nämlich der Wettbewerbskapitalismus, sorgt auch für politische Freiheit, nämlich dadurch, daß sie die wirtschaftliche Macht von der politischen Macht trennt und es dabei beiden Mächten ermöglicht, sich gegenseitig zu neutralisieren. [132]

Damit gründet die *Freiheit* unseres Handelns letztlich in der hohen *Komplexität* unserer offenen Gesellschaft. Freiheit hat viele Teilaspekte. Zuerst einmal liefert die Gesellschaftsstruktur mit einer Marktorganisation die ökonomische Freiheit. Sie besteht einfach darin, daß der einzelne Bürger die Wahlfreiheit besitzt, wie er sein Einkommen umsetzen möchte, wieviel er für bestimmte Waren ausgeben und wieviel er sparen will. Dann umfaßt diese Freiheit die Möglichkeit, unsere Anlagen optimal bei der Berufswahl einzusetzen, Geschäfte zu tätigen, zu kaufen und zu verkaufen, was und wie wir wollen, und natürlich auch privates Eigentum zu erwerben, sei es zur eigenen Nutzung oder zur Herstellung von Gütern. Mit der ökonomischen Grundfreiheit hängen aber, und das ist hier wichtig, die anderen Freiheiten der Rede, der Meinungsäußerung zusammen. "Freedom is one whole, that anything that reduces freedom in one part of our lives is likely to effect freedom in the other parts." [133]

An dieser Stelle mag auch eine Bemerkung zur *Gleichheit* am Platze sein, denn einigen Lesern mag es als ein Widerspruch erscheinen, unter einer Bevölkerung, die von der Verfassung her als gleich definiert wird, der Streuung der Einkommen freien Lauf zu lassen. Hier muß man sich vor einem Fehler hüten. Unter Gleichheit ist nicht ein *deskriptiver* Sachverhalt, der den Menschen beschreibt, zu verstehen, sondern die *normative* Anweisung, daß dem einzelnen Bürger keine speziellen Hemmnisse in den Weg gelegt werden, seine ihm von seinen speziellen Anfangsbedingungen her möglichen Ziele zu erreichen. Damit ist aber nicht die *Einkommensgleichheit* gemeint, ebensowenig wie es ein Ziel sein kann, daß alle Bürger befähigt werden müssen, den 10.000 m Lauf in der gleichen Zeit zu bewältigen. Gleichheit der grundsätzlichen Möglichkeiten ist ein wesentliches Moment der Freiheit, insofern niemand, wenn er die ausreichenden Fähigkeiten besitzt, aufgrund gegen seine Person gerichteter Vorurteile von Ämtern oder Einkommensmöglichkeiten ausgeschlossen wird. Damit ist aber nicht gemeint, daß die Gesellschaft und der Staat die natürlichen physischen Ungleichheiten[134] beseitigen sollen, wo immer es nur möglich ist. Fairness und Chancengleichheit bedeuten nicht, daß es keine Gewinner und Verlierer geben kann, nicht im Roulett und nicht im Spiel des Lebens. Gleichheit bedeutet nur die *Präventivregel*, daß jeder Bürger am Roulett des Lebens nach dem gleichen Regelsystem teilnehmen kann, ohne daß der Croupier gerade ihn bemogelt, aber nicht mehr. Wenn man dies in Rechnung stellt, löst sich auch das Vorurteil auf, daß in einer freien Marktgesellschaft von hoher Komplexität sehr ungerechte Einkommensverteilungen vorherrschen. Die große Zahl an Gelegenheiten in diesem verzweigten Netz von Unternehmensmöglichkeiten und Warenverkehr schafft die diversesten ökologischen Nischen für alle nur denkbaren Talente. Diese Vielfalt an Chancen erzeugt einen großen Freiheitsspielraum für individuelle spontane Aktivitäten. Sie führt im Endeffekt auf ein mittleres Einkommensniveau, das weit über dem liegt, das in anderen, etwa feudalen oder geplanten Gesellschaftsformen erzielbar ist. Damit klärt sich auch der Kausalzusammenhang zwischen Gleichheit und Freiheit.[135]

Eine Gesellschaft, die durch Gewalt die Gleichheit der Einkommen erzwingt, erzeugt eine politische und ökonomische Situation in der äußersten Ungerechtigkeit und Unfreiheit. Jene Gesellschaft hingegen, die den spontanen Ordnungskräften der Komplexität freies Spiel läßt, somit die Freiheit an die oberste Stelle der Wertehierarchie setzt, erhält als Ergebnis einen höheren Grad an Gleichheit als alle konkurrierenden Gesellschaftsformen. Die Freiheit erhält die Möglichkeit der Kritik; alle sozialen und ökonomischen Positionen, die jemand einnimmt, können angegriffen werden. Keine starre Institutionalisierung friert

Privilegien ein für allemal ein. Jeder erhält immer wieder seine Chancen; damit ist er in der komplexen, offenen Gesellschaft nicht nur freier, sondern auch gleicher als in jeder anderen konkurrierenden Gesellschaftsform.

Hat nun Planung in einer liberalen Wirtschaftsordnung gar keinen Platz, müssen wir alles sich selbst überlassen? Natürlich nicht! Im sozialen Bereich gibt es selbstredend auch *geplante Ordnung*, bewußte Koordination von menschlichen Aktivitäten, also *Organisation*, das wird auch von den liberalistischen Ökonomen nicht geleugnet.[136] Was organisiert wurde, das kann man verstehen, weil wir Menschen diese Organisation gemacht haben. Aus dem gleichen Grunde können wir sie auch ändern. Daneben gibt es aber auch ungeplante Ordnung, die nicht vom Menschen entworfen wurde, sie resultiert aus der Tätigkeit der Individuen ohne Absicht. Sie hat eine viel umfassendere Bedeutung und liegt etwa auch im Bereich des Lebendigen dem Begriff des Organismus zu Grunde. Von einer ungeplanten Ordnung kann man nur sagen, daß sie sich bildet. Ein Organismus ist auch nicht dadurch entstanden, daß man ihn hergestellt hat, indem man die einzelnen Teile, etwa die Zellen, an ihren richtigen Platz gesetzt hat. Auf der anderen Seite kann man, wenn man die Kräfte kennt, die die Ordnung bilden, *günstige Bedingungen* für die Ordnungsentstehung schaffen. Das ist die Stelle, wo Planung ihren natürlichen Ort hat. Aber die Planung und die Organisation betreffen immer nur die Randbedingungen. So kann man einen Kristall herstellen, indem man Kondensationskeime in eine Nährlösung der richtigen Konzentration gibt, nicht indem man jedes Molekül an seinen Platz setzt. Von dieser Art ist auch die soziale Ordnung, sie ist keine Konvention, kein Vertrag, sie ist das Resultat vielfältiger, unübersehbarer, spontaner Kooperationen.[137] Ein Wirtschaftssystem ist eine permanent sich erneuernde Ordnung, die man mit einer Flamme vergleichen kann. Zwischen den Preisen und den Kosten der Waren sowie der entsprechenden Verteilung der Produktionsmittel etabliert sich eine nicht sichtbare Struktur, die durch bestimmte Ordnungskräfte stabilisiert wird. Hier kann man Analoga zur Naturwissenschaft ziehen. Beim Kristall sind es die elektromagnetischen Kräfte zwischen den Molekülen, die die Ordnung des Kristalls aufbauen. Im sozialen Bereich sind es die Verhaltensregeln des Individuums. Im biologischen und sozialen Bereich haben wir viele Individuen, die auf gleiche Umstände sehr verschieden reagieren können, so etwas nennt man eine polyzentrische Ordnung. Die Regeln, die die Individuen in der Gesellschaft befolgen, müssen denselben nicht bekannt oder bewußt sein. Auch hier trägt die Parallele zu den anderen Bereichen der Natur. Die Eisenfeilspäne kennen die Gesetze der Magnetostatik nicht, es ist eine Ordnung, die aus gleichartigen Elementen aufgebaut ist. Die Riesenmoleküle der organischen Chemie wissen nichts von elektromagnetischen Wechselwirkungen, hier wird die Ordnung aus verschiedenen Elementen aufgebaut. Die sozialen Insekten kennen auch ihr Regelsystem nicht, dem sie folgen müssen. Die meisten Menschen können die Verhaltensregeln ihrer Wechselwirkung mit den Nachbarn gar nicht explizit machen, selbst wenn man sie fragen würde. Die Elemente der sozialen Ordnung sind die einzelnen Menschen, ihr Handeln hängt von jenen Mitgliedern der Gesellschaft ab, die der Einzelne kennt. Welche Verhaltensregeln müssen auf der Ebene der Individuen wirksam sein, damit sich eine spontane soziale Ordnung ergibt? Etwas ist sicherlich allen gemeinsam: Alle sind in der gleichen Situation, daß sie arbeiten müssen, um ein Einkommen zu verdienen. In einer Gesellschaft mit Arbeitsteilung und Tausch will der einzelne für eine gegebene Leistung sein Einkommen maximieren. Dazu müssen auch noch Rechtsabsprachen treten, in der die individuelle Sphäre des einzelnen Menschen von seiner Gemeinschaft abgegrenzt wird. Das positive Recht hat die Aufgabe, die Handlungsspielräume der Individuen zu ordnen. Wenn man will, kann man dies mit den lokalen Wechselwirkungen der Moleküle in einem Kristall vergleichen. Die Kräfte erlauben den Molekülen kleine Schwingungen um die Gleichgewichtslage im Kristallgitter. Gegeben die elementaren Handlungsspielräume, kann sich dann die komplexe Ordnung der Gesellschaft aufbauen, wobei der Übergang zur globalen Gesellschaftsordnung, die ausgedehnte Ordnung einer großen Gruppe, nicht geplant erfolgt. Die Einsicht in diesen Zusammenhang hat unmittelbare Konsequenzen für unser Handeln. Weil die komplexe Ordnung alles übertrifft, was bewußte Organisation hätte hervorbringen können, kann man nicht einfach behaupten, daß wir die moderne Gesellschaft bewußt planen müssen, weil sie so komplex geworden ist. Es ist eher umgekehrt. Die Ordnung eines solchen Komplexitätsgrades kann nur dann erhalten werden, wenn wir sie nicht durch Eingriffe destabilisieren, in denen vorgeblich die Dynamik der Ordnungsentstehung in theoretischer Form enthalten ist.[138]

Die Freiheit des Individuums, die minimale Einengung seiner spontanen Entschlüsse und die komplexe Ordnung stehen in einem gegenseitigen Stützungsverhältnis. Ein freies System wird sich für die Bildung der Gesamtordnung auf die spontanen Kräfte verlassen. Sie garantieren die Aufrechterhaltung des hohen Ordnungsgrades. Damit ergibt sich eine Verbindung zwischen Komplexitätstheorie und liberaler

Gesellschaftsordnung.[139] Die Kenntnisse und Geschicklichkeiten aller Mitglieder der Gesellschaft werden am besten genutzt und ermöglichen den größten Handlungsspielraum für alle, wenn man sie nicht einer zentralen Leitung unterwirft, die die Entwicklung der Gesellschaft nach einem einheitlichen Zielkatalog steuert.

Freiheit bedeutet natürlich auch Schutz der Sphäre des Individuums. Der materielle Teil der geschützten Individualsphäre ist das *Privateigentum*, der geistige Teil ist die *Integrität* der Person. Der Staat hat nur die Aufgabe, Verhaltensregeln für die Individuen zu überwachen und zu schützen. Neben dem Privateigentum muß er auch die Familie bewahren. Nach liberalistischer Auffassung obliegt es dem Staat auch nicht, in die Art und Weise einzugreifen, in der der Markt die Güter auf die einzelnen Personen verteilt. Soziale Gerechtigkeit im Sinne der Verteilungsgerechtigkeit ist in einer *freien* Marktwirtschaft gar nicht definiert. Es wird viel zu selten darauf hingewiesen, daß die Marktwirtschaft als ein System von Relationen zwischen freien und mündigen Personen, die miteinander in Wettbewerb stehen, von sich aus sozial ist.[140] Der gewichtigste Einwand gegen eine soziale Marktwirtschaft kommt wiederum von der Komplexität dieses Systems her. Die willkürliche Entscheidung der Machthaber, die angeblich das System durchschauen, reduziert in Wahrheit die Komplexität des Gesamtsystems und liefert eine strukturale Verarmung. Nur in einer geplanten Gesellschaft ist der Begriff der gerechten Einkommensverteilung überhaupt definiert. In einer sich selbst ordnenden Gesellschaftsform verteilt niemand Einkommen, weder gerecht noch ungerecht. Die Streuung der Einkommen ist einfach die Wirkung der spontanen Ordnungskräfte.

Erst seit relativ kurzer Zeit wird der Zusammenhang zwischen der thermodynamischen Situation, in der sich ein System befindet, und seiner komplexen Ordnung deutlich gesehen. Man nahm die philosophischen und psychologischen Konsequenzen des Wärmetodes zur Kenntnis, aber nicht die praktischen Folgen für unser tatsächliches Handeln. Jedoch haben jüngst Biologen wie Paul Ehrlich darauf hingewiesen, daß der zweite Hauptsatz der Thermodynamik auch bestimmte Grenzen für den Energiefluß auf der Erde bedeutet, somit die Randbedingungen betrifft, unter denen jenes komplexe System steht, das uns am meisten interessiert.[141] Als Handlungsanweisung für die Menschheit ergibt sich aus der Begrenztheit des Energieflusses auf der Erde, daß sie sich von einer stetig wachsenden auf eine stationäre Ökonomie umstellen soll. Exponentielles Wachstum in Energieverbrauch und Populationsgröße kann nicht auf unbestimmte Zeit weitergehen.

Hier kann man nun einige Langzeitabschätzungen vornehmen. Ein exponentielles Wachstum im Energieverbrauch von 1 % pro Jahr würde alle denkbaren Reserven im Sonnensystem in ca. tausend Jahren aufbrauchen. Als eine weitere bemerkenswerte Konsequenz des zweiten Hauptsatzes ergibt sich, daß auch der stationäre Zustand der Ökonomie keine Lösung des Überlebensproblems mit sich bringt.[142] Irgendwann hat auch eine Zivilisation, die sich sparsam auf einen stationären Zustand beschränkt, die Ressourcen aufgebraucht. Auch ein intelligentes Kohlenstoffleben, das die Erde nicht verlassen will, aber bereit ist, alle durch die Physik erlaubten Möglichkeiten auszuschöpfen, ist sicher durch die Massenenergie der Erde von $5{,}4 \times 10^{41}$ Joule beschränkt. Abgesehen davon, daß ein Lebewesen natürlich nicht seinen gesamten Lebenswohnort in verbrauchbare Energie umwandeln kann, würde ein Mensch mit dieser Energiemenge zweimal 10^{32} Jahre überleben können. Die heutige lebende Bevölkerung käme damit gerade etwa 10^{22} Jahre aus.

Diese oberen Schranken des Überlebens sind von physikalischer Größenordnung und überschreiten bei weitem die Zeitskalen, die Ökonomen und Gesellschaftstheoretiker zu betrachten gewohnt sind. Wie John Barrow und Frank Tipler zu Recht betont haben, ist das Entscheidende daran, daß alle *Überlebenszeiten endlich* sind.[143] Was immer wir auch an Maßnahmen ergreifen, die Existenz terrestrischen Kohlenstofflebens ist begrenzt, und selbst wenn wir die ganze Masse des Sonnensystems einbezögen, stiege die Überlebenszeit höchstens um den Faktor 3×10^5 an. Danach droht wieder der Jüngste Tag für die Menschheit. Wenn man mit der spekulativen Möglichkeit arbeitet, daß Leben auf beliebigen materiellen Basen fortsetzbar wäre, dann ließen sich diese Zahlen allerdings noch vergrößern.[144]

Das Damokles-Schwert des Wärmetodes als physikalischer Hintergrund hat eine Kontroverse zwischen Ökologen und Ökonomen ausgelöst. Der Wirtschaftstheoretiker Julian Simon hat darauf hingewiesen, daß man nicht nur den Fluß von Energie und Materie betrachten muß, sondern auch den Informationsfluß. Aus dem Blickwinkel des Wirtschaftlers ist nicht in erster Linie die Produktion von Waren wichtig, sondern von Geräten, die eine bestimmte Funktion erfüllen.[145] Nicht das Kupfer der Kupferpfanne ist entscheidend, sondern daß wir ein Gerät zur Verfügung haben, mit dem wir kochen können. Mit wachsendem Wissen haben die Menschen immer wieder neue Ideen zutage gefördert, die Materialien zu ersetzen und die Kosten für die Produktion bestimmter technischer Hilfsmittel relativ zum Einkommen zu erniedrigen. Wie Simon zeigen konnte, sind die Preise für Rohmaterial und Energie in den letzten 200 Jahren exponentiell gesunken. Die Kosten für alle lebensdienlichen Gerätschaften hängen vom Informationsstand der Menschen ab. Der Preis einer Ware ist eben nicht ein objektiver, physikalischer Zug eines Objektes wie seine Masse oder seine Ladung, sondern eine subjektive Größe, die durch die kollektive Anstrengung der Gesellschaft erzeugt wird. Und dasselbe gilt auch für die Einschätzung der Erschöpfbarkeit von Ressourcen; alle Berechnungen müssen immer einen bestimmten technischen und kommerziellen Wissensstand voraussetzen, unter denen sich der Abbau eines Rohstoffes wie z. B. eines Ölfeldes lohnt. Da der Innovation nirgendwo prinzipielle Grenzen gesetzt sind, gibt es letztlich kein zeitloses Wissen davon, ob sich die Ausbeutung einer bestimmten Energiequelle lohnt, bzw. wann sie nun definitiv erschöpft ist.

So scheint unter dem Gesichtspunkt der Information und der Kognition die physikalische Begrenzung für die Existenz der Gesellschaft erstmalig ihren drohenden Charakter zu verlieren. Wenn man den gesamten Ausstoß des ökonomischen Systems nur als eine Form der Information betrachtet, sieht es so aus, als wenn man letztlich die Knappheit aller physischen Güter umgehen könnte. Schließlich braucht der Mensch nicht unbedingt eine Kupferpfanne, um die Nahrung auf den Körper zu übertragen. Man könnte auch an einen direkten Transfer der Nahrungsmittel auf die Körperzellen denken, und das Gefühl einer guten Mahlzeit ließe sich unter Umständen durch eine entsprechende elektrische Reizung des Gehirns erreichen. Aber diese Argumentation führt auf die schiefe Ebene einer stetigen Spiritualisierung organischer Vorgänge. Es ist dann nur mehr ein kleiner Schritt zu der Vorstellung, daß der menschliche Geist ein abstraktes Programm darstellt, das auf einer universellen Turingmaschine abläuft und die Software die Empfindung einer reichhaltigen Mahlzeit suggeriert.[146] Nur mit diesem idealistischen Trick, bei dem Information als eine freischwebende unphysische Entität geführt wird, lassen sich die materialen Probleme der thermodynamischen Grenzen menschlicher Existenz wegzaubern.

Nur wenn wir reine Geister wären, könnten wir Information verarbeiten, ohne Energie zu verbrauchen. Dann fielen die äußersten Grenzen ökonomischer Systeme und technischer Zivilisation mit den Grenzen der informationsverarbeitenden Intelligenz zusammen, deren Leseverarbeitung und Speicherkapazität. Man sieht, daß man vorsichtig sein muß bei der Analogiebildung, daß alle lebenden und insbesondere die denkenden Wesen als Computer gedeutet werden können. Der Schritt zu einer dualistischen Deutung des Leib-Seele-Verhältnisses fließt scheinbar zwanglos aus der Computeranalogie: "The essence of a human being is not the body but the program which controls the body; we might even identify the program which controls the body with the religious notion of a *soul*, for both are defined to be non-material entities which are the essence of a human personality." [147]

Bei diesem Übergang wird aber unterdrückt, daß es immer nur inkorporierte Programme in der Natur gibt – ein Lebewesen ist ein Stück hardware, und sein Festwertspeicher (ROM) [148] ist die DNS, sein Schreib-Lese-Speicher (RAM) [149] ist das Lernvermögen. Natürlich kann man das gesamte Programm eines Lebewesens im Prinzip auf Disketten abspeichern, dann wird es durch einen anderen Träger repräsentiert. Der entscheidende Punkt ist jedoch, daß es ohne den physischen Träger nicht geht. Kein Programm auf beliebiger Trägersubstanz kann ohne Energiezufuhr laufen. Selbst wenn es möglich wäre, daß interstellare Gaswolken großräumige Strukturen tragen könnten, die einem galaktischen ROM und einem galaktischen RAM entsprechen, hinge es an deren Stabilität und räumlicher Konfiguration, wenn darauf Programme ablaufen sollten. Wenn wir dies noch etwas verallgemeinern, bedeutet es, daß auch der menschliche Geist nie unabhängig oder gar gegen seine physikalische Basis operieren kann. Deshalb vermag auch kein reales System, ob ökonomisch, ökologisch oder mental, den thermodynamischen Rahmen zu überschreiten.

III. DIE ANTWORTEN DER NEUEN THEORIEN

1. Heuristik und Bewährung von Theorien

Keine Theorie kann unmittelbar aus dem für sie relevanten Erfahrungsmaterial gewonnen werden. Schon die Logik verbietet dies, denn alle Erfahrung ist endlich, doch jede Theorie spricht über unbegrenzt viele Beobachtungen. Im Normalfall hat man einige Bruchstücke von gescheiterten früheren Theorien zur Verfügung und jene Beobachtungen, die sie zu Fall gebracht haben. Aus diesen Elementen kann mit logischen Deduktionen allein kein neues theoretisches Konzept auf den Weg gebracht werden. Inhaltliche philosophische Ideen müssen vielmehr die Richtung der neuen Theorienkonstruktion bestimmen. Man braucht also eine Reihe von erkenntnisleitenden Ideen, die als Baugerüst dienen, welches nach Abschluß der Arbeit der Theorienkonstruktion wieder abgerissen werden kann. Oft sind es metaphysische Vortheorien, die zunächst in qualitativer Weise unscharfe Ideenkomplexe ausdrücken, dann aber in metrische Form, d. h. quantitative Gesetze, überführt werden. Ein Teil des Gehaltes dieser Vortheorien geht auf die empirisch testbaren Theorien über, aber nicht alle metaphysischen Intuitionen werden umgesetzt.

Damit ist schon gezeigt, daß die Philosophie notwendigerweise naturwissenschaftliche Implikationen besitzt. Wie wir später sehen werden, gilt dies in umgekehrter Richtung auch. Auch die Naturwissenschaft hat philosophische Folgerungen, so daß man bildlich von einem Import und einem Export von Ideen zwischen Naturwissenschaft und Philosophie sprechen kann. Analysiert man die Entstehungsgeschichte moderner physikalischer Konzeptionen, so fällt auf, daß ihr Ursprung nicht in den empirischen Anomalien ihrer Vorläufer zu suchen ist, sondern in sehr allgemeinen abstrakten Prinzipien liegt. Symmetrieüberlegungen, ungeklärte kontingente Elemente oder Einheitsbestrebungen führen die Theoretiker bei ihren Entwürfen. Erst im nachhinein, wenn es um die Bestätigung der neuen Theorien geht, spielen auch jene kleinen empirischen Abweichungen von den berechneten Werten, die die älteren Theorien nicht erklären konnten, eine wichtige Rolle. Das Erklären dieser Anomalien ist gerade ein Zeichen der Stärke der neuen Theorie. An ihnen muß sich zeigen, ob die neue Theorie nicht nur einfach die bekannten Sachverhalte in neuer Sprache ausdrückt, sondern einen Überschuß an erklärender Kraft besitzt, so daß man von einem echten Erkenntnisfortschritt reden kann. Die neue Theorie sollte darüber hinaus auch verständlich machen, warum die alte Theorie an einem bestimmten empirischen Phänomen scheitern mußte.

Ein Erkenntnisfortschritt ist also dann zu verzeichnen, wenn eine neue Theorie entsteht, die die alte als Grenzfall enthält, darüber hinaus aber mehr und präzisere Voraussagen und Erklärungen liefert und sagen kann, aus welchen Gründen die alte Theorie unzureichend war. Umgekehrt kann aus demselben Grund keine Theorie ihre eigene Grenze angeben. Daraus folgt für die Wissenschaft insgesamt, daß zu keinem Zeitpunkt ihre Reichweite und Leistungsfähigkeit definitiv bestimmbar sind. *Die Grenzen der Naturwissenschaft sind permanent offen.*

Dies bedeutet nicht, daß wir nicht die Stärke einer Theorie gegenüber ihren Konkurrenten beurteilen können. Newton-Smith hat acht Kriterien zur Einschätzung der Qualität einer Theorie herausgearbeitet, die den heutigen Stand der Diskussion um die wissenschaftliche Rationalität repräsentieren.[150] Wir wollen diesen Kriterien in etwas veränderter Form folgen.

1) In jedem Fall muß eine neu vorgeschlagene Theorie den *Beobachtungserfolg ihrer Vorgänger* erhalten. Das Ziel der Wissenschaft ist, sich mit immer genaueren Erklärungen dem wahren Aufbau der Natur zu nähern, und der wachsende empirische Erfolg ist der beste Indikator, daß die neue Theorie hier einen Schritt weitergekommen ist.

2) Die Theorie sollte Raum für zukünftige Entwicklung enthalten oder, um den Begriff von Imre Lakatos zu verwenden, *eine positive Heuristik* liefern, dann wird man sie als fruchtbar ansehen. Dies war sicher bei Plancks Strahlungstheorie der Fall, wenn man bedenkt, daß schließlich das Wirkungsquantum den Auftakt zur Quantenphysik gegeben hat. Das Wirkungsquantum hat nicht nur eine weitere Theorie, sondern in bezug auf die Idee der Quantisierung ein ganzes Forschungsprogramm ausgelöst, wenn wir an die zweite Quantisierung der Felder und an die dritte Quantisierung der Gravitation denken.

3) Wenn eine Theorie möglichst mehrere *geschichtliche Epochen übergreifend* stetig wachsende Beobachtungserfolge aufzuweisen hat, wird man ihr auch in der Zukunft vertrauen.

4) Die Stützung einer Theorie muß nicht nur von der Erfahrung her kommen, es zählt sicher zu ihrer Habenbilanz, wenn sie eine *andere Theorie erklären* kann, und es wird ein zweifelhaftes Licht auf eine Theorie geworfen, wenn sich externe Inkonsistenzen mit gut bewährten älteren Theorien ergeben.

5) Viele Theorien haben nicht nur Erfolge, sondern auch Mißerfolge, deshalb müssen sie nicht sofort verworfen, sondern unter Umständen eingeschränkt werden. Dennoch kann man beurteilen, ob die *Mißerfolge alle in einer Richtung* liegen. Dies deutet dann eine systematische Grenze im Geltungsbereich der Theorie an.

6) Aus rein logischen Gründen muß eine Theorie innerlich *widerspruchsfrei* sein. Diese formale Forderung rechtfertigt sich dadurch, daß eine widersprüchliche Satzmenge die Ableitung jedes beliebigen Satzes gestattet und damit ohne jeden Aussagegehalt wäre. Stößt man auf Widersprüche einer Theorie, so erzwingt dies nicht ihre sofortige Verwerfung, sondern die Suche nach der Ursache dieser Widersprüche. Die Beseitigung muß dann dadurch erfolgen, daß man ein Axiom der Theorie durch ein anderes ersetzt.

7) Wir haben schon betont, daß keine Theorie aus dem für sie einschlägigen Material konstruiert werden kann. Theorienkonstruktion und auch die Auswahl von Theorien erfolgen nach *begründeten metaphysischen Leitlinien*; diese sind wissenschaftsgeschichtlich bewährte, wenngleich empirisch untestbare Annahmen über Typen möglicher Theorien. Ein Beispiel eines solchen regulativen metaphysischen Auswahlprinzips ist die Anweisung: Vermeide Fernwirkungstheorien – bevorzuge Feldtheorien. Als Grund kann nur der Langzeiterfolg von Feldtheorien angeführt werden. Eine Apriori-Rechtfertigung, warum in der Natur keine direkten Wirkungsübertragungen zwischen Teilchen sein sollen, gibt es nicht.

8) Ein schwieriger Fall ist die Kategorie der *Einfachheit*. Viele erfolgreiche naturwissenschaftliche und vor allem physikalische Theorien sind unter der Auswahl der einfachsten Möglichkeiten zustande gekommen. Die Theoriebauer denken dabei oft an eine Art Sparsamkeit der Natur, die ihr Ziel mit geringem Aufwand zu erreichen versucht. Ob die Natur wirklich so arbeitet, darüber gibt es kein Vorwissen metaphysischer Art, das unkontrovers wäre. Es ist bis heute nicht gelungen, den Einfachheitsbegriff von seinen anthropomorphen Zügen zu befreien und zu objektivieren. Nicht einmal in bezug auf den mathematischen Formalismus konnte man sich in Sachen Einfachheit einigen.

Bei allen regulativen Prinzipien, die die Theorienabfolge und damit den Erkenntnisfortschritt steuern, kann man natürlich fragen, wie eine *Korrektur dieser Prinzipien* erfolgt. Irgendeine Rückkopplung muß ja vorhanden sein, wenn man nicht einem Apriori-Wissen über den Naturzusammenhang das Wort reden will. Ich sehe den Zusammenhang heute so [151]: Die metaphysischen Randbedingungen sind selber einer Korrektur unterworfen, die aber mit einer wesentlich größeren Zeitskala arbeitet. Wenn eine solche Metaphysik auf die Dauer, sagen wir über Jahrhunderte, kein progressives Forschungsprogramm hervorbringt, werden die metaphysischen Prinzipien modifiziert oder ganz fallengelassen. Damit wird klar, daß letztlich *kein* Wissen über die Welt, auch das metaphysische nicht, von der Kritik durch die Erfahrung befreit ist.

Sehen wir uns im folgenden an, wie die großen Theoretiker um die Jahrhundertwende die im Abschnitt II geschilderten Probleme in Einklang mit der eben besprochenen Methodologie gelöst haben.

2. Die Quanten und ihre neue Mechanik

a) Das Plancksche Strahlungsgesetz und das Wirkungsquantum

Max Plancks erster Schritt war, eine Interpolationsformel zu finden, die eine Brücke zwischen den beiden Strahlungsgesetzen von Wien und Rayleigh-Jeans darstellte. Dies gelang ihm tatsächlich im Oktober 1900, und das neue Gesetz paßte sich glänzend den vorhandenen Meßdaten an.[152] Rein empirisch gesehen hätte Planck damit den Auftrag Kirchhoffs erfüllt, denn er hatte eine Spektralformel gefunden, die alle Bereiche des Spektrums erfolgreich abdeckt. Planck wäre aber nicht in die Geschichte der Physik als Entdecker der Quantentheorie eingegangen, wenn er sich damit begnügt hätte, eine an die Meßdaten angepaßte empirische Formel zu finden. Sein zweiter Schritt, der ihm tatsächlich Unsterblichkeit einbrachte, war die Ableitung der neuen Formel aus den Prinzipien der Physik. Hier erst zeigte sich, daß man für das tiefere Verständnis des neuen Gesetzes mit fundamentalen Voraussetzungen der klassischen Physik brechen mußte. Aus der thermodynamischen, statistischen und elektromagnetischen Begründung dieser Formel geht hervor: Wenn sie die Verhältnisse exakt beschreibt, dann muß es endliche Energiepakete $E = hv$ geben, d. h. Strahlung der Frequenz v kann nur in Energiequanten der Form hv absorbiert und emittiert werden. Darüber hinaus sind diese Energieelemente keine unterscheidbaren Entitäten mehr und müssen in einer Weise gezählt werden, die aus der klassischen statistischen Mechanik völlig unbekannt ist. Planck selbst war sich über die Bedeutung der in den Energiepaketen auftauchenden Größe h am Anfang nicht schlüssig. Er schildert seine Unschlüssigkeit der damaligen Situation so:

Entweder war das Wirkungsquantum nur eine fiktive Größe; dann war die ganze Deduktion des Strahlungsgesetzes prinzipiell illusorisch und stellte weiter nichts vor als eine inhaltsleere Formelspielerei, oder aber der Ableitung des

Strahlungsgesetzes lag ein wirklich physikalischer Gedanke zugrunde; dann mußte das Wirkungsquantum in der Physik eine neue fundamentale Rolle spielen, dann kündigte sich mit ihm etwas ganz Neues, bis dahin Unerhörtes an, das berufen schien, unser physikalisches Denken, welches seit der Begründung der Infinitesimalrechnung durch Leibniz und Newton sich auf die Annahme der Stetigkeit aller ursächlichen Zusammenhänge aufbaut, von Grund auf umzugestalten.[153]

Heute wissen wir, daß die zweite Alternative zutrifft und die diskreten, endlichen Energieelemente hv der erste quantenhafte, nichtklassische Zug der neuen Physik waren; weitere, viel bizarrere Veränderungen sollten folgen. Wir müssen uns aber vergegenwärtigen, daß in den ersten Jahren nach dem Vorschlag Plancks, das Wirkungsquantum als neue Fundamentalkonstante in den Bestand der Physik aufzunehmen, viele Forscher bezweifelten, daß der Konstante h überhaupt eine reale Bedeutung zukommt. James Jeans, den wir ja schon aus dem früheren Strahlungsgesetz kennen, sah in der Konstante h nur eine fiktive Rechengröße ohne jede grundsätzliche Tragweite.[154]

Mit plastischer Deutlichkeit enthüllt sich die Bedeutung der Größe des Wirkungsquantums, wenn man sie kontrafaktisch, d. h. in Gedanken variiert. George Gamov hat es anschaulich ausgemalt, was es bedeuten würde, in einer Quantenwelt zu leben, in der h von der Größenordnung 1 wäre.[155] Gäbe es in einer solchen Welt ein Billardspiel, also ein Quantenbillard, dann würden die Spieler bei dem Stoß zweier Kugeln sehr viele verschwommene Kugeln beobachten, die einen großen Winkelbereich erfüllten. Eine Kugel, die ein Spieler versuchte, in eine Ecke des Billardtisches zu treiben, würde auf Grund dieser räumlichen Einengung eine heftige Nullpunktsbewegung beginnen. Auch die Berandung des Tisches würde die Kugel nicht immer aufhalten, gelegentlich würde sie, ohne die hölzerne Einfassung zu durchdringen, durch den Rand hindurchsickern, als Ergebnis eines quantenmechanischen Tunneleffektes. Was bei radioaktiven Elementen im kleinen Bereich die Regel ist, nämlich daß die Zerfallsprodukte des Kernes die Coulomb-Barriere durchdringen, tritt in einer Quantenwelt, wo h = 1 ist, als Alltagsphänomen auf. Auch eine Tigerjagd im Quantendschungel gestaltet sich überraschend. Ein Quantentiger ist nur zu erlegen, wenn man das über einen weiten Winkelbereich verschmierte Tier mit vielen Schüssen zu treffen sucht, so daß die Wahrscheinlichkeit einer Wechselwirkung zwischen den Kugeln und dem Tiger erhöht wird. Mit einem noch so genau gezielten Schuß einen Quantentiger zu treffen, ist so gut wie unmöglich.

Das Wirkungsquantum ist auch für einen weiteren drastischen Unterschied von Mikro- und Makrowelt verantwortlich. Wie wir später noch genauer sehen werden, sind die frühen Atommodelle stark an dem Aufbau unseres ganzen Planetensystems orientiert. Astronomisch ist zwar nur unser eigenes Planetensystem bekannt, aber wir wissen aus der Theorie, daß letztlich beliebig viele Planetenkonfigurationen möglich sind. Ein Planet kann nach den Keplerschen Gesetzen seinen Zentralstern auf beliebigen Bahnen umkreisen, wenn die Bahngeschwindigkeit richtig gewählt wird. Bei den atomaren Planetenmodellen ist dies anders. Auf Grund des Wirkungsquantums und der damit verbundenen Selektion von zulässigen Bahnen ist nur mehr eine diskrete Menge von „planetaren" Energiezuständen des Atoms möglich, eine von ihnen ist der Grundzustand. Dieser ist durch den Bohr-Radius $r_B = \hbar^2/m_e e^2 = 0{,}529 \cdot 10^{-8}$ cm gegeben. Die Energiequantisierung ist somit der eigentliche Grund, warum alle Wasserstoffatome im Grundzustand *völlig identisch* sind. Die eigenartige Gleichbeschaffenheit der Mikrowelt gründet in der Existenz des Wirkungsquantums. Diese Gleichheit der Elementarbausteine der Materie war immer wieder Ausgangspunkt metaphysischer und theologischer Überlegungen gewesen. J. C. Maxwell hatte darin einen Hinweis auf einen übernatürlichen Schöpfungsvorgang gesehen. "Molecules have the essential character of a manufactured article."[156] Seine Idee dabei bestand darin, daß bei einem natürlichen Entstehungsvorgang die Moleküle alle ein kleines bißchen verschieden sein müßten. Wie man sieht, liefert die Quantentheorie einen immanenten Grund für die Gleichheit der Bausteine der Materie, auch wenn sie nach physikalischen Gesetzen entstanden sind. Damit war ein erster Schritt der Transformation der klassischen Materiekonzeption eingeleitet. In der wissenschaftlichen Entwicklung war der nächste, der dazu beitrug, die wahre Bedeutung des Wirkungsquantums besser zu verstehen, Albert Einstein.

b) Einsteins Lichtquantenhypothese und der Photoeffekt

Einstein war sich um 1905 herum klar, daß das Plancksche Strahlungsgesetz keine theoretische Fundierung besaß in dem Sinne, daß es von der gültigen Elektrodynamik ableitbar wäre, sondern nur in der Weise, daß der Theorie bestimmte uneinsichtige Postulate oktroyiert worden waren, die sich schlecht mit deren Grundcharakter vertrugen.[157] Es war angesichts dieser Situation nicht unvernünftig, daß Einstein etwas über die *Erzeugung* und *Verwandlung* des Lichtes erfahren wollte[158], indem er nicht von der umfassenden Planck-Gleichung ausging, sondern in einem phänomenologischen Ansatz die schwarze Strahlung im Quantenbereich, also innerhalb der Gültigkeit des Gesetzes von Wien, untersuchte. Hier entwickelte er seinen „heuristischen" Gesichtspunkt, der aus einer Analogie der Strahlung im Wien-Bereich und einem klassischen idealen Gas materieller Teilchen bestand. Sein Vorschlag war es, hier monochromatische Strahlung so zu behandeln, als ob sie aus unabhängigen Energiequanten der Energie hv bestünde. Dabei ist zu betonen, daß Einstein die Quanteneigenschaft nicht nur für die freie elektromagnetische Strahlung forderte, sondern sogar für die Wechselwirkung von Licht und Materie. Die fiktionalistische Sprechweise deutet dabei an, daß auch Einstein nicht gänzlich sicher war, ob Lichtteilchen wirklich physikalische Realität beanspruchen dürfen.

Man kann die Kühnheit der Einsteinschen Idee abschätzen, wenn man sich erinnert, daß der Entdecker des Wirkungsquantums, Max Planck, noch 1913 in jenem Antrag, der Einstein zur Mitgliedschaft in der Akademie der Wissenschaften Berlin verhalf, die Worte schrieb:

... daß Einstein in seinen Spekulationen gelegentlich auch einmal über das Ziel hinausgeschossen haben mag, wie z. B. in seiner Hypothese der Lichtquanten, wird man ihm nicht allzu sehr anrechnen dürfen, denn ohne einmal ein Risiko zu wagen, läßt sich auch in der exaktesten Wissenschaft keine wirkliche Neuerung einführen.[159]

Der Entdecker des Wirkungsquantums wirft also dem Entdecker des Lichtquantums zu große Sprünge in der theoretischen Spekulation vor. Heute, nachdem die Dualität von Licht und Materie ein etabliertes Faktum der Quantenwelt darstellt, kann man sich nur schwer vorstellen, was es damals bedeutete, elektromagnetische Strahlung aus einzelnen Energiepaketen aufgebaut zu denken. Es ist nebenbei interessant zu notieren, daß es gerade die Hypothese der Lichtquanten war, für die Albert Einstein im Jahre 1921 den Nobelpreis erhielt. Das hing damit zusammen, daß die Relativitätstheorie dem Nobelkomitee für eine Preiszuteilung noch als zu ungesichert erschien.

In der Physik gilt die kühnste Idee nichts, wenn sie sich nicht in empirisch kontrollierbare Voraussagen umsetzen läßt. Für sich betrachtet, sind Hypothesen ein nicht eingelöster Scheck, und erst im Experiment wird deutlich, ob der Scheck auch gedeckt war.

Dies galt auch für Einsteins Lichtquantenhypothese. Für deren Prüfung existierte seit den 80er Jahren des 19. Jahrhunderts ein empirischer Befund, der gar nicht gut in eine Wellentheorie des Lichtes passen wollte. Sinnigerweise machte Heinrich Hertz, der 1886 die von der

Maxwellschen Elektrodynamik vorausgesagten elektromagnetischen Wellen gefunden hatte, ebenfalls eine damals rätselhafte Zufallsentdeckung.[160] Hertz stellte fest, daß UV-Licht einen positiven Einfluß auf elektrische Entladung besitzt.

Hier entstand nun eine echte Erklärungsschwierigkeit für die klassische Wellentheorie; es lag das vor, was man in der diachronen Wissenschaftstheorie eine *Anomalie* nennt. Geht man davon aus, daß die auffallenden Wellen die Elektronen des Metalls zu erzwungenen Schwingungen anregen und daß die Ablösung erfolgt, wenn die aufgenommene Energie ausreicht, um die Bindungen des Elektrons zu überwinden, dann muß die Geschwindigkeit des Elektrons mit der Stärke des eingestrahlten Lichtes anwachsen. Es ist unverständlich, daß die Intensität nur die Stärke des Photostromes bestimmt, die Teilchengeschwindigkeit dagegen allein von der Wellenlänge des auffallenden Lichtes abhängt. Alles deutet darauf hin, daß die Lichtenergie nicht auf Kugelflächen um die Strahlungsfläche verteilt, sondern vielmehr auf einem sehr kleinen Raum konzentriert ist und beim Auftreffen auf das Metall wie ein Teilchen wirkt, das einzelne Elektronen aus dem Atomverband einfach herausschlägt.

Jetzt verstehen wir, warum Einstein 1905 den Vorschlag machte, seine Lichtquantenhypothese zur Erklärung des Photoeffektes heranzuziehen. Er machte gewissermaßen ernst mit der von Planck fünf Jahre vorher vorgeschlagenen Idee der Quantennatur des Lichtes und setzte sie für ein 20 Jahre altes ungelöstes Problem ein. „Nach der hier ins Auge zu fassenden Annahme ist bei Ausbreitung eines von einem Punkt ausgehenden Lichtstrahles die Energie nicht kontinuierlich auf größer und größer werdende Räume verteilt, sondern es besteht dieselbe aus einer endlichen Zahl von in Raumpunkten lokalisierten Energiequanten, welche sich bewegen, ohne sich zu teilen und nur als ganze absorbiert und erzeugt werden können."[161] In anderen Worten ausgedrückt, bedeutet dies: Monochromatisches Licht der Frequenz ν besteht also aus Photonen, diese geben ihre Energie hν beim lichtelektrischen Effekt momentan an ein bestimmtes Elektron ab, wodurch dieses aus dem Metall abgelöst und in Bewegung gesetzt wird.

Man muß sich allerdings vor Augen halten, daß die neuen Lichtteilchen nicht einfach eine Rückkehr zum klassischen Atomismus Newtons darstellen. Photonen sind keine harten, undurchdringlichen, unteilbaren Materiekugeln, sondern neue quantenmechanische Teilchen. In ihre Begriffsbestimmung geht die Schwingungszahl ν ein, diese weist auf den Wellenaspekt des Lichtes hin. Außerdem gelten Newtons Bewegungsgleichungen gar nicht für Photonen, weil diese verschwin-

dende Ruhemasse besitzen. Obwohl also die Lichtquanten beim Photoeffekt sich wie Teilchen verhalten, sind sie ihrem Wesen nach ebenso
stark mit der Wellennatur verbunden. In der Folge sollte sich zeigen,
daß die Dualität der neue charakteristische Zug der quantenmechanischen Objekte ist und nicht nur Licht, sondern auch Materieteilchen
betrifft.

Vom philosophischen Standpunkt aus ist es wichtig, sich vor Augen
zu halten, daß die heuristische Leitidee Einsteins nicht darin lag, eine
Anomalie der Vorgängertheorie – hier der Maxwellschen Elektrodynamik – zum Verschwinden zu bringen, sondern daß seine Motivation
wesentlich in einer abstrakten Idee bestand. Seine Intuition sagte ihm:
Die Stetigkeit, wie sie der Wellentheorie des Lichtes zugrunde liegt, ist
nur von begrenzter Anwendbarkeit. Bei optischen Phänomenen, wo
die typischen Wellenqualitäten wie die Interferenz offenkundig sind,
ist die Wellenkonstitution der Strahlung unzweifelhaft. Die optischen
Phänomene der Beugung, Brechung und Reflexion beziehen sich auf
die zeitlichen Mittelwerte vieler mikroskopischer Einzelprozesse. Die
momentanen Werte der Einzelprozesse kommen erst ins Spiel, wenn
Erscheinungen der Lichterzeugung und -verwandlung im Spiel sind.
Einsteins Intuition bestand also darin, *hinter den oberflächlich stetigen
Vorgängen ein statistisches Geschehen* zu vermuten, bei dem der Ein-
zelvorgang nicht mehr durch die deterministischen Gleichungen der
klassischen Physik bestimmt ist.[162] Aus diesem Grund kommt der
Lichtquantenhypothese eine so hohe Bedeutung bei dem Wandel des
mechanistischen Weltbildes zu. Es kündigte sich der uneliminierbare
Zufall im Naturgeschehen an.

Einsteins Modellvorstellung ermöglichte nicht nur eine Erklärung
von Lenards Beobachtung, sondern auch eine sehr genaue Bestimmung des exakten Wertes von h. Die maximale Energie der austreten-
den Elektronen folgt einer sehr einfachen linearen Beziehung; sie lautet: $E_{max} = h\nu - P$, wobei P die Austrittsarbeit ist. Diese Relation wurde
von Robert Milikan in Chicago 1915 genau getestet.[163]

In völliger Übereinstimmung mit Einsteins linearer Energie-Fre-
quenz-Relation wurde für $h = 6,57 \cdot 10^{-27}$ ergsec gefunden, d. h. die
photoelektrische Bestimmung von h war auf 0,5 % genau.

Trotz des weiteren Anwachsens von Bestätigungen für die Quantennatur der Strahlung verhielt sich die Wissenschaftlergemeinschaft damals zögernd in der Aufnahme dieser Idee; zu stark schien die Unvereinbarkeit dieser Ergebnisse mit der klassischen Wellentheorie zu sein.
Physiker sind eher konservative Revolutionäre, sie brechen mit bewährten Theorien nur sehr zögernd. Da zu damaliger Zeit niemand

den Mechanismus der Wechselwirkung von Strahlung und Materie verstand – dies wurde erst durch die viel später entwickelte Quantenelektrodynamik mit ihren Teilchenerzeugungs- und Vernichtungsoperatoren möglich –, war es klug, vorsichtig zu sein bei der Verletzung oder Abänderung einer so hoch bewährten Theorie wie der klassischen Elektrodynamik. Die unverstandene Dualität stand der Akzeptanz der Lichtquantenhypothese entgegen. Neue Nahrung und Unterstützung allerdings fand die Annahme von den Lichtteilchen in Bohrs Theorie vom Wasserstoffatom von 1913, womit wir uns im nächsten Abschnitt befassen werden.

Einen gewissen Abschluß in Richtung auf die Etablierung des Teilchenaspektes des Lichtes, nicht jedoch in bezug auf dessen grundlegendes Verständnis, ergab sich 1923 durch die Entdeckung des *Compton-Effektes*.[164] Beim Compton-Effekt werden parallele Röntgenstrahlen auf einen Streukörper (z. B. Graphit) geschickt, und dann wird die unter einem bestimmten Winkel abgebeugte Strahlung gemessen. Wenn bei diesem Prozeß die Vorstellung eines Beugungsphänomens entsprechend einer klassischen Wellentheorie zutreffend wäre, dann müßten die gebeugten Wellen in allen Richtungen die gleiche Wellenlänge wie die auffallende Strahlung haben. Tatsächlich zeigte sich jedoch eine vom Streuwinkel abhängige Vergrößerung der Wellenlänge, welche mit dem Röntgenspektrum später gemessen werden konnte. Arther Holly Compton und Peter Debye, die sich gleichzeitig um die Deutung der Experimente bemühten, verwendeten nun direkt die Modellvorstellung von Einsteins Lichtquantenhypothese. Sie behandelten sowohl die Elektronen als auch das Photon selbst als elastische Kugeln, an denen man wie beim klassischen Stoßvorgang die Energie- und Impulsbilanz vor und nach dem Stoß berechnen kann. Es ist begrifflich bemerkenswert und spricht für die partielle Überschneidung der Weltbilder, wie weit mechanische Modellbildung in den Quantenbereich hineingetragen und erfolgreich verwendet werden kann.

Für die Festigung des Teilchencharakters des Photons war es von großer Bedeutung, daß der mechanische Begriff des *Stoßes* mit normalen Materieteilchen anwendbar war. Was Licht auch seinem innersten Wesen nach sein mag, hier zeigte es sich von seiner Teilchenseite. Man kann verstehen, daß sich zu dieser Zeit die Überzeugung festigte, daß ein Objekt seiner inneren Natur nach einen *unergründbaren* Charakter besitzt, der je nach Experimentalanordnung auf den Wellen- oder Teilchenaspekt projiziert werden kann. Da Experimentalanordnungen ja Menschenwerk oder mit Willkür wählbar sind, war es nicht so überraschend, daß viele Physiker in dieser Epoche die erkenntnistheoretische Wendung vollzogen haben, daß Mikroobjekte feste Eigenschaften überhaupt erst in Wechselwirkung mit einem Meßgerät erhalten, das ein bestimmter Beobachter auswählt, und daß *vor* der Messung Dinge ohne bestimmte Eigenschaften sind bzw. nur eine Latenz besitzen, auf Abruf bestimmte Eigenschaften manifest zu machen.

Obwohl wir auf die erkenntnistheoretischen Probleme der Quantenphysik erst später eingehen wollen, sei jetzt schon betont, daß die Einbeziehung des Beobachters in den Zustandsbegriff der Quantenobjekte nicht gleichbedeutend mit einer idealistischen Konzeption der Erkenntnis sein muß. Berkeley hatte in seinem „Esse est percipi" die Substanz als „Wahrgenommenwerden" aufgelöst. Die Quantenobjekte wie das Photon erzwingen die Position, wonach der Beobachter die Realität aus seinem Bewußtsein hervorbringt, keinesfalls. Die Situation ist eher so zu deuten, daß die Mikroobjekte eine innere Disposition für verschiedene objektive Zustände besitzen. Welche von diesen möglichen Eigenschaften sich durchsetzen, ist dann durch den *Kontext der Messung* gegeben. Auch wenn die Quanten nicht den epistemischen Idealismus verlangen, kann man gar nicht oft und früh genug betonen, daß diese neue Welt der Quantenobjekte *grundverschieden* ist von den Eigenschaften der grobsinnlichen, klassischen Erscheinungswelt. Manche Autoren wie Mario Bunge haben, um dies zu betonen, die Begriffe „Klassonen" und „Quantonen" eingeführt, um den Unterschied im gesetzmäßigen Verhalten zu betonen.[165] Dabei fällt der Bereich der klassischen Entitäten nicht mit dem Makrokosmos zusammen und der Bereich der quantenhaften Entitäten nicht mit der Mikrowelt. Es gibt große sichtbare Objekte mit Quantennatur wie Supraleiter und Neutronensterne. Vielleicht ist sogar, wenn die Quantenkosmologie recht hat, das ganze Universum ein Quanton. Kontextabhängige reale mögliche Eigenschaften sind begrifflich nicht leicht zu fassen. Wie eine solche Konsequenz auch revolutionsbereiten Denkern Vorstellungsschwierigkeiten macht, sieht man an einer Briefnotiz Einsteins von 1951, wo er an Michele Besso schreibt: „Die ganzen 50 Jahre bewußter Grübelei haben mich der Antwort der Frage ‚was sind Lichtquanten' nicht näher gebracht. Heute glaubt zwar jeder Lump, er wüßte es, aber er täuscht sich."[166] Einstein argumentiert hier als Essentialist, also im Sinne einer erkenntnistheoretischen Position, die nach einem „Wesen der Dinge" fragt. Er konnte sich zeitlebens mit der früher genannten kontextualen Realität, bei der die physikalischen Objekte zwar real sind, die Eigenschaften der Objekte aber von der Wahl der gemessenen Parameter abhängen, nicht einverstanden erklären. Man kann in der Tat geteilter Meinung sein, ob dieser kontextuale oder *interne Realis-*

mus, wie man nach Hilary Putnam heute in der Wissenschaftstheorie sagt, die Kernbedeutung der philosophischen Position des Realismus noch wiedergibt.[167]

c) Atommodelle

Einstein machte den ersten und Bohr den zweiten entscheidenden Gebrauch von Plancks „Verzweiflungsschritt", mit dem dieser das Wirkungsquantum h in die Physik eingeführt hatte. Diese Bezeichnung hat Planck selber 1931 bezüglich seiner ersten Verwendung von h gebraucht.[168] Nach 1905 war 1913 das nächste entscheidende Jahr in der Entwicklung der Quantentheorie. Auch in diesem Falle war das, was später wie eine Umwälzung aussah, von langer Hand vorbereitet. Der neue Schritt gründete in der seit langer Zeit bekannten Struktur der Spektrallinien. Arnold Sommerfeld hat die Situation am Vorabend der neuen Atomtheorie folgendermaßen charakterisiert: „Seit der Entdeckung der Spektralanalyse konnte kein Kundiger zweifeln, daß das Problem des Atoms gelöst sein würde, wenn man gelernt hätte, die Sprache der Spektren zu verstehen." [169] Die Spektralanalyse war 1859 durch Gustav Robert Kirchhoff und Robert Bunsen als neue Methode zur physikalischen Identifizierung der Elemente eingeführt worden. Seit damals hatte sich ein ungeheures empirisches Material an Spektren angesammelt. Es war schon lange klar, daß die Spektren die einschlägige Informationsgrundlage für eine künftige Atomtheorie bilden mußten, denn das Leuchten von Gasen und Dämpfen kam ja aus dem Innern der Materie. Man konnte es den empirischen Daten bereits entnehmen, daß *Diskretheit* und *Ganzzahligkeit* in der gesuchten Ordnung eine hervorragende Rolle spielen würden. Die Struktur in der verwirrenden Vielfalt der Linien- (oder Atom-) und Banden- (oder Molekül-) spektren zu finden schien jedoch anfangs eine unlösbare Aufgabe zu sein. Dem Baseler Mittelschullehrer Johann Jakob Balmer gelang es 1885 zuerst, für die damals bekannten Wasserstofflinien $h_\alpha - h_\delta$ eine Formel zu finden. Später stellte sich heraus, daß die Balmer-Formel die gesamte Serienstruktur der Wasserstofflinien darstellt, einschließlich des Serienendes einer Häufungsstelle im Endlichen, woran sich ein nicht in Linien auflösbares Kontinuum anschließt.[170] Schon bei diesem empirischen Befund taucht der klassisch unverständliche Zug einer Häufungsstelle der Linien im Endlichen auf. Versucht man die Linien eines Spektrums analog den Eigenschwingungen eines elastischen Mediums zu deuten, z. B. wie das Spektrum einer Violinsaite, so wächst die Folge der Schwingungszahlen, die das Vielfache einer

Grundfrequenz sind, ins Unendliche. Es sollte zu denken geben, daß bereits auf der untersten Ebene der empirischen Beschreibung der Phänomene die nichtklassischen Züge des atomaren Materieaufbaus sichtbar werden. Die angesteuerten Theorien standen somit unter bestimmten einschränkenden Bedingungen, die sich unmittelbar aus dem Erfahrungsmaterial ergaben. Daraus sieht man wieder, daß der geistige Sprung der Theorienkonstruktion zwar immer noch *frei*, aber *nicht beliebig* ist.

In dieser wissenschaftsgeschichtlichen Situation konnte man erkennen, was später immer wieder deutlich werden sollte, aus noch so vielen empirischen Tatsachen und niedrigrangigen Regularitäten ergibt sich keine hochrangige Theorie. Deshalb konnte aus den einfachen Seriengesetzen auch nicht direkt ein *Atommodell* abgeleitet werden, wohl aber spielten bei der Konstruktion eines Atommodells die experimentellen Befunde eine einschränkende Randbedingung. Wir wissen von Leon Rosenfeld, einem Schüler Bohrs, daß Bohr bei seiner Theorie durch die empirischen Formeln geleitet war, aber für ein regelrechtes Atommodell mußte eine Schlüsselintuition hinzukommen. Einiges wußte man allerdings schon über den Aufbau der Materie. Daß die ἄτομοι nicht unteilbare, feste Bestandteile der Materie seien, war am Ende des 19. Jahrhunderts sicher. Dies ging bereits aus der Dispersion und dem Zeeman-Effekt hervor.[171] Deshalb war es klar, daß die Atome eine innere Ladungsstruktur besitzen müssen, also positiv und negativ geladene Bestandteile. Der Hauptsitz der Masse, das war bekannt, ist ein positiver Kern, der negative, viel kleinere Teil besteht aus Elektronen. Auch konnte das Atom kein kompaktes Objekt sein, sondern mußte eine eher gitterartige durchlässige Struktur besitzen, wie man durch Rutherford-Streuung schon festgestellt hatte.

Philipp Lenard hatte erkannt, daß das Atom eigentlich leer ist, so leer, daß man einen Kubikmeter Platin in einen Kubikmillimeter pressen könnte, wenn es möglich wäre, die Lücken effektiv zu füllen. Ernest Rutherford konnte durch den Beschuß von Goldfolien mittels α-Teilchen, das sind Heliumkerne, den Kernradius zu 10^{-13}cm bestimmen, was enorm viel kleiner ist als der Atomdurchmesser, der sich aus gaskinetischen Methoden zu etwa 10^{-8}cm ergeben hatte.

Die fast völlige Leere des Atoms als Resultat der frühen Untersuchungen zur Materie hat ein erkenntnistheoretisches *Paradoxon* zutage gefördert. Wie Sir Arthur Eddington zuerst bemerkt hat[172], existieren nebeneinander zwei scheinbar unverträgliche Konzeptionen eines Alltagsobjektes wie eines Tisches. Da ist der Tisch, an dem ich sitze und diese Zeilen schreibe, die der Leser nun gedruckt vor sich hat. Dieser Tisch ist braun, aus massivem Eichenholz gefertigt und in Ruhe. Auf der anderen Seite existiert der Tisch, der nach den Untersuchungen von Lenard und Rutherford aus Atomkernen und Elektronen besteht mit fast nur leerem Raum dazwischen. Eine Farbe kann dem atomphysikalisch beschriebenen Tisch vernünftigerweise gar nicht zugeschrieben werden. Wie können beide Konzeptionen zugleich wahr sein, wodurch schließen sie sich aus, zerfällt die Einheit der Welt ontologisch durch die Existenz der beiden Beschreibungen?

In dieser Situation kann man in verschiedene Richtungen argumentieren. So könnte man z. B. die Aussage der Wissenschaft instrumentalistisch abschwächen, indem man das Atommodell nur als Vorhersageinstrument deutet, das Experimentalergebnisse denkökonomisch verbindet. Phänomenalisten wären geneigt, die instrumentalistische Sprechweise auch auf die Alltagsbeschreibung auszudehnen; dann ist der Widerspruch auf der ontologischen Ebene natürlich behoben. Es gibt dann nur mehr zwei Verknüpfungen von Sinneserfahrungen, die in getrennten Kontexten nützlich sind und die beide keinen Anspruch stellen, eine vom Subjekt unabhängige Realität zu repräsentieren. Aber ist diese Entwertung dieser beiden Zugänge zur Erfahrungswelt wirklich notwendig? Läßt sich nicht die Realität beider Konzeptionen verteidigen? In der Tat ist dieser *Versöhnungsstandpunkt* möglich [173], bei dem der Alltagstisch und der wissenschaftliche Tisch zwei kompatible Beschreibungen eines einzigen Bezugsobjektes darstellen. Die makroskopischen Eigenschaften des Alltagstisches, etwa die Tatsache, daß man ein Buch darauf legen kann, ohne daß dieses durch den leeren Raum der Materie durchfällt, kann durch die Gitterstruktur der Atomanordnung und die dazwischen wirkenden Kräfte erklärt werden. Die Festigkeit und Undurchdringlichkeit des Makroobjektes ist somit eine *kollektive Eigenschaft* des dynamischen Zusammenwirkens vieler Teilchen. Natürlich meint Versöhnung nicht strenge Äquivalenz beider Beschreibungen, sonst wäre ja die wissenschaftliche Analyse nur eine sprachliche Umformung des Alltagswissens. Die atomistische Beschreibung stellt eine *Verfeinerung des Alltagswissens* dar, reproduziert aber alle wohlbekannten Erfahrungen im Umgang mit makroskopischen Objekten. In dieser Sichtweise ist die eindeutige ontologische Referenz beider Beschreibungen gesichert. Das Entscheidende dabei ist, daß die beiden Beschreibungen *logisch* aufeinander bezogen sind.

Nach dieser erkenntnistheoretischen Zwischenüberlegung zurück zur Theorieentwicklung der Quantenphysik. Mit den oben genannten experimentellen Befunden begann man im wesentlichen nach der Jahrhundertwende die Konstruktion von *Atommodellen*. Zuerst dachte

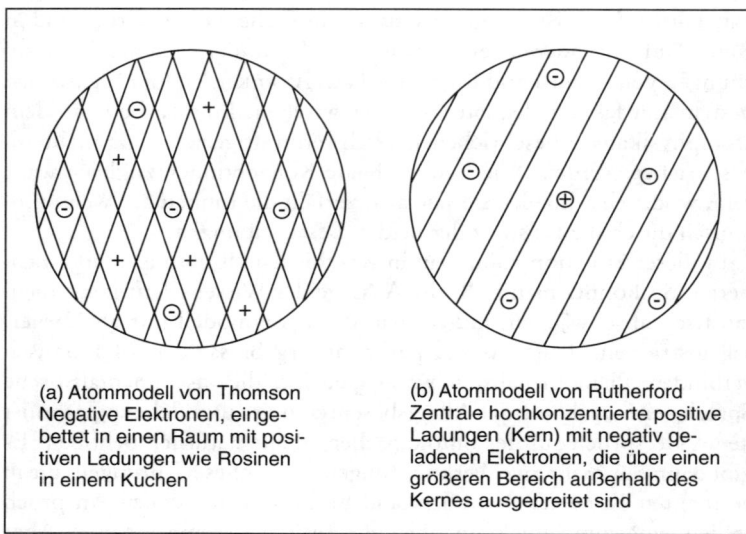

(a) Atommodell von Thomson
Negative Elektronen, eingebettet in einen Raum mit positiven Ladungen wie Rosinen
in einem Kuchen

(b) Atommodell von Rutherford
Zentrale hochkonzentrierte positive
Ladungen (Kern) mit negativ ge-
ladenen Elektronen, die über einen
größeren Bereich außerhalb des
Kernes ausgebreitet sind

Abb. 7: Atommodelle von Thomson (1904) und Rutherford (1911). Original
des Autors.
Aus: Funkkolleg „Jahrhundertwende. Die Entstehung der modernen Gesellschaft 1880–1930". Studienbegleitbrief Nr. 10. Weinheim/Basel 1989

man sich räumliche Anordnungen aus, die nach klassischen mechanischen und dynamischen Gesetzen funktionieren sollten. J. J. Thomson
entwarf 1904 ein statisches Modell[174], bei dem die Elektronen sich in
einer Gleichgewichtslage in Ruhe befinden. Strahlung geben sie nur ab,
wenn sie kleine Schwingungen um die Ruhelage ausführen. (Abb. 7)

Diese Elektronen befinden sich beim Thomson-Modell nicht wie
später *außerhalb* des positiv geladenen Kerns, sondern sind *innerhalb*
eines kugelförmigen Raumes, der die gleichförmig verteilte positive
Ladung trägt, angeordnet. Wahrscheinlichkeitsüberlegungen über die
Häufigkeit von großen Ablenkungen bei dem Beschuß der Atome mit
α-Teilchen ergaben jedoch viel zu seltene Streuungen dieser Art, vergli-
chen mit den experimentellen Daten. Außerdem läßt sich nicht verstehen, wie bei einem Wasserstoffatom ein Elektron ein ganzes Serien-
spektrum liefern kann. Man könnte sich nur vorstellen, daß ein solches
Elektron im Thomson-Atom mit *einer* Frequenz schwingt.

Das Thomson-Modell zeigt, daß die Theoretiker immer zuerst mit
einem Ansatz arbeiten, der *möglichst viel vom Bestehenden bewahrt*.
Die Elektronen befinden sich in einer Gleichgewichtslage in Ruhe, sie

können kleine Schwingungen ausführen, wobei sie Strahlung in ihrer mechanischen Frequenz aussenden. In dieser Weise hatte man auch z. B. die Dispersion in der klassischen Elektronentheorie erklärt.[175] Die nichtklassischen Eigenschaften der atomaren Bausteine wurden langsam, aber sicher durch die nachfolgenden Modelle erzwungen. So trat fast unmerklich, aber doch unaufhaltsam eine Transformation des mechanistischen Weltbildes ein. Hatte bereits das Eindringen des Feldbegriffes die Ontologie der klassischen Physik entscheidend erweitert, trat nun auch eine Umbildung des Teilchenkonzeptes auf den Plan. In vielen kleinen, bedeutsamen Schritten verschob sich die Semantik der Bausteine der Materie. Ein erster Schritt betraf die räumliche Anordnung der Atome.

Ein japanischer Physiker namens H. Nagaoka hat zuerst vorgeschlagen[176], die Elektronen nicht *innerhalb*, sondern *außerhalb* der positiven Kerne anzubringen. Nagaoka dachte an ein Modell ähnlich dem Ring des Saturns, wo eine Zentralmasse von einem Ring rotierender Elektronen umgeben ist. Mit dieser Elektronenanordnung wurde die relative Häufigkeit großer Ablenkungen von α-Teilchen verständlich. Dafür trat aber nun das Stabilitätsproblem auf den Plan. Die kritische Frage tauchte auf: Was hindert die Elektronen, in den Kern zu stürzen? Die Antwort versuchte Ernest Rutherford in seinem dynamischen Modell 1911 zu geben.[177] Die Elektronen können natürlich nicht relativ zum Kern in Ruhe sein, da sie sonst sofort wegen der ungleichnamigen Ladung in den Kern hineinstürzen würden. Naheliegend ist es, wie beim Planetensystem die Elektronen auf geschlossenen, krummlinigen Kreis- oder evtl. Ellipsenbahnen sich bewegen zu lassen. So wie der Mond deshalb nicht auf die Erde fällt, weil die Zentrifugalkraft der Bewegung und die Anziehungskraft der Erde sich gerade die Waage halten, so muß auch hier die Geschwindigkeit des Elektrons relativ zum Kern im Sinne einer Gleichgewichtskonfiguration gewählt werden. Die Parallele ist aber nicht so ganz einfach herzustellen, denn das Planetensystem ist ein rotationsstabilisiertes System, das allein der Gravitation unterworfen ist. Die Übertragung dieser Modellvorstellung auf den Atombau, wo der Elektromagnetismus die herrschende Kraft ist, liefert eine Zusatzschwierigkeit, die bei der Schwerkraft nicht existiert. *Beschleunigte Ladungen strahlen* nämlich, und zwar in einer Stärke, die proportional dem mittleren Beschleunigungsquadrat ist.[178] Mit dem Rutherfordschen, nach rein klassischen Gesichtspunkten konstruierten Atommodell gerät man also in eine unhaltbare Situation. Es hätte nämlich den *elektrischen Kollaps der Materie* zur Folge. Wir wollen die dramatischen Folgen noch einmal herausstellen:

1) Da das Elektron auf seiner Bahn um den Kern andauernd strahlt, würde es unentwegt kinetische Energie verlieren und deshalb in kurzer Zeit (Größenordnung 10^{-8} sec) in den Kern spiralen.
2) Das Atom müßte *immer* strahlen und nicht nur dann, wenn es angeregt ist, ganz gegen die Erfahrung.
3) Die Frequenz der Strahlung müßte sich *stetig* verändern, womit die diskreten scharfen Spektrallinien unvereinbar wären.

Der elektrische Kollaps der Materie von 1911 hat viele Ähnlichkeiten mit dem Gravitationskollaps der Materie, wie er 1970 durch eine Konsequenz der Allgemeinen Relativitätstheorie nahegelegt wurde, nur mit dem Unterschied, daß dort selbst Raum und Zeit von der Katastrophe betroffen sind. Philosophisch interessant ist, wie die Theoretiker in beiden Fällen reagiert haben. Beidemal sind Aussagen über Materiezustände involviert, bei denen einige Parameter unendlich werden. Beim klassischen Kollaps von Rutherfords Atommodell erreicht ein Elektron, das sich dem Punktzentrum der Anziehung nähert, in endlicher Zeit unendliche Energie. Beim Gravitationskollaps erfahren Raum und Materie in endlicher Eigenzeit unendliche Verdichtung. Eine Voraussage, daß eine physikalische Größe unendlich wird, ist kaum je ernst genommen worden. Zudem ist der elektrische Kollaps der Materie im krassen Widerspruch zur Erfahrung. Die beobachtbare Materie ist offensichtlich stabil. Nach der Logik der Situation ist der Ausweg aus der Krise vieldeutig. Woran soll man zweifeln, um die Stabilität der Materie zu retten? An Coulombs Gesetz, an der Aussage der Elektrodynamik, daß beschleunigte Ladungen strahlen, am speziellen Modell der Elektronenanordnung? Weder 1911 noch 1970 ergab sich aus der physikalischen Krise ein Fingerzeig auf eine bestimmte Lösung. Beide kritischen Situationen der Physikgeschichte haben jedoch eine Gemeinsamkeit. 1911 kam das Quantenprinzip zu Hilfe, und auch heute gibt es Ansätze, das Auftreten von Singularitäten unter Einsatz der Quantisierung zu vermeiden.

Den entscheidenden Schritt zur Rettung der Stabilität der Atome tat 1913 nun Niels Bohr.[179] Bohr postulierte: Zwar laufen die Elektronen weiterhin auf klassischen Bahnen um den Kern, auf den stationären Bahnen findet jedoch keine Abstrahlung statt. Darüber hinaus werden die zugelassenen Bahnen nach neuen Quantenprinzipien aus dem klassischen Kontinuum ausgesondert. Hier ist nun eine weitere Abweichung von klassischen Prinzipien der Physik festzustellen, allerdings bleibt der *Bahnbegriff* im Unterschied zur späteren Quantenmechanik noch erhalten. Gebrochen wird mit der klassischen Voraussetzung, daß alle kontinuierlich ineinander übergehenden Energiewerte und damit alle entsprechenden Bahnen möglich sind. Es ist zu betonen, daß die qualitative Einschränkung, daß nicht alle klassischen Bahnen möglich sind, zu schwach ist, um positiv die korrekten Energiewerte auszusondern. Bohrs große Tat bestand darin, diejenigen Quantenvorschriften zu finden, die die richtigen stationären Bahnen und die Übergänge auswählen, die in den Serien der Linienspektren sichtbar sind. Mit diesem Ansatz wird die elektrodynamische Stabilität des Atoms gerettet; auf diesen ausgezeichneten Bahnen wurde in bewußter Verletzung klassischer Prinzipien das Strahlungspostulat aufgehoben.

Bohr durchbricht aber noch einmal klassische Grundsätze. Für die Strahlungsemission oder -absorption muß das Elektron von einer stabilen Bahn auf eine andere übergehen. Hier tritt nun der Begriff des *Quantensprunges* auf. Die Bahn mit dem kleinsten Radius ist der stabile Grundzustand. Wenn das Elektron von einer höheren Bahn der Energie E_a spontan auf eine Bahn mit dem kleineren Radius der Energie E_e übergeht, wird die Energieabnahme durch die Aussendung eines entsprechenden Photons hv ausgeglichen, $E_a - E_e = h\nu$. Ebenso kann das Elektron durch Zufuhr von entsprechend energetischen Photonen auf die n-te Bahn angehoben werden. Bei einem bestimmten Betrag der einlaufenden Energie wird das Elektron abgelöst, und es kommt zur *Ionisierung* des Atoms; dann ist es nicht mehr elektrisch neutral, sondern einfach ein geladener Kern.

Diese „Quantenspringerei", wie sie Schrödinger später genannt hat, hat viele philosophische Diskussionen ausgelöst, in erster Linie deshalb, weil die Theorie offensichtlich keine *raumzeitlich deutbare Beschreibung* des Quantensprunges liefert. Es gibt keinen Sinn, im Modell von Bohr danach zu fragen, wann der Sprung *beginnt*, wann er *halbvollendet* ist und wann er *endet*. Es gibt auch keinen Sinn zu fragen, welchen Weg in der Raumzeit das Photon dabei zurücklegt. Bohr hat den Quantensprung explizit als unanalysierbaren Elementarvorgang gekennzeichnet.[180] Dies gilt natürlich nur als Aussage über die immanente Beschreibung innerhalb des Modells. Niemand konnte 1913 sagen, ob vielleicht in einer stärkeren Theorie nicht doch der Mechanismus des Quantensprunges im Sinne eines raumzeitlichen Ablaufes aufgeklärt würde. Die Entwicklung von der älteren Quantentheorie über die Quantenmechanik zur Quantenfeldtheorie verlief jedoch eher in die entgegengesetzte Richtung. Die späteren Theorien zeigten sich noch weniger im Sinne raumzeitlich deutbarer Mechanismen verständlich. Heute hat man Zweifel, ob der Begriff der Raumzeit in der Mikrowelt überhaupt anwendbar ist.[181]

Darüber hinaus offenbart das Bohr-Modell neue Züge wachsender

88   Die Antworten der neuen Theorien

Unanschaulichkeit. Man sollte doch meinen, daß die Strahlungsfrequenzen des Lichtes, das beim Übergang zwischen zwei Energieniveaus ausgesandt wird, irgend etwas mit der Winkelgeschwindigkeit des Elektrons zu tun haben, mit der es auf seiner Bahn rotiert. Tatsächlich ist dies aber bei Bohrs Modell nicht der Fall. Es ist also in vieler Hinsicht *kein mechanisches Modell*, das eine anschauliche Nachbildung erlaubt, wie etwa das Sonnensystem. Bilder von Atommodellen, die man manchmal auf Anzeigen oder Plakaten findet, wo die Elektronen wie ein Mückenschwarm den Kern umgeben, sind selbst in der älteren Quantentheorie nicht ernst zu nehmen. Es gibt auf der anderen Seite allerdings noch einige anschauliche Züge in diesem Atommodell. Nicht nur ist, wie erwähnt, der *Radius* jeder Elektronenbahn genau definiert, man kann auch die *Geschwindigkeit* des Elektrons auf seiner Bahn angeben. Für ein H-Atom im Grundzustand, wo das Elektron auf der innersten Bahn um das Proton im Kern läuft, ergeben sich ca. 3000 km/sec. Wie sich dann später in der Quantenmechanik herausstellte, wird eine derartige bildliche Darstellungsweise von Bahnen zerstört, die Heisenberg-Relationen erlauben keine fest lokalisierten Teilchen mehr.

Bereits bei einem solchen semiklassischen Modell taucht natürlich die dringliche Frage auf, wie weit ein partiell unanschauliches Modell, in dem einige Züge raumzeitlich, einige aber nicht raumzeitlich gedeutet werden können, als Repräsentant von physikalischer Wirklichkeit aufgefaßt werden kann.

In der in Deutschland übermächtigen kantischen Tradition haben sinnliche Anschauung und raumzeitliche Deutung einen hohen Stellenwert.

Wir haben also sagen wollen, daß alle unsre Anschauung nichts als die Vorstellung von Erscheinung sei, daß die Dinge, die wir anschauen, nicht das an sich selbst sind, wofür wir sie anschauen, noch ihre Verhältnisse so an sich selbst beschaffen sind, als sie uns erscheinen; und daß, wenn wir unser Subjekt oder auch nur die subjektive Beschaffenheit der Sinne überhaupt aufheben, alle die Beschaffenheit, alle Verhältnisse der Objekte in Raum und Zeit, ja selbst Raum und Zeit verschwinden würden, und als Erscheinungen nicht an sich selbst, sondern nur in uns existieren können.[182]

Deshalb tauchte in der philosophischen Reflexion auf die Ergebnisse der Naturwissenschaften immer wieder die Frage auf, ob von den unanschaulichen theoretisch erschlossenen Entitäten in der gleichen Weise *Realität* behauptet werden darf und ob Sätze, die über solche Objekte sprechen, *Wahrheit* beanspruchen können. Der am Anfang des Jahrhunderts sich etablierende Positivismus und der logische Empirismus kritisierten zwar die Transzendentalphilosophie heftig wegen ihres Beharrens auf synthetischen Urteilen a priori – das sind Aussagen über die Natur, die nicht von Beobachtungen kontrolliert werden können und müssen –, sie waren sich jedoch relativ einig, daß nur Erfahrungen Gegenstände wissenschaftlicher Behandlung sein können. In der analytischen Philosophie, die aus dem logischen Empirismus herauswuchs, sind die Meinungen bis heute gespalten, ob wissenschaftliche Theorien mit ihren Modellen nur die *Erscheinungen der Dinge* retten sollen oder näherungsweise Darstellungen *der Dinge selbst* liefern können.[183]

Modelle treten ja nicht erst in der modernen Atomphysik auf. Die klassische Mechanik arbeitet z. B. mit dem Modell des Massenpunktes, und ein Verteidiger des Realismus wird nicht die Existenz von Massenpunkten als fiktiv behaupten, sondern dieser Idealisierung für bestimmte Kontexte – z. B. die Himmelsmechanik – einen guten Näherungswert zugestehen. Natürlich kann man einen Massenpunkt nicht beobachten, aber den Archäopteryx und den Ichthyostega, zwei Tiere, denen als Übergangsformen in der Evolutionstheorie eine Schlüsselbedeutung zukommt, können wir auch nicht mehr beobachten, weil beide ausgestorben sind. Niemand wird deshalb ein Fossil, das er z. B. im Museum Hauff in Holzmaden sieht, anders als die empirische Spur eines heute grundsätzlich unbeobachtbaren, jedoch realen Tieres interpretieren. Wenn man keine Bedenken hat, in einem Fall unbeobachtbare Entitäten als real anzuerkennen, braucht man sich auch nicht zu scheuen, dies bei Atomen und Elementarteilchen zu tun, auch wenn die Gründe für die Unsichtbarkeit völlig anderer Art sind. Ein guter Grund, eine fiktionalistische Haltung gegenüber unbeobachtbaren Objekten abzulehnen, ist die sich dauernd verschiebende Grenze zwischen dem, was theoretisch, und dem, was beobachtbar ist. Atome hatten im 19. Jahrhundert einen rein postulierten Status, sie machten chemische Regularitäten gut verständlich. Nach und nach wurden sie und dann auch ihre Bestandteile direkt nachgewiesen. Wie viele flüchtige Teilchen hatte z. B. das Neutrino über Jahrzehnte nur den Status, daß es in einem Netz von Hypothesen eine höchst plausible Erklärungsfunktion besaß, und selbst der „direkte" Nachweis von Cowan und Reines 1953[184] war sicherlich keine Beobachtung im Sinne einer einzigen Sinneswahrnehmung von einem anschaulichen räumlich ausgedehnten Objekt, sondern eine glaubwürdige Deutung einer komplexen Experimentalsituation.[185]

Rein logisch betrachtet können wir auch die fiktionalistische Sprechweise verwenden, daß die Welt so beschaffen ist, *als ob* die Atome und ihre Bestandteile real wären.

Aber warum sollten wir dies tun? Nach der Meinung des strengen Empiristen sollten wir deshalb fiktionalistisch reden, um metaphysisch unkontrollierbaren Ballast abzuwerfen. Aber ist es wirklich nur metaphysischer Ballast, die Saurier der Vorzeit als die kausalen Vorläufer unserer Fossilien zu betrachten, die heutigen Skelette als die kausalen Spuren der damals lebenden Tiere? Wir sehen es eher als Last an, alle Redeweisen über eine Dingwelt in die fiktionalistische Sprache zu übersetzen, etwa von der Art: Wenn es vor 30 Millionen Jahren Beobachter gegeben hätte, hätten sie Tiere beobachtet, die wir heute als Saurier bezeichnen. Zudem begeben wir uns damit der einzigen Möglichkeit, gute Gründe für den Beobachtungserfolg unserer Theorien zu finden. Die beste Erklärung für den empirischen Erfolg unserer Theorien liegt darin, daß sie in einem realistischen Sinne wahr sind. Bas van Fraassen hat für diese Begründungsfigur die Bezeichnung "the ultimate argument for Scientific Realism" eingeführt [186], und Hilary Putnam hat dem Argument die Form gegeben, daß der Realismus die einzige Philosophie ist, die den Erfolg der Wissenschaft nicht als Wunder erscheinen läßt. [187] So gesehen können fehlende Anschaulichkeit und fehlende mechanische Modellierbarkeit kein Grund sein, physikalische Theorien nicht als Repräsentationen einer autonomen Realität anzusehen.

Bohrs Überschreiten klassischer physikalischer Prinzipien wird natürlich nur dadurch gerechtfertigt, daß sein Modell eine höhere empirische Leistungsfähigkeit aufweist. Diese besteht darin, nun zum erstenmal die Struktur der Linienspektren zu entschlüsseln; jene von Balmer 28 Jahre früher aus dem Material abgelesene, deskriptive Formel kann nun aus Bohrs Atommodell abgeleitet werden. Die Methodik des Verfahrens, Atommodelle zu konstruieren, ist damit einzusehen. *Phänomenologische* Terme werden abgebildet auf *Energiezustände* des Atoms. Eine Linie in einer Serie entspricht einem Energieübergang des Elektrons.

Jedes Modell arbeitet mit bestimmten idealisierenden Annahmen. Das ist einfach deshalb notwendig, weil eine wirklich getreue mathematische Repräsentation der Wirklichkeit unmöglich ist, sie wäre unübersehbar kompliziert und deshalb nicht mehr handhabbar. Die Rede von einer idealisierenden Abbildung darf nicht mißverstanden werden. Natürlich kann Wissenschaft nie die Natur einfach kartographieren. Diese geographische Metapher trägt nicht, weil wir die Natur nicht an sich zur Verfügung haben, um sie der mathematischen Struktur gegenüberzustellen und die korrekte Abbildung zu suchen. Die Repräsentation einer Modellbildung kann nur über den empirischen Erfolg bestätigt werden. Liegt ein Beobachtungsmißerfolg vor, kann man eine Zeitlang mit Modellverfeinerungen arbeiten; wenn die begrifflichen Möglichkeiten hierzu aber erschöpft sind, muß das Modell fallengelassen werden. Genau dieser Vorgang hat sich beim Bohr-Sommerfeld-Modell des Atoms zugetragen.

Kopernikus ließ die Planeten auf Kreisbahnen laufen, Kepler entdeckte, daß Ellipsen sich wesentlich besser den Daten Tycho Brahes anpaßten. Der Kepler des Atommodells war 300 Jahre später Arnold Sommerfeld. Schon die Spektrallinien in der Balmer-Serie zeigen eine Feinstruktur, für die eine Bereicherung des Modells notwendig war. Deshalb erweiterte 1916 Sommerfeld das Modell auf elliptische Bahnen für das Elektron.[188] Bohrs einzige Quantenzahl n spaltete sich in eine radiale und eine azimutale Quantenzahl auf, wobei die erste den veränderlichen Bahnradius beschreibt, während die zweite wie beim älteren Modell von Bohr die zulässigen Drehimpulswerte liefert.

Vom begriffsgeschichtlichen Standpunkt aus ist erwähnenswert, daß man beim relativistischen Kepler-Problem eine Korrektur der Umlaufbahn vornimmt, bei der die relativistische Massenveränderlichkeit berücksichtigt wird. Ohne ersichtliche Konflikte arbeiten beim Bohr-Sommerfeld-Modell des Atoms quantentheoretische und relativistische Gesetze zusammen, obwohl deren Begrifflichkeit im Sinne der diachronen Wissenschaftstheorie von Thomas Kuhn und Paul Feyerabend ganz verschiedenen Paradigmen angehören, weil die Relativitätstheorie ihrem ganzen Charakter nach eine klassische Theorie ist. Die Verzahnung von klassischer Physik und Quantenphysik wird uns noch mehrfach beschäftigen. Am deutlichsten tritt sie zu Tage in P. A. M. Diracs „Verallgemeinerung der Quantenmechanik" von 1928, die in perfekter Genauigkeit die Eigenschaften des Elektrons wiedergeben konnte.[189] Nach und nach nahm die Bohr-Sommerfeld-Theorie immer mehr analoge Bestimmungsstücke zur „planetarischen Verfassung" in die Mikrowelt auf. Aber niemand konnte natürlich im voraus die Grenze ihrer Reichweite absehen. Da jedes Modell idealisiert – wir haben schon gesehen, wie dies zu verstehen ist –, war zu vermuten, daß irgendwo Beschränkungen bei der Anwendung auftreten würden. Beim Wasserstoffatom war dem Bohr-Sommerfeld-Modell ein voller Erfolg beschieden. Auch andere Ein-Elektronen-Systeme wie etwa die Alkaliatome, wo die Spektren wie beim Wasserstoffatom nur durch ein Leuchtelektron hervorgerufen werden, ließen sich gut behandeln. Ebenso konnte das Modell die elektrische und die magnetische Aufspaltung der Spektrallinien verständlich machen, es erklärte also den *Stark-Effekt* und den *Zeeman-Effekt*.[190] Für diese Erklärungsleistung kommt das Modell mit drei Quantenzahlen aus, alle haben eine anschauliche Bedeutung: n kennzeichnet den *Energiezustand,* l den *Bahndrehimpuls* und m die *Orientierung* gegenüber einem äußeren elektrischen oder magnetischen Feld. Für einige weitere Effekte mußte die Analogie von Planetensystem und Atom noch weitergetrieben werden und die Eigenrotation s – in der Sprache der Quantentheorie *der Spin* – berücksichtigt werden. Mit vier Quantenzahlen konnten die Molekül-, d. h. die Bandenspektren, und die Röntgenspektren aufgeklärt werden. Noch einen weiteren Erfolg konnte das Modell für sich verbuchen: Zusammen mit dem Pauli-Prinzip ließ sich zum erstenmal das periodische System der Elemente nach den Prinzipien der Atomistik voll durchschauen.

Damit wurde der *deskriptive* Befund des 19. Jahrhunderts, den Lothar Meyer und Dimitri Iwanowitsch Mendelejev als Tatsache konstatieren konnten, *gesetzesartig* mittels der Atomhypothese verstanden.[191]

In physikalischen Textbüchern liest man häufig in den Einleitungen kurze historische Reminiszenzen der Art, daß das Bohrsche Atommodell die metaphysischen Intuitionen Demokrits, Leukipps und Epikurs realisiert hätte. Damit werden natürlich viele erkenntnistheoretische Probleme überspielt. Wir haben selbst bei dem Atombegriff der älteren Quantentheorie schon wesentliche Bedeutungsverschiebungen bemerkt. Könnte man nun nicht ebenso argumentieren, daß es sich bei der Entwicklung von Leukipp zu Bohr statt eines stetigen kumulativen Erkenntnisfortschrittes um eine *Theorienersetzung* handelt, bei der die Entitäten der griechischen Atomisten durch neue Objekte ersetzt werden, die nichts miteinander gemeinsam haben? Wie verteidigt man die Kontinuität auf der ontologischen Ebene? Dies geht nur dadurch, daß man nichttriviale Sätze des antiken Atomismus aufweist, die Bohr noch hätte akzeptieren können. Sicher wird die Klasse der gemeinsam akzeptierbaren Sätze kleiner, wenn man immer größere wissenschaftsgeschichtliche Zeiträume betrachtet, so z. B. statt Bohrs Atomistik die Quantenchromodynamik bzw. die Quark-Lepton-Hypothese mit der klassischen Atomistik vergleicht. Aber es scheinen doch immer noch Gemeinsamkeiten bei allen atomistischen Entwürfen vorhanden zu sein: Mit einer beschränkten Zahl von elementaren Basisbausteinen und ihren dazwischen wirkenden Kräften sollen die gesamten komplexen Erscheinungsformen der Materie aufgebaut werden. Newton hatte das atomistische Programm wie folgt gekennzeichnet: „Es gibt daher etwas in der Natur, das die kleinsten Teilchen der Körper durch starke Anziehungskräfte zusammenhält. Es ist die Aufgabe der experimentellen Philosophie, dieses Etwas aufzufinden."[192] Diese qualitative Zielsetzung läßt sich zweifellos bei allen atomistischen Programmen konstatieren, wie verschieden die Elemente auch sind. So hat es für unsere Zeit Sheldon Lee Glashow, einer der modernen Elementarteilchentheoretiker, ausgedrückt: "Quarks may be the last in the long series of progressively finer structures. They seem to be truly elementary."[193] So verschieden die Elementarbausteine innerlich auch sein mögen, in der Erklärungsstruktur ist eine gemeinschaftliche Tradition vorhanden.

Es ist allerdings nicht korrekt, den Atomismus sogleich mit einem starken Reduktionismus zu verbinden, wonach sich alle qualitativen Eigenschaften der stofflichen Welt nach dem Baukastenprinzip, also durch dominoartiges Zusammenfügen von Elementarteilchen ergeben. Die Entstehung komplexer Qualitäten ist subtil und wird uns später beschäftigen (vgl. Kapitel IV, 1).

Selbst wenn man die ältere Quantentheorie als Erfolg der demokritischen Erklärungstradition ansieht, kann es nicht verborgen bleiben, daß sie einen großen Schritt in eine unbekannte Zukunft getan hat. Dies läßt sich besonders deutlich an dem *Pauli-Prinzip* demonstrieren. Das Pauli- oder Ausschlußprinzip, das für den Aufbau des periodischen Systems herangezogen werden muß, enthält einen typisch unklassischen fremdartigen Gesetzescharakter. Es ist weder ein statistisches noch ein deterministisches Kausalgesetz. Am besten kennzeichnet man es als *Strukturgesetz*, weil es der Verwendung der Quantenzahlen bei der Wiedergabe der Struktur des Atoms eine Einschränkung auferlegt. Es besagt, daß in der Natur nur solche Elektronenanordnungen bei Atomen und Molekülen vorkommen können, bei denen sich die Elektronen in mindestens *einer* der vier Quantenzahlen unterscheiden. Anders ausgedrückt, in keinem elementaren oder zusammengesetzten atomaren System kann ein Elektron existieren, das in den Werten für n, l, m und s mit einem anderen übereinstimmt. Will man einen klassischen Vorläufer des Ausschließungsprinzips finden, so bietet sich der Satz an: Wo ein Körper ist, kann nicht sogleich ein zweiter sein.[194] Dieser Undurchdringlichkeitssatz kann als vereinfachende, klassische Veranschaulichung des Pauli-Prinzipes angesehen werden, weil dieses ja ausdrückt, daß zwei Elektronen nicht in ein und demselben Bewegungszustand sein können. Stark verkürzt könnte man auch sagen, daß für zwei in allen Eigenschaften übereinstimmende Elektronen im Atom kein Platz vorhanden ist.

Außerdem verändert das Ausschließungsprinzip den Teilchenbegriff insofern noch einmal, als die früher selbstverständliche *Individualität* der Elementarobjekte aufgegeben werden muß. Was für Gegenstände

der Alltagserfahrung unmittelbar gegeben zu sein scheint, nämlich daß
zwei Objekte trotz völlig übereinstimmender Eigenschaften distinkte
Individuen darstellen, läßt sich für Elektronen, Protonen oder gar
Photonen nicht mehr behaupten. Der metaphysische Grundsatz Leibniz', daß jede einzelne Substanz individuell ist, sich also in einer angeb-
baren Eigenschaft von allen anderen unterscheidet, ist für klassische
Teilchen, aber sicher nicht für Quantenobjekte, vor allem jene, die
dem Pauli-Prinzip unterliegen, erfüllt. Darüber hinaus sei jetzt schon
erwähnt, daß dem quantenmechanischen Ausschließungsprinzip auch
eine strukturbildende Funktion zukommt, die Vielfalt der Welt hat
auch quantenmechanische Gründe. Victor Weisskopf hat besonders
auf den *morphogenetischen Charakter der Quantenmechanik* hingewiesen[195], der vor allem dann zu Tage tritt, wenn man die Wellennatur
der Teilchen berücksichtigt. Beschränkt man eine Wellenbewegung auf
eine endliche Region, bilden sich stehende Wellen aus, deren Form und
Frequenz von der Art der Begrenzung abhängen. Der Gestalt-Charak-
ter der dabei entstehenden Muster gründet in der Diskretheit der
Quantenzustände. Dadurch lassen sich typische Formen der Natur, sei
es eine Berggestalt, eine Blume oder ein Kristall in ihrer qualitativen
Besonderheit verstehen. Die Existenz einer qualitativen Physik wider-
legt auch das weithin vorhandene geisteswissenschaftliche Vorurteil,
daß die Naturwissenschaft die Realität nach quantitativen Kategorien
verengt und den Formenreichtum der Natur nicht erfassen kann.

So viele schöne Erfolge das Bohr-Sommerfeld-Modell auch vorwei-
sen konnte, mit der Zeit wurden doch die Grenzen der älteren Quantentheorie sichtbar. Es zeigte sich, daß die Analogie mit der planetarischen Verfassung des Atoms nicht überzogen werden durfte. In der
Himmelsmechanik hatte man sich in der Störungsrechnung ein mathematisches Instrument verschafft, mit dem man die in Strenge unlös-
baren Mehrkörperprobleme beliebig genau approximieren konnte. So
etwas sollte, wenn die ältere Quantentheorie eine exakte Theorie ist,
auch möglich sein. Doch schon die Rechnungen für das neutrale Helium-
atom, das als Kern mit zwei Elektronen sich als ein Drei-Körper-Pro-
blem darstellt, ergaben keinen Anschluß an das Experiment. Wie
immer man auch die beiden Elektronen um den Kern anordnete, in einer Ebene oder in beliebigen räumlichen Konfigurationen, niemals
kam der richtige Wert für die Ionisierungsspannung (das ist jene Spannung, die man benötigt, um die Elektronen vom Atomrumpf zu trennen) heraus. Dies war nur ein Grund unter mehreren, dem Bohr-Sommerfeld-Modell eine begrenzte Bedeutung zuzusprechen. Ab 1924 verstärkte sich bei den Physikern die Überzeugung, daß die halbklassische

Quantentheorie verlassen und eine neue Theorie mit stärkeren revolutionären Annahmen gesucht werden müßte. Ein Paradoxon ergibt sich z. B. sofort, wenn man die Spin-Quantenzahl des Elektrons im anschaulichen Sinne eines klassischen Teilchen-Drehimpulses ernst nimmt. Verwendet man den klassischen Elektronenradius und berechnet damit die Drehgeschwindigkeit des Elektrons um sich selbst, kommt man auf die 300fache Lichtgeschwindigkeit, im krassen Widerspruch zur Speziellen Relativitätstheorie, nach der ja c die Grenzgeschwindigkeit für alle Wirkungsübertragungen darstellt. Daraus folgt, daß der Elektronenspin nicht wie die tägliche Rotation der Erde gedeutet werden kann, sondern eben eine neue, in der makroskopischen Welt unbekannte Eigenschaft ist, die allerdings in der Quantenphysik die analoge Rolle der Eigenrotation in klassischen Systemen übernimmt.

d) Das Rätsel der Quanten

Die ältere Quantentheorie mit ihren halbanschaulichen Atommodellen beruht auf den Gesetzen der klassischen Physik, denen an einigen Stellen willkürlich Zusatzannahmen aufgepfropft wurden, um Übereinstimmung mit der Erfahrung zu erzielen. Trotz der methodischen Heterogenität in den Hypothesen muß der Erfolg des Bohr-Sommerfeld-Modelles erstaunen, und man kann ihm eine gewisse Wahrheitsnähe nicht absprechen. Auch wenn eine Theorie im strengen Sinne falsch ist, kann sie doch partielle Wahrheit besitzen. Unter den unendlich vielen falschen Theorien ist die mit partieller Bestätigung immer noch ausgezeichnet, und sie bleibt es selbst dann noch, wenn die neue Theorie, die alles das erklärt, was die alte nicht abdeckt, bereits vorhanden ist. Bezüglich der Bohr-Sommerfeld-Theorie war es einerseits das unorganische Zusammenfügen von klassischen Gesetzen und Quantenregeln, das Unbehagen bei den Physikern auslöste, es gab aber andererseits auch, wie gezeigt, eklatante Konflikte mit dem Experiment.

Die empirischen und begrifflichen Unzulänglichkeiten der älteren Quantentheorie veranlaßten Erwin Schrödinger[196] und parallel dazu Werner Heisenberg zusammen mit Max Born und Pascual Jordan[197], einen neuen theoretischen Ansatz voranzutreiben. Die beiden Theorien, die, wie sich später herausstellte, zwei mathematische Formen einer Grundstruktur darstellen, werden nach den bei ihrem Aufbau eingesetzten mathematischen Hilfsmitteln gekennzeichnet. Schrödinger arbeitet mit einer *Wellengleichung*, während Heisenberg *Matrizen* zur Beschreibung heranzieht. Die Wellengleichung hat vieles gemeinsam mit jenen Gleichungen, die für klassische Schwingungsvorgänge verwendet worden sind. Eine Matrix ist ein Zahlenschema, das eine Verallgemeinerung eines Vektors darstellt. Wellenmechanik und Matrizenmechanik konnten kurz nach ihrer Entdeckung als äquivalente Formen der Quantenmechanik erkannt werden.[198] Ihr Ansatzpunkt ist schon von der Konstruktion her völlig verschieden von der älteren Quantentheorie von Bohr und Sommerfeld. Die Quantenmechanik versucht nicht, klassische Gesetze mit Zusatzregeln zu versehen, sondern setzt völlig neu an. Die Matrizenmechanik geht von den empirischen Gegebenheiten der Atome, den diskreten Energiezuständen und den Übergangswahrscheinlichkeiten, aus. Die Wellenmechanik startet von einer Schwingungsgleichung und versucht die Quantisierung als ein Randwertproblem zu analysieren. Die Randbedingungen, die zur Lösung dieser Differentialgleichung notwendig sind, sorgen für die Aussonderung bestimmter Eigenschwingungen und Eigenfrequenzen, sie bringen das eigentlich diskrete Element hinein. Beide Formen der Quantenmechanik sind im Gebrauch der formalen Mittel und in der Semantik der physikalischen Terme sehr verschieden, dennoch zeigte sich wenig später, daß man trotz dieser Unterschiede beide Ansätze als Modelle einer abstrakten, dahinterliegenden Struktur ansehen kann.[199] Damit ist der einheitliche Ausdruck *Quantenmechanik* für die beiden theoretischen Zugänge gerechtfertigt. Dieses Ergebnis·ist erkenntnistheoretisch außerordentlich verwunderlich. Man bedenke: Zwei Theorienkonstrukteure starten von völlig verschiedenen heuristischen metaphysischen Konstruktionsprinzipien, sie haben unterschiedliche Intuitionen von der Rolle einer Theorie und verwenden prima vista völlig andersartige mathematische Instrumente. Dennoch führen beide Ansätze zum identischen empirischen Erfolg. Die plausiblere Erklärung für eine solche Konvergenz ist zweifelsohne, daß es reale Sachzwänge gibt, die die Theorienkonstruktion leiten, und daß die resultierende Quantenmechanik wirklich der Natur in einem wahrheitsähnlichen Darstellungssinn am nächsten kommt.

Darüber hinaus läßt sich nicht übersehen, daß die Theorie die Vorstellungen des mechanistischen Weltbildes über die Basiselemente der Natur noch einmal wesentlich transformiert hat. Dies wird besonders deutlich, wenn man die *nichtlokalen Effekte* einbezieht, die Kopplungen zwischen wechselwirkungsfreien Systemen beinhalten. Diese eigenartigen Korrelationen zwischen Systemen ohne Wirkzusammenhang haben das Bild der Natur stärker betroffen als die Diskontinuität der Zustände der Quantenobjekte. Wir werden auf dieses Problem der *Nichtseparierbarkeit* von Systemen, welche von Einstein und Schrödinger entdeckt wurde, später noch genauer eingehen.

Bis zum Beginn des 20. Jahrhunderts war es Bestandteil der physikalischen Ontologie, daß Licht, d. h. Strahlung, eine Wellenerscheinung ist, wohingegen die Bestandteile der Materie – Moleküle und Atome – Teilchencharakter besitzen. Eine Überschneidung beider Eigenschaftsklassen war aus der Physik des 19. Jahrhunderts nicht bekannt. Man wußte um keine Entität, die zugleich beide Arten von Qualitäten tragen konnte. Zwischen 1900 und der fertigen Ausformulierung der Quantenmechanik 1925 kamen immer mehr Experimente ans Tageslicht, denen man entnehmen mußte, daß beide Erscheinungsformen der Materie, Strahlung und Teilchen, so eng verbunden sind, daß diese neue Theorie sich offenbar auf *nichtklassische Objekte* richtet, bei denen beide Qualitäten ungetrennt existieren. Das jeweils angestellte Experiment projiziert nur eine Wellenerscheinung oder eine Teilchenerscheinung auf einen Schirm, blendet dabei aber den konträren Aspekt aus.

1924 hatte Louis de Broglie die durchgehende Wellen- und Teilchennatur der Materie theoretisch postuliert. Nur drei Jahre später konnten Clinton Davisson und Lester Germer zeigen, daß ein Elektronenstrahl, der einen Kristall passiert, Beugungsphänomene erzeugt, die wie jene Bilder aussehen, die Max von Laue für die Beugung von Röntgenstrahlen erhalten hatte. Heute experimentiert man vielfach auch mit Neutronen, jenen elektrisch neutralen Elementarteilchen, die Chadwick 1932 entdeckt hatte. Die Neutroneninterferenzexperimente [200] zeigen in aller Deutlichkeit jenes bizarre Verhalten, das die Wellennatur von Teilchen herausstellt. Man könnte sich ja noch damit abfinden, daß, wenn viele Neutronen auf einen doppelten Spalt gefeuert werden, konstruktive und destruktive Interferenz auf einem Schirm auftritt. Immerhin sind dann zugleich viele Neutronen in der Experimentalanordnung. Vielleicht haben sie irgendeine Möglichkeit der Konspiration, also sich so zu verständigen, daß jedes den richtigen Platz einnimmt, um das korrekte Muster aufzubauen. Noch seltsamer erscheint aber die Tatsache, daß sich das gleiche Muster einstellt, wenn die Neutronen so langsam abgefeuert werden, daß jeweils nur ein Teilchen in der Experimentalanordnung ist. Man könnte sich sogar vorstellen, das Experiment mit einzelnen Neutronen auf vielen Experimentalanordnungen, die unter Umständen auf astronomischen Distanzen stehen, ablaufen zu lassen. Wenn man dann das Ergebnis durch einen Computer zusammensetzen ließe, müßte sich das gleiche Muster

einstellen. Jedenfalls ergeben die Experimente mit dem Neutronenin-
terferometer, das im wesentlichen aus einem perfekten Silizium-Ein-
kristall besteht, daß Neutronen mit sich selbst interferieren können,
oder, da hier sicher die Wellensprechweise angemessen ist, sollte man
sagen, daß eine einzige Neutronenwelle mit sich selbst Interferenz
erzeugt.[201]

Später hat man für die nichtklassischen Quantenobjekte auch den
Namen *Quantone* eingeführt. Welle und Teilchen sind danach zwei experimentell erzeugte Erscheinungsformen der realen Quantone. Für
das logische Verhältnis von beiden Aspekten hat Niels Bohr 1928 den
Ausdruck *Komplementarität* geprägt[202], Licht und Materie zeigen
beide Erscheinungsformen je nach Versuchsanordnung. Die Komplementarität bedeutet einerseits, daß sich die beiden Arten von dynamischen Variablen, die mit den beiden Aspekten verbunden sind, nicht
ausschließen, sondern in verschiedenen Situationen zum Tragen kommen. Auf der anderen Seite aber besagt Komplementarität, daß auf keinen dieser Aspekte verzichtet werden kann. Eine Reduktion in eine der
beiden Richtungen, etwa nur Welleneigenschaften oder nur Teilchen-
eigenschaften bei der Beschreibung zu verwenden, ist nicht möglich.
Den Begriff der Komplementarität kann man auch dann verwenden,
wenn man Bohrs Philosophie nicht vollständig übernimmt.

Dieser sah in der Komplementarität ein tieferes philosophisches
Prinzip, dessen Reichweite wesentlich über die Quantenmechanik hinausgeht. In den quantenmechanischen Experimenten ist es völlig klar,
wie sich die Komplementarität auswirkt. Wenn man durch einen Eingriff beim Zwei-Spalt-Experiment versucht zu entscheiden, durch welche Öffnung das Neutron effektiv geflogen ist, zerstört man das Inter-
ferenzmuster am Schrim. Eine photoelektrische Zelle, angebracht an
den beiden Spalten, um den Durchgang des Neutrons zu kontrollie-
ren, würde das wellenhafte Meßergebnis auf dem Schirm vernichten
und eine teilchenhafte Verteilung erzeugen. Die beiden Meßanordnungen produzieren somit komplementäre Beschreibungen, das Wellenbild oder das Teilchenbild. Im physikalischen Bereich ist die Komplementarität, die, wie wir noch sehen werden, mit den mathematischen
Heisenberg-Relationen verbunden ist, eine relativ klar umrissene Idee,
obwohl es auch hier noch Deutungsfragen gibt.[203] Der Komplementa-
ritätsgedanke wird aber zusehends unschärfer, wenn man seine Anwendung auf außerphysikalische Bereiche ausdehnt und damit alle Arten
von Antagonismen abzudecken sucht. Bohr selbst hat 1932 die Komplementarität auf die Biologie ausgedehnt und die Erkenntnissituation
bei lebenden Wesen auf ähnlich antithetische Weise gedeutet.[204] Wenn

wir ein Lebewesen zum Zweck der Detailerkenntnis jeder Funktion in seine atomaren Bestandteile sezieren, müssen wir es töten. Aus diesem Grund, so meint Bohr, muß *Leben* als ein elementares, nicht weiter analysierbares Phänomen angesehen werden, analog dem Wirkungsquantum, dessen Existenz und Größe auch nicht aus etwas Tieferem begründet werden kann. Die Methoden und Erfolge der Molekularbiologie haben allerdings gezeigt, daß man die Komplementarität des Lebendigen theoretisch und experimentell umgehen kann. Mit indirekten Methoden, über theoretische Modelle, läßt sich die molekulare Funktionalität lebender Systeme verstehen, selbst wenn der direkte Analysezugang, den Bohr im Auge hatte, verschlossen ist. Einige Wissenschaftsphilosophen wie Ferdinand Gonseth haben große Hoffnungen an die Komplementaritätsidee geknüpft[205] und die Anwendbarkeit im Sinne einer universellen Dialektik in allen Bereichen vermutet. Abgesehen von den Schwierigkeiten, eine genaue Explikation von Komplementarität zu finden, hat die Übertragung auf philosophische Fragen regelrechte Irrwege erzeugt, so z. B. beim Problem der Willensfreiheit. Die Komplementaritätsidee verführt unmittelbar dazu, einen Gegensatz zwischen *Determinismus* und *freiem Willen* aufzubauen. Die philosophischen Analysen haben aber fast durchweg das gegenteilige Ergebnis zu Tage gefördert, daß nämlich gerade eine starke Kausalstruktur in jener Welt vorausgesetzt werden muß, in der freies Handeln und moralische Verantwortung realisiert werden sollen. Weit davon entfernt, das Freiheitsproblem zu lösen, stiftet hier die Komplementarität nur Verwirrung. In anderen Gebieten wie vielleicht der Anthropologie erlaubt sie eine sprachlich andersartige Fassung der wohlbekannten Tatsache, daß z. B. die Feldforschung bei einem ursprünglich lebenden Inselvolk um so erfolgreicher ist, je weniger die Forschergruppe das soziale Leben der Volksgruppe stört. Dies ist allerdings keine tiefsinnige neue anthropologische Unschärferelation, sondern die Umformulierung einer längst bekannten methodologischen Tatsache.

Eine gewisse Wiederbelebung hat Bohrs Konzeption in der erkenntnistheoretischen Situation der *Chemie* erfahren. Bohr hatte 1932 behauptet, daß eine *mechanische* und eine *thermodynamische* Beschreibung desselben Objektes in einer Komplementaritätsbeziehung stehen.[206] Es gibt einige gute Gründe[207], die mechanische Beschreibung mittels molekularer Begrifflichkeit und die thermodynamische Beschreibung der Stofflichkeit eines chemischen Systems als kategorial verschiedene Aspekte anzusehen, die aber beide für eine vollständige Erforschung des Objektes vonnöten sind.

Eine völlige Entartung des Einsatzes der Komplementaritätsidee ist im Rahmen der sogenannten *New-Age-Physik* aufgetreten. Bohr selbst hat eine Verbindung seines Erkenntnisprinzips mit einem irrationalen Mystizismus abgelehnt.[208] Aber New-Age-Autoren wie Fritjof Capra[209] und Maryline Ferguson[210] haben daraus eine Ganzheitsmetaphysik abstrahiert, in der alles mit allem zusammenhängt und dann folgerichtig auch nichts mehr unmöglich ist. Für den am wissenschaftlichen Weltbild interessierten Leser ist nur so viel wichtig, daß die New-Age-Vertreter sich weder auf die Ergebnisse der Quantenphysik noch auf die erkenntnistheoretischen Äußerungen der Urheber der Quantentheorie berufen können, wenn sie ihre absonderlichen Kopplungen von Geist und Materie vertreten.[211] Ob die taoistischen Texte diese Konsequenzen gestatten, müssen die Sinologen beurteilen. Wir werden auf das Problem des Quantenidealismus der subjektivistischen Deutung nochmals im Kapitel IV,2 zu sprechen kommen.

Von einer Voraussetzung Bohrs ist man später abgegangen. Für Bohr war eine Tatsache Ausgangspunkt aller weiteren Überlegungen: Alle Beschreibungen der Erfahrungsdaten können nur in der Sprache der klassischen Physik erfolgen. Von dieser Voraussetzung sind spätere Interpreten der Quantenmechanik wie Johann von Neumann abgewichen. Sie haben den Meßprozeß, der die Wechselwirkung zwischen Apparat und Quantensystem einschließt, durchaus in die quantenmechanische Sprache eingeschlossen.[212] Gelöst wurde dadurch das Meßproblem allerdings nicht, im Gegenteil, seine Konsequenzen wurden eher bizarrer.

Vor der Existenz der neuen Mechanik fürchteten die Theoretiker *Widersprüchlichkeit* der beiden im klassischen Sinne unvereinbaren Aspekte. Erst als sich zeigte, daß aus einer zentralen mathematischen Eigenschaft der quantenmechanischen Größen – nämlich aus der *Nichtvertauschbarkeit der Operatoren* – die sogenannten Heisenberg-Relationen ableitbar sind, atmeten die Theoretiker auf.[213] Jetzt waren sie überzeugt, daß Konflikte im beobachtbaren Bereich grundsätzlich nicht auftreten können. Die von Werner Heisenberg gefundenen Beziehungen gelten für alle kanonisch konjugierten Variablen, deren Produkt die Dimension einer Wirkung besitzt (Wirkung = Energie · Zeit = gcm^2sec^{-1}). Wenn wir nun den Fall annehmen, daß die Variablen aus Ort q und Impuls p bestehen, so besagt die zugehörige Heisenberg-Relation zwischen den beiden Größen, daß das Produkt der Ortsunschärfe Δq und der Impulsunschärfe Δp mindestens von der Größenordnung des Wirkungsquantums ist. $\Delta q \cdot \Delta p \geq h/4\pi$. Diese nach ihrem Entdecker benannten Relationen sind der Grund, warum die Quantenmechanik trotz ihrer deterministischen Dynamik als probabilistische Theorie angesehen werden muß, was Heisenberg auch in seiner historischen Arbeit sofort gesehen hat: „Diese Ungenauigkeit ist der eigentliche Grund für das Auftreten statistischer Zusammenhänge in der Quantenmechanik." [214]

Jetzt leuchtet auch das oben Gesagte besser ein, wieso diese Relationen die drohende Widersprüchlichkeit der Quantenphysik beseitigen. Da die Unschärferelationen immer zwei Größen verknüpfen, deren eine dem Wellenbild und deren andere dem Teilchenbild entstammt, verhindern sie, daß Aussagen über den Wellencharakter mit Aussagen über den Teilchencharakter eines Quantons in Konflikt kommen. Beide Aussagen sind eben mit verschiedenen Experimentalanordnungen verbunden. Man muß allerdings darauf hinweisen, daß diese Versöhnungsphilosophie zur Voraussetzung hat, daß in einer Experimentalanordnung wirklich der komplementäre Aspekt ausgeblendet wird und daß raumzeitliche Beschreibung und Kausalitätsforderung, wie Bohr es genannt hat, in getrennten Experimenten zum Ausdruck kommen. Die Komplementarität zwischen raumzeitlicher und kausaler Beschreibung kann man so einsehen: Energie und Impuls sind charakteristische Merkmale eines Teilchenbegriffes, die klassisch in Raum und Zeit lokalisiert beschrieben werden, während die Frequenz ν und Wellenlänge λ auf den kausal ungestörten, kontinuierlichen, aber raumzeitlich ausgebreiteten Wellenvorgang hinweisen.

Schon früher hatten wir die Unterscheidung von *starker* und *schwacher* Kausalität kennengelernt und gesehen, daß in der klassischen Mechanik zumindest die schwache Form immer realisiert ist, wonach ein System, mit völlig gleichen Anfangsbedingungen gestartet, sich immer zum gleichen Endzustand hin entwickelt. Für Quantone ist nicht einmal diese schwache Kausalität erfüllt. Zwei Teilchen können in identisch präparierten Zuständen auf den Weg gebracht werden und doch unterschiedliche Ziele (z. B. Aufschlagstellen auf einem Schirm beim 2-Spalt-Experiment) erreichen. Für *Wahrscheinlichkeitsverteilungen* gilt allerdings nach wie vor der Kausalzusammenhang. Tausend Teilchen in identischen Anfangssituationen erzeugen immer wieder das gleiche Beugungsmuster am Schirm, aber für *ein* Teilchen gilt dieser Kausalnexus nicht, wie nahe die Anfangswerte auch beieinanderliegen mögen.

Wichtig ist zu betonen, daß die Heisenberg-Relationen nichts mit praktischer Meßungenauigkeit und Unvollkommenheit des Apparatebaus zu tun haben. Die Unschärfe geht auch nicht auf eine Störung der zu messenden Größe durch die Messung der zu ihr komplementären Größe zurück. Die Unschärferelationen haben nur mittelbar etwas

mit dem Meßprozeß zu tun; da sie eine deduktive Konsequenz der
Quantenmechanik sind, gelten sie immer, und zwar *vor, neben* und *unabhängig von* allen Testverfahren, die quantenmechanische Aussagen
auf ihre Geltung überprüfen. Ihr Status als systematische Aussagen
über quantenmechanische Objekte wird noch durch eine andere Tatsache verdeutlicht: Aus den Unschärferelationen folgt, daß schwingungs-
fähige Systeme wie Moleküle und Kristalle sich nicht völlig im Zustand
der Ruhe befinden können. Auch im absoluten Nullpunkt der Temperatur, selbst wenn dieser erreichbar wäre, was auf Grund des dritten
Hauptsatzes der Thermodynamik nicht möglich ist, besäßen diese Systeme eine bestimmte Energie. Diese *Nullpunktsenergie* geht auf die
Heisenberg-Relationen zurück, da kanonisch konjugierte Variablen wie
Ort und Impuls nicht völlig eingefroren werden können. Das völlige
Einfrieren würde ja voraussetzen, daß ein System scharfe Werte in be-
zug auf p und q besitzt, gerade in Verletzung der Relation $\Delta q \cdot \Delta p \geq$
$h/4\pi$. Diese Nullpunktsenergie hat einen völlig objektiven Status, sie
hat nichts mit der Existenz von Beobachtern zu tun, sie wäre auch in
einem Universum vorhanden, in dem niemals eine einzige quantenmechanische Messung gemacht worden wäre, in einer Welt, in der
möglicherweise gar keine Beobachter existierten.

Quantenmechanik und Bohr-Sommerfeld-Theorie müssen sich partiell natürlich ausschließen. Sie können nicht beide zugleich in einem
strikten Sinne wahr sein. Aber die Bohr-Sommerfeld-Theorie hatte
viele Erfolge zu verzeichnen. Diese empirischen Bestätigungen müssen
als Fakten auch in der neuen Theorie auftauchen. Beide müssen also
eine *Überschneidung* besitzen, indem sie das gleiche in verschiedener
Sprache aussagen. Zumindest in einem Fall sei angedeutet, wie die Wellenmechanik ein tieferes Verständnis der älteren Modellvorstellung liefert. Durch die Welleneigenschaften der Materie, die Louis de Broglie
1924 zum erstenmal explizit formuliert hatte, läßt sich eine Umdeutung der Bohrschen Modellvorstellung in bezug auf die ausgezeichneten Quantenbahnen der Elektronen bewerkstelligen. Beschreibt man
das Elektron im Wellenbild, so läßt sich eine stationäre Bahn als stehende Welle deuten.

Eine stehende Elektronenwelle hat die Eigenschaft, daß ihr Umfang
gleich einem ganzen Vielfachen der Wellenlänge des Elektrons ist.
Grob gesprochen: Die Wellenlänge des Elektrons paßt gerade ganzzah-
lig auf eine Bohrsche stationäre Bahn. Wäre das ganzzahlige Hinein-
passen nicht gegeben, würden Überlagerung und Interferenz auftreten, und ein stationärer Zustand wäre nicht möglich. Die Bohrsche
Quantenbedingung für die Hauptquantenzahl n wird jetzt ersetzt

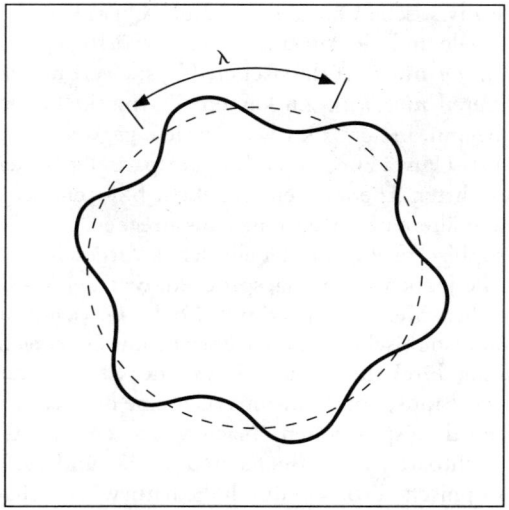

Abb. 8: Stehende Welle und Stabilität der Bohrschen Bahn: $2\pi r = n \cdot \lambda$ mit n = 6.
Aus: W. Kuhn: Physik, Braunschweig 1990, S. 421

durch die Forderung, daß der Bahnumfang gleich einem ganzzahligen Vielfachen der de Broglie-Wellenlänge des Elektrons ist. Dadurch wird die von der klassischen Elektrodynamik her unverständliche Quantenbedingung auf eine physikalisch verstehbare Stationaritätssituation zurückgeführt. Allerdings muß an die Stelle des auf einer festen Bahn umlaufenden Elektrons, das allzeit einen festen Ort und einen festen Impuls hat, was ja die Heisenberg-Relationen verletzt, eine räumlich ausgebreitete Entität, nämlich die geschlossene, stehende Elektronenwelle treten. (Abb. 8) Damit ist auch der klassisch unverständliche Widerspruch entschärft, daß das bewegte Elektron den Kern strahlungslos umläuft. Das Elektron ist eben kein klassisches Teilchen, d. h. ein lokalisierter Massenpunkt mit einer negativen Ladung, sondern als stehende Welle ein zeitlich unveränderliches Gebilde. Die Strahlungslosigkeit der stationären Bahn und die Stabilität der Bahn des niedrigsten Energiezustandes werden hier von einem höheren Blickpunkt aus verständlich.

Wir können an diesem Beispiel schön beobachten, wie Theoriendynamik in der modernen Physik funktioniert. Die Teile der älteren Theorie, die von bleibendem Wert sind, werden in eine neue, stärkere Theorie aufgenommen und leben dort in einer sprachlich transformierten Form weiter. Alle Theorien der modernen Physik – Quantenmechanik, relativistische Quantenmechanik, Quantenfeldtheorie, aber auch die Spezielle und die Allgemeine Relativitätstheorie – sind durch *Korrespondenzen* mit der klassischen Physik verbunden. *Absolute Brüche existieren nirgends.* Zu keinem Zeitpunkt haben wir einen totalen Neubeginn, in dem alles, was vordem gegolten hat, über Bord geworfen wird. Umwälzungen sind immer partielle Neuerungen, die Teile der bewährten Theorien einschließen, bzw. eine regionale Einschränkung der älteren Konzeptionen aussprechen.

Ein philosophischer Aspekt, der eine lange Vorgeschichte besitzt, sei an dieser Stelle jedoch noch angesprochen. Seit der Wiederbelebung des atomistischen Mechanismus durch Boyle, Gassendi und Newton wurde auf philosophischer Seite darüber diskutiert, welche ontologische Auffassung durch die jeweilige Physik der Zeit als bestätigt gelten könne: Materialismus, Spiritualismus oder eine der denkbaren pluralistischen Vermittlungspositionen. Nach vielen emotional beladenen, vielfach unfruchtbaren Begriffsgefechten im 18. und 19. Jahrhundert ist das philosophische Problem durch die naturwissenschaftlichen Resultate nicht eigentlich *gelöst*, sondern vielmehr *aufgelöst* worden. Dies hängt damit zusammen, daß die Verteidiger der dualistischen Ontologie lange Zeit eine träge, passive, statische Materieauffassung zugrunde gelegt haben und dann mit einem gewissen Recht auf die lebendige Aktivität der hochorganisierten Systeme hinweisen konnten. Die Konvergenz der Standpunkte bzw. das Abschmelzen des harten Gegensatzes zwischen den philosophischen Deutungen wurde im wesentlichen durch die andauernd neu entdeckten dynamischen Qualitäten der Materie selbst bewirkt. Je mehr die Materie selbst spontane Aktivitäten entwickelt, um so geringer wird der Graben zu den höheren Organisationsformen der Natur. Selbst die Newtonsche Materie – wenn man sie von der Gesetzesseite her betrachtet – ist nicht völlig inaktiv: Immerhin sagt das Trägheitsgesetz, daß ein Körper, der einmal in Bewegung ist, diese unbegrenzt beibehält, wenn er nicht daran gehindert wird. In gradualer Transformation ist dieser bei Newton in nuce angelegte *Dynamismus* in der modernen Physik immer weiter verstärkt worden. Licht enthüllte sich als nicht auf Ruhe transformierbare Bewegung, sei es als elektromagnetische Welle, sei es als Photon. Das Elektron muß im Bohr-Modell, selbst wenn es sich im Grundzustand befindet, dauernd in Bewegung sein. Die Heisenberg-Relationen verbieten selbst bei OK die absolute Ruhe der physikalischen Systeme. Nullpunktschwankungen der Teilchen, ja sogar des Vakuums drücken die permanente Aktivität der Materie aus. Diese dynamische Vielfalt und vor allem, wie wir später noch sehen werden, die *schöpferische Kraft*, die sich in der Selbstorganisation der Materie äußert, hat eigentlich die Materialismusdebatte ausgehöhlt. Noch vor wenigen Jahrzehnten haben Autoren wie Henry Margenau[215] oder Norwood Russell Hanson[216] die wachsende Spiritualisierung der Materie zu sehen geglaubt, und einige Außenseiter wie Jean Charon[217] meinen dies heute noch. Soweit hier nicht einfach semantische Fehler vorliegen[218], indem etwa die Differentialgleichungen (sicher eine immaterielle Entität) mit deren Bezugsobjekt verwechselt werden, weist die Beschaffenheit der Basisentitäten der modernen Physik keine spirituellen Züge auf. Weder ein klassisches noch ein Quantenfeld ist ein Gespenst, sondern es manifestiert sich greifbar durch seine Wirkungen auf die sichtbaren Körper. Teilchen und Felder wurden inzwischen in der Quantenfeldtheorie untrennbar miteinander verbunden, so daß beide heute als einheitliche Basiselemente gelten. Dadurch unterscheiden sich die realen physikalischen Felder von jenen Entitäten, die von New-Age-Autoren wie Rupert Sheldrake ins Spiel gebracht werden, um Morphogenese zu erklären. Die *morphogenetischen Felder* Sheldrakes, die dieser als „nichtmaterielle Einflußzonen physikalischer Größen"[219] definiert, sind eigenschaftslose, in ihrem mathematischen Charakter völlig unbestimmte Entitäten ohne Ausbreitungs- und Ankoppelungsgesetz. Gerade diese Gespensternatur der Gestaltbildungsfelder macht sie völlig unfähig, die Entstehung realer komplexer Systeme zu erklären. Dazu werden sie aber auch gar nicht gebraucht. Die modernen Selbstorganisationstheorien können, unter alleiniger Verwendung der bekannten physikalischen Felder und Wechselwirkungen, das Entstehen, Wachsen und Aufrechterhalten von Ordnung verstehen. Spirituelle Agentien werden dazu nicht eingesetzt.

Wie wir später noch sehen werden, ist die klassische Materialismusdebatte in die wissenschaftstheoretische Reduktionsfrage übergegangen, und diese hat durch den systemtheoretischen Ansatz eine Lösung erfahren, die genaugenommen jenseits der Positionen der traditionellen Philosophie liegt. Das philosophische Materialismusproblem ist letzten Endes durch einen einzelwissenschaftlichen Ansatz gelöst worden, an den in der Philosophiegeschichte niemand gedacht hatte.

e) Quantenmechanik, Beobachter und Objektivität

In der Debatte um das richtige Verständnis der Quantenmechanik überschattet ein Problem alle anderen, nämlich ob die Aussagen dieser Theorie im herkömmlichen realistischen Sinne objektivierbar sind und welchen Status der Beobachter in der quantenmechanisch beschriebenen Welt einnimmt.[220] Von mehreren Autoren, besonders solchen, denen an einer Abschwächung des Erkenntnisanspruches der modernen Naturwissenschaft gelegen ist, wurde diese angebliche epistemologische Veränderung vom mechanistischen Weltbild zum Quantenweltbild mit einer gewissen Genugtuung festgestellt. Versuchen wir die Frage vorurteilsfrei zu prüfen.

Es ist wichtig, drei Ebenen der philosophischen Reflexion zu unterscheiden: Die *ontologische* Ebene, welche die in der Theorie behandelten Entitäten betrachtet, die *epistemische* Ebene, die den Erkenntnisanspruch der empirisch bewährten Theorien analysiert, und die *methodologische* Ebene, die die Frage beantwortet, wie der Aussagegehalt der Gesetze und Theorien geprüft wird und welche Rolle Beobachtung, Messung und Experiment spielen.

Wenn wir unter diesen drei Aspekten die klassische Physik betrachten, so sind die Antworten relativ einfach.

In *ontologischer* Sicht besteht die Welt aus Masseteilchen und reinen Feldern, ihre Wechselwirkung erfolgt nach deterministischen Gesetzen.

Auf der *epistemischen* Ebene sind die Theorien über diese klassischen Systeme durch die Merkmale *Objektivität, Voraussagbarkeit* und *Vollständigkeit* gekennzeichnet. Diese Kennzeichnungen lassen sich folgendermaßen verstehen. Beginnen wir mit der Voraussagbarkeit. Die deterministische Bestimmtheit der Teilchen und der Felder ermöglicht die Erfassung der Dynamik durch Gesetzesformeln vom Typ der Differentialgleichungen. Dadurch ist es möglich, ein wohldefiniertes Anfangswertproblem zu stellen. Es gibt eine sichere *Vorhersagbarkeit* der dynamischen Entwicklung. Ausgehend von dem empirisch ermittelten Anfangszustand kann die Veränderung der Zustände der klassischen Systeme berechnet werden. Die Prozesse lassen sich als raumzeitliche Vorgänge interpretieren. Jedes Ereignis läßt sich mit jedem anderen Ereignis verbinden. Diese Verknüpfbarkeit kann man als *globale Kausalität* bezeichnen. Die relativistische Wende, die im nächsten Abschnitt behandelt wird, hat allerdings gegenüber der älteren Physik in bezug auf die Verbindbarkeit von Ereignissen eine Einschränkung gebracht, sie gilt nur für einen Teil der Raumzeit, den Lichtkegel. Es kann nicht mehr jedes Ereignis mit jedem anderen durch eine kausale Kurve verbunden werden, innerhalb des Lichtkegels bleibt der Wirkungszusammenhang jedoch wie bei der Newtonschen Mechanik unverändert bestehen. Dies besagt die *lokale Kausalität*.

Darüber hinaus sind klassische Systeme objektivierbar, d. h. objektives Wissen, das den inneren Zustand des Systems wiedergibt, ist erreichbar. Objektivierbarkeit bedeutet die Unabhängigkeit nicht nur von einem *bestimmten* Beobachter, sondern von *jedem* Beobachter. Bei Vielteilchensystemen gibt es eine Einschränkung der Voraussagbarkeit, hier tritt das Phänomen der Wahrscheinlichkeit zutage. Bei klassischen Systemen ist Wahrscheinlichkeit durchweg ein Indikator für unvollkommenes Wissen. Man kann natürlich nicht die Anfangsdaten von 10^{23} Teilchen kennen, die bereits in einem Liter Gas bei Zimmertemperatur vorhanden sind. Aber hier handelt es sich um eine rein praktische Unmöglichkeit und nicht um eine Erkenntnisgrenze, die in der Natur der Dinge verankert ist. Bei korrekter Verwendung ihrer Gesetze erhob die klassische Physik den Anspruch, die Realität in *vollständiger* Weise darzustellen. Jedes einschlägige Element des Bezugsbereiches sollte sein Gegenstück in der Theorie haben.

In bezug auf den *methodologischen* Aspekt läßt sich feststellen, daß eine Messung eines Systems als Wechselwirkung zwischen Instrument und autonomem System interpretierbar ist. Der wahre Wert, den eine Größe besitzt, läßt sich zwar immer nur approximativ erfassen, aber der Meßfehler kann im Prinzip beliebig klein gemacht werden. Der Einfluß des Beobachters ist vernachlässigbar, bzw. die Wirkung der Meßwechselwirkung ist grundsätzlich korrigierbar.

In grober Vereinfachung können diese ontologischen, epistemologischen und methodologischen Grundsätze als philosophische Hintergrundüberzeugung eines typischen klassischen Physikers angesehen werden. Vor der Entdeckung des Wirkungsquantums hätte kaum jemand diese Postulate in Frage gestellt. Mit dem Auftreten der neuen Quantenmechanik wurden alle drei genannten Grundsätze erschüttert.[221] Max Borns Deutung der Wellenfunktion als Aufenthaltswahrscheinlichkeit eines Teilchens lieferte für die Kategorie der Wahrscheinlichkeit einen neuen Status. Es handelt sich nun nicht mehr um ein vorläufiges Nichtwissen, das im Prinzip verbesserungsfähig ist. Heisenbergs Unschärferelation macht die Erfüllung der Determinismusforderung unmöglich. Der Determinismus wurde nicht durch den Charakter der dynamischen Grundgleichung problematisch, denn die Schrödinger-Gleichung beschreibt die deterministische Entwicklung des Zustandes eines Systems, aber die Unschärfen in den dynamischen Variablen lassen ein im klassischen Sinne maximales Wissen, das für das Anfangswertproblem notwendig ist, nicht zu. Die Existenz von nichtvertauschbaren Operatoren erlaubt keine streuungsfreie Messung von Größen, die den Anfangszustand eines Systems vollständig bestimmen würden. Der Zufall erhält damit einen ontologischen Status.

In Niels Bohrs Deutung der Quantenmechanik von 1928 wurde ein weiterer klassischer metatheoretischer Grundsatz in Frage gestellt.[222] In der Komplementaritätsdeutung, die er in diesem Jahr vorschlug, wird das Quantenphänomen nicht mehr als *Spur* eines autonomen Zustandes eines Mikrosystems gedeutet. Das Quantenphänomen besitzt nur soweit Selbständigkeit, wie es mit einer Experimentalanordnung verknüpft ist. Den begrifflichen Unterschied kann man so formulieren, daß die Phänomene zwar noch *präsentieren*, aber nicht mehr *repräsentieren*.[223] In einer repräsentionalistischen Deutung sind die Phänomene *Spuren*, sie sind kausale Bindeglieder, die uns helfen, die nichtbegriffliche Realität sprachlich zu erfassen. In der präsentionalistischen Deutung sind die Phänomene selbst *Ziel* der sprachlichen Ordnung, sie haben keinen weitergehenden Verweisungscharakter. Die Verknüpfung mit der außersprachlichen, eigenständigen Realität entfällt. Der Terminus „Phänomen" ist mithin mehrdeutig. In Bohrs Sichtweise müssen wir bei der Quantenmechanik auf die präsentionalistische Verwendung von Phänomenen rekurrieren. Licht ist nicht eine Entität mit Teilchencharakter oder Welleneigenschaften, sondern in verschiedenen Experimentalsituationen enthüllen sich komplementäre Aspekte, die beide für eine vollständige Beschreibung notwendig sind. Komplementäre Phänomene werden zwar jeweils in der Sprache der klassischen Physik beschrieben, aber sie müssen durch den *Quantenalgorithmus* verknüpft werden. Entscheidend ist hier die Verwendung des Ausdruckes *Algorithmus*. Dies ist ein instrumentalistischer Term, der eine Rechenvorschrift beinhaltet, die keinen Aussageanspruch erhebt. Mit dieser Vorschrift wird keine eigenständige Quantenrealität wiedergegeben, sie ist einfach ein Regelsystem, das unser experimentelles Datenmaterial korrekt handhabbar macht, aber kein Wissen über die Natur ausdrückt. Bohr hat diese Position ganz explizit formuliert: „Es gibt keine Quantenwelt, es gibt nur eine quantenphysikalische Beschreibung. Es ist ein Irrtum zu glauben, daß der Gegenstand der Physik darin besteht, zu entdecken, wie die Natur ist, die Physik bezieht sich auf das, was wir in Hinblick auf die Natur sagen können."[224] Hier haben wir die sogenannte *epistemische Interpretation* der Quantenmechanik in reiner Form vor uns, wo der ontische Status der Mikroobjekte ausgeklammert wird. Die klassische Objektivität der Zustandsbestimmung ist danach nicht mehr realisierbar. Sie ist eingeschränkt auf die *intersubjektive Objektivität*, d. h. eine Unabhängigkeit vom individuellen Beobachter ist nach wie vor gegeben. Physiker aus verschiedenen kulturellen Traditionen werden mit der gleichen Experimentalanordnung die gleichen Ergebnisse erhalten, aber mehr kann auch nicht über diese ausgesagt werden. Die epistemische Komplementaritätsdeutung ist nicht subjektivistisch gemeint. Bohr hat mehrfach betont, daß es nicht sein Anliegen war zu behaupten, daß die Bewußtseinszustände des Beobachters die eigentliche Realität darstellten. Er wollte nur betonen, daß die Quantenmechanik kein stärkeres ontologisches Engagement im Sinne einer autonomen Gegenstandsbeschreibung erlaube. In diesem Sinne kann man die Komplementaritätsinterpretation als *ontologisch* neutral ansehen.

Dieser Standpunkt der ontologischen Neutralität wurde in der orthodoxen Deutung der Quantenmechanik, wie sie in erster Linie auf Johann von Neumann zurückgeht, fallengelassen.[225] Von Neumann hat den quantenmechanischen Formalismus auf den Meßvorgang selbst ausgedehnt, er hat mithin Bohrs Forderung der klassischen Meßbarkeit aufgegeben. In der Kopenhagen-Interpretation von Bohr und Heisenberg hat der Beobachter immer nur die Funktion eines registrierenden Systems. Seine inneren psychischen Eigenschaften sind irrelevant. In der orthodoxen Deutung wird dagegen direkt von den mentalen Qualitäten des Beobachters Gebrauch gemacht. Fritz London und Edmund Bauer, die v. Neumanns Interpretation ausgearbeitet haben, formulieren es ganz deutlich: „Eine Messung ist nicht abgeschlossen, wenn die Wechselwirkung zwischen Apparat und Objekt beendet ist. Erst die Ablesung der Zeigerstellung, die Auswahl, die das Ich aus dem Gemenge von Möglichkeiten trifft, konstituiert das Endergebnis einer quantenmechanischen Messung."[226] Eugene P. Wigner hat dann aus der Meßsituation die Zentralität des menschlichen Bewußtseins im Gesamtverband der Natur abgeleitet.[227] Hier wird ein ganz expliziter Gegensatz zur klassischen physikalischen Ontologie aufgebaut. Im Rahmen des mechanistischen Weltbildes lag die Deutung nahe, wenngleich auch nur von den extremeren Vertretern wie Julien de Lamettrie vollzogen[228], daß der menschliche Geist eine Funktion einer äußerst komplizierten Maschine sei. Mentale Zustände sind danach eine Teilklasse aller Zustände, die der menschliche Körper besitzen kann. *Bewußtsein*, das in der Welt der klassischen Physik eine akzidentelle oder kontingente Rolle spielt, für die Betroffenen vielleicht eine erfreuliche, aber nicht notwendige Zugabe der Natur darstellt, erhält in der orthodoxen Deutung der Quantenmechanik eine konstitutive Funktion.

Aber nicht alle theoretischen Physiker waren mit dieser Konsequenz einverstanden. Zu jener Gruppe von Physikern, die in der realistischen Tradition dachten wie Max von Laue und Albert Einstein, gehörte auch Erwin Schrödinger. Er ersann ein Gedankenexperiment, das besonders den paradoxen Charakter der quantenmechanischen Aussage bei der Meßsituation herausstellen sollte: die berühmte Katze.

„Eine Katze wird in eine Stahlkammer gesperrt, zusammen mit folgender Höllenmaschine (die man gegen den direkten Zugriff der Katze sichern muß): in einem Geigerschen Zählrohr befindet sich eine winzige Menge radioaktiver Substanz, *so* wenig, daß im Laufe einer Stunde *vielleicht* eines von den Atomen zerfällt, ebenso wahrscheinlich aber auch keines; geschieht es, so spricht das Zählrohr an und betätigt über ein Relais ein Hämmerchen, das ein Kölbchen mit Blausäure zertrümmert. Hat man dieses ganze System eine Stunde lang sich selbst überlassen, so wird man sich sagen, daß die Katze noch lebt, *wenn* inzwischen kein Atom zerfallen ist. Der erste Atomzerfall würde sie vergiftet haben. Die ψ-Funktion des ganzen Systems würde das so zum Ausdruck bringen, daß in ihr die lebendige oder tote Katze zu gleichen Teilen gemischt oder verschmiert sind."[229] In diesem Beispiel sehen wir einen Verstärkungsvorgang bezüglich der quantenmechanischen Unbestimmtheiten am Werk. Wenn man das ganze System von Katze + Höllenmaschine sich selbst überläßt und mit der Wellenmechanik beschreibt, dann liefert diese einen Kombinationszustand der beiden Einzelzustände. Das Tier ist weder tot noch lebendig, sondern der Zustand der Katze ist in einer Art verschmierter Überlagerung beider Eigenschaften $\psi = \frac{1}{\sqrt{2}} (\psi_L + \psi_T)$. Dies erscheint paradox, denn es ist kaum glaublich, daß nach Ablauf einer Stunde nicht eine der beiden makroskopischen Eigenschaften der Katze, tot oder lebendig zu sein, wirklich vorliegt. Schrödinger sah es jedenfalls als einen grundsätzlichen Mangel der Quantenmechanik an, daß sie es nicht erlaubt, Zustände von Makrosystemen, die durch ein Meßgerät unterschieden werden können, unabhängig von der Beobachtung voneinander zu trennen.

Zu Schrödingers Zeiten war sein Paradoxon ein Gedankenexperiment, das es erlaubte, eine Konsequenz der Quantenmechanik zu überdenken. Man entdeckte im Laufe der Zeit immer neue bildhafte Darstellungen von quantenmechanischen Superpositionen, die klassisch unmöglichen Zuständen entsprechen.

Eine Veranschaulichung der quantenmechanischen Überlagerung bietet auch das Bild von Charles Addams: Interferenzvorgang. (Abb. 9)

Der Skifahrer ist im Superpositionszustand von „hat den Baum links passiert" und „hat den Baum rechts passiert". Was in unserer makroskopischen Lebenswelt absurd erscheint, ist in der Quantenwelt durch die Experimente der Neutroneninterferometrie gut bestätigt.[230] In einem Neutronen-Interferometer kann die Überlagerung einer einzigen

Abb. 9: Interferenzvorgang. Zeichnung: Charles Addams. 1940

Neutronenwelle mit sich selbst erzeugt werden. Die Wahrscheinlichkeit, daß es sich bei der Interferenz um zwei verschiedene Teilchen handelt, kann zu $1:10^9$ abgeschätzt werden, es ist also so gut wie sicher,
daß ein Teilchen mit sich selbst interferiert.[231] Neutronen sind jedoch
Elementarteilchen, eine Sorte der Basisbausteine der Materie. Wie
steht es mit den makroskopischen Überlagerungen?

In jüngster Zeit hat sich das Problem insofern verschoben, als neue
Experimente aufgetaucht sind, die die Diskussion von der Gedanken-
ebene auf die empirische Ebene hinübergezogen haben. Es ist heute
möglich, individuelle makroskopische Quantenobjekte in Zentimeter-
größe herzustellen, also von den gleichen Dimensionen wie ein klassisches Meßgerät. Makroskopisches Quantenverhalten zeigt sich z. B.
bei bestimmten elektronischen Schaltkreisen (Halbleiter-Heterostruktu-
strukturen), in denen sich die Elektronen wie ein 2-dimensionales
Gas verhalten, oder in supraleitenden Ringen, die eine schwache Verbin-
dungsstelle haben, durch die ein magnetischer Fluß fließt. Vor allem
diese SQUID-Ringexperimente liefern makroskopische Überlagerungs-
zustände (SQUID = Superconducting Quantum Interference Device),
die alle Eigenschaften der Schrödingerschen Katze besitzen.[232]

Das Spannende an diesen Experimenten ist nicht nur der Nachweis
makroskopischer Quantenzustände, die man ja schon aus anderen Experimenten kennt (Supraleitung, Suprafluidität, Josephson-Effekte),
sondern daß man diesmal hofft, daß der Meßprozeß, also die Koppelung an eine klassische Umgebung, die Superpositionen nicht reduziert, sondern daß sie erhalten bleiben, wenn man die Koppelung sehr
schwach macht.

Die quantenmechanischen Paradoxa des Meßprozesses haben viele

Lösungsversuche erfahren. Nach London und Bauer geschieht im Fall der Schrödingerschen Katze der Übergang vom Überlagerungszustand zu einem der beiden Einzelzustände, wenn die Stahlkammer geöffnet wird und ein externer menschlicher Beobachter konstatiert, was effektiv der Fall ist. Eine andere Möglichkeit wurde von dem Wissenschaftsphilosophen Hilary Putnam vorgeschlagen; danach ist es die Katze selbst, die den schwebenden Überlagerungszustand (Superposition) beseitigt. Nach John Wheeler sorgt der Geigerzähler, der den radioaktiven Zerfall irreversibel verstärkt, dafür, daß einer der beiden Einzelzustände, Katze tot oder Katze lebendig, eintritt. Führende Theoretiker wie Hans Primas sind der Meinung, daß das Meßproblem im Rahmen der normalen Quantenmechanik unlösbar ist.[233]

Der Hauptgrund liegt darin, daß die Quantenmechanik in der Fassung Johann von Neumanns aus dem Jahre 1932 nur für wirklich im strengen Sinne abgeschlossene Systeme mit endlich vielen Freiheitsgraden gilt. Das ist aber eine Idealisierung, die nicht nur in der Natur effektiv nicht erfüllt ist, sondern gar nicht erfüllt werden kann. Jedes materielle System ist an das Gravitations- und an das elektromagnetische Feld gekoppelt, die unendlich viele Freiheitsgrade haben. Darin liegt der Grund, daß Phänomene wie spontane Symmetriebrechung, Irreversibilität sowie das Auftreten von klassischen Beobachtungsgrößen in der herkömmlichen Quantenmechanik nicht beschrieben werden können.

Diese klassischen Observablen sind aber von der molekularen, chemischen und biologischen Beschreibungsebene her, die durchaus noch zum Anwendungsbereich der Quantenmechanik gehören, wohlbekannt.
– Der Drehsinn (Chiralität) von Molekülen
– Die Verknotung des DNS-Moleküls
– Die Temperatur chemischer Substanzen
sind Größen, die sich nicht aus den Prinzipien der Quantenmechanik gewinnen lassen.[234]

Dies hat einen erkenntnistheoretischen Grund.

Jede physikalische Untersuchung (theoretisch oder experimentell) zerlegt das Universum in zwei Teile: Objektsystem + Umgebung. Die *normale Quantenmechanik* gilt nur für *abgeschlossene Systeme*. Auch die klassische Physik besitzt die Abhängigkeit von der Umgebung; hier läßt sich jedoch der Einfluß der Umgebung durch äußere Kräfte kompensieren.

In der Quantenmechanik kommt noch etwas hinzu. Alle Systeme sind durch sogenannte EPR-Korrelationen mit der Umgebung verbunden. Dies bedingt, daß Elektronen, Atome, Moleküle nie als vollständig isolierte Wesenheiten existieren können. Man muß immer damit rechnen, daß die Umgebung eine symmetrische Situation des isolierten Systems zerstört. Das Katzenparadoxon rührt nach Primas gerade von der Vernachlässigung der Umgebung her. Weder Katzen noch Moleküle sind eben abgeschlossene Hamiltonsche Systeme. Es ist also von entscheidender Wichtigkeit, die *Offenheit der Systeme* und den Einfluß der Umgebung auch in der Quantenmechanik zu beachten. Damit werden wir selbst vom quantenmechanischen Meßprozeß zur Symmetriebrechung und zur Strukturentstehung geführt.

Wir haben erwähnt, daß die erkenntnistheoretischen Grundsätze der klassischen Physik neben Objektivität und Voraussagbarkeit auch noch die *Vollständigkeit* umfassen. Die Vollständigkeit der Quantenmechanik hat in der frühen Phase der Interpretation eine geringe Rolle gespielt. Erst Albert Einstein, Boris Podolsky und Nathan Rosen (EPR) und danach Erwin Schrödinger haben die Aufmerksamkeit auf einen gänzlich unklassischen Zug der Theorie gelenkt. Dieser betrifft die *Verschränkung* räumlich getrennter Systeme, die in der Vergangenheit in Wechselwirkung standen. Dieser neue, unbekannte holistische Zug quantenmechanischer Systeme hängt mit der Frage der Vollständigkeit zusammen.

Zur vorquantenmechanischen Physik gehört die Annahme, daß die physikalischen Objekte in die Raumzeit eingeordnet werden können und daß die Dinge eine voneinander unabhängige Existenz besitzen, wenn sie in sehr verschiedenen Teilen des Raumes liegen. Die relative Unabhängigkeit zweier Objekte A und B bedeutet, daß eine Veränderung von A keinen unmittelbaren Einfluß auf B hat. Dieses Prinzip der Nahewirkung oder lokalen Kausalität erachtete Einstein als notwendige Bedingung für die Existenz separierter, also abgeschlossener Systeme. Einstein, Podolsky und Rosen konnten in ihrer klassischen Arbeit von 1935 ein Beispiel herausstellen[235], in dem ein physikalisches System, das aus zwei Teilsystemen besteht, die in der Vergangenheit in Wechselwirkung gestanden haben, diese Separierbarkeit nicht mehr aufweist. Damit zeigten sie, daß begrifflich eine *Alternativsituation* besteht. Entweder die Quantenmechanik ist vollständig, und man muß sich mit einer Verschränkung kausal entkoppelter Raumteile abfinden – oder die Quantenmechanik ist unvollständig, dann gibt es noch so etwas wie eine unabhängige Existenz getrennter Raumgebiete, dann gibt es Separierbarkeit. In dieser Alternativsituation optierte Einstein für die zweite Möglichkeit, weil er unter allen Umständen an der lokalen

Abb. 10

Aus: International Conference on Microphysical Reality and Quantum Formalism. University of Urbino 25.9.–3. 10. 1985

Kausalität festhalten wollte. Einsteins Motivation ist verständlich, weil er die lokale Kausalität für den Aufbau einer einheitlichen Feldtheorie brauchte. Andere Autoren wie etwa Erwin Schrödinger, die sich wenig später mit der Frage der Separierbarkeit in der Quantenmechanik befaßten, betonten eher die Neuartigkeit und Absonderlichkeit der quantenmechanischen Zustandsbeschreibung. Sie verletzt eben alles, was wir gemäß der Alltagserfahrung zu den selbstverständlichen Eigenschaften der Natur rechnen, nämlich daß sie aus getrennten, individuellen, unabhängigen Objekten besteht. Diese Individualisierbarkeit existiert für Quantenobjekte nicht mehr. Die Eigenschaften eines zusammengesetzten Systems lassen sich nicht mehr aus der Natur der Teile verstehen. Wenn ein zusammengesetztes System, das aus Untersystemen besteht, die in der Vergangenheit in Wechselwirkung gestanden haben, jetzt aber beliebig räumlich getrennt sein können, einmal ver-

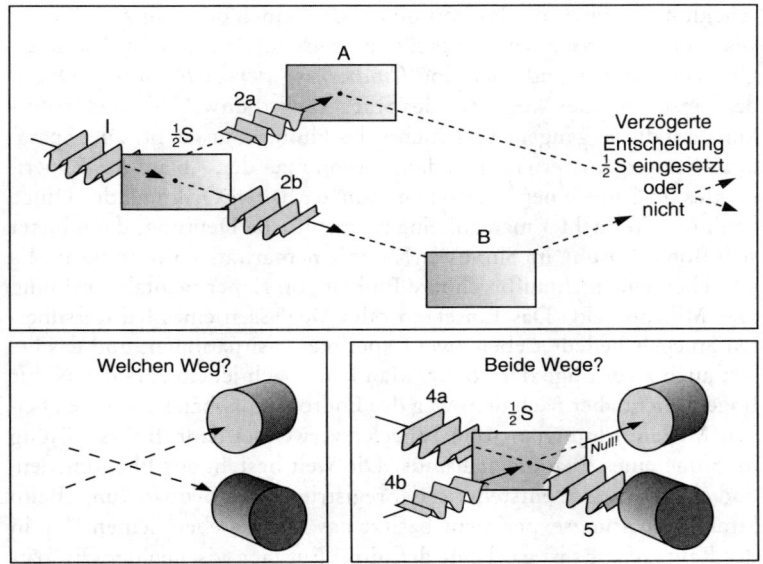

Abb. 11

Aus: J. A. Wheeler, Die Experimente der verzögerten Entscheidung und der Dialog zwischen Bohr und Einstein. In: B. Kanitschneider (Hrsg.): Moderne Naturphilosophie. Würzburg 1984, S. 210

bunden ist, dann bleibt die Verschränkung erhalten. Kurz gesagt, *einmal System, immer System*. Eine humorvolle Darstellung dieser eigenartigen Verkettung liefert das Zwillingsbild, bei dem der Unterschied von klassischen und Quantensystemen verdeutlicht wird. (Abb. 10)

Eine sehr durchsichtige Veranschaulichung der Quantensituation ergibt sich durch das Experiment der *verzögerten Entscheidung* von J. A. Wheeler. Hier läßt sich noch einmal das Paradoxe der quantenmechanischen Situation auffällig demonstrieren. Es gibt zwei Meßanordnungen, und diese entsprechen zwei verschiedenen geschichtlichen Abläufen für das Photon. Wir haben eine Meßsituation, bei der das Photon auf dem einen oder dem anderen Weg gekommen ist, aber natürlich nicht auf beiden. Daneben gibt es eine zweite Meßsituation, bei der eine Interferenz stattfindet, was voraussetzt, daß das Photon über beide Wege gekommen ist. (Abb. 11)

Der Experimentator kann bis zur letzten millionstel Sekunde warten, bis er seine Entscheidung zwischen den beiden Meßsituationen trifft. Nach klassischer Vorstellung fällt der Experimentator die Entscheidung darüber, ob das Photon auf dem einen oder auf zwei Wegen gekommen ist, nachdem dieses schon längst auf dem Weg ist. Damit ergibt sich anscheinend aber eine *Umdrehung der Zeitordnung*. Durch das Einsetzen oder Weglassen des Spiegels wird unweigerlich eine Wirkung auf die vergangene Geschichte des Photons ausgeübt. Diese paradoxe Konsequenz erhält man dann, wenn man den Ablauf des Experimentes im Sinne einer klassischen raumzeitlichen Ordnung der Dinge annimmt. Verzichtet man auf eine raumzeitliche Deutung, dann bietet sich Bohrs Lösung im Sinne der Komplementaritätsphilosophie an. Es gibt eben eine nichtaufbrechbare Einheit von Experimentalanordnung und Mikroobjekt. Das Einsetzen oder Weglassen eines halbversilberten Spiegels bedeutet eben zwei Experimentalsituationen, und das liefert auch zwei Züge der Natur. Man kann nach jedem Zug der Natur fragen, nicht aber nach dem Weg des Photons unabhängig von den beiden Meßanordnungen. John Wheeler verwendet dann Bohrs Lösung im Sinne eines Phänomenalismus. Die Welt besteht aus Phänomenen, und ein Phänomen entsteht bei der registrierenden Beobachtung. Beim Strahlaufspaltungsexperiment besitzt das Photon eben keinen Weg in der Raumzeit. Es ist gar keine definitive Entität zwischen dem Eintritt in die Experimentalanordnung und seiner Absorption beim Kreuzungspunkt. Das Phänomen entsteht durch den irreversiblen Akt der Verstärkung beim Schwärzen eines Kornes der Silberbromidemulsion oder beim Auslösen des Photodetektors. Dies ist die Stelle, wo die Information über das Ergebnis des Meßvorganges manifestiert wird.

Aber was ist eigentlich Information?

Information hat heute einen schillernden ontologischen Status.

Einerseits gibt es einen Zusammenhang zwischen der thermodynamischen Entropie und dem Shannonschen Begriff der Information.[236] Es existiert zumindest eine *operationale Äquivalenz* zwischen Informationsgewinn und der Abnahme der Entropie des erkennenden Systems. Wenn ein Mensch viel weiß, ist sein Zentralnervensystem im Zustand niedriger Entropie. Damit ist eine Beziehung zwischen einem subjektiven Bewußtseinszustand und einer objektiven thermodynamischen Eigenschaft gestiftet. Offen bleibt dabei, wie man diese Relation liest: im idealistischen Sinn einer Mentalisierung der Physik oder im naturalistischen Sinne einer Physikalisierung der Information.

J. A. Wheeler hat in jüngster Zeit vor allem den ersten Weg der Mentalisierung beschritten. Mit dem Schlagwort "It from bit" setzt er eine idealistische Ontologie in Gang: "Every it – every particle, every field of force, even the spacetime continuum itself – derives its function, its meaning, its very existence entirely – from the apparatus – elicited answers to yes or no questions, binary choices, bits." [237] Er meint damit, daß die Basisbausteine der Welt einen immateriellen Ursprung besäßen. Die Realität entstehe effektiv aus dem Resultat von Ja-Nein-Fragen, sie habe deshalb eine informationstheoretische Quelle im Sinne einer bewußten aktiven Teilnahme eines Beobachters.

Denken wir nochmals an das Experiment der verzögerten Entscheidung. Wir standen vor der Ja-Nein-Entscheidung, ob wir den halbversilberten Spiegel einsetzen sollten oder nicht. Diese Entscheidung lieferte die physikalischen Geschehnisse in der Experimentalanordnung, also das, was mit dem Photon geschehen war. An dieser Stelle werden dem Leser möglicherweise Zweifel kommen. Muß nicht die binäre Entscheidungssituation wieder einen physischen Träger besitzen? Droht hier nicht ein unendlicher Regreß von immer tieferen Begründungsschichten? Um dies abzuwenden, denkt Wheeler an eine geschlossene, selbstbezügliche Schleife von Ideen, deren Aktivität die physikalische Realität hervorbringen soll. Im Unterschied zur Standardauffassung der Konstitution von Realität, bei der Ontologie und Gesetze vorgegeben werden, möchte er damit das Rätsel der Existenz des Universums lösen. Aber es erscheint doch sehr zweifelhaft, ob man auf solche Weise die Frage, warum es irgendeine Realität gibt, lösen kann.

Die Verteidiger eines realistischen Standpunktes in der Erkenntnistheorie wie K. R. Popper oder M. Bunge haben sich immer wieder unzufrieden gezeigt angesichts dieser anscheinend idealistischen Deutung der Quantenwelt. [238] Der Realist wendet sich gegen anthropozentrische Positionen, bei der der Mensch eine zentrale Stellung in der Welt der Physik einnimmt. Intelligente Lebewesen, die als Beobachter fungieren können, sind ein spätes Produkt der Evolution. In welcher Form existierte denn die Quantenwelt, als es noch keine Beobachter gab? Ist das Festhalten an einer externen Realität mit inneren Eigenschaften wirklich nur Nostalgie? Realisten argumentieren auch systematisch, etwa in folgender Weise: Alle Theorien der makroskopischen Welt, von der Molekularbiologie bis zur Astrophysik, sind mit der philosophischen Annahme in Einklang, daß ihr Gegenstandsbereich unabhängig von einer Erforschung existiert und eine feste innere Struktur besitzt. Ein Geologe, der Stratigraphie betreibt, ist z. B. davon überzeugt, daß die geologische Schichtung von Gesteinspaketen nicht ein Produkt seiner kognitiven Wechselwirkung mit diesem Gestein darstellt. Die Mikroobjekte, die als Bausteine der makroskopischen Welt fungieren, würden nach der früher dargelegten idealistischen Deutung der Quantenmechanik aber nicht diesen autonomen Status besitzen. Hier tritt ein *Abgrenzungsproblem* auf. Gibt es denn irgendwo in der

molekularen Größenordnung einen Sprung, wo die Dinge ihren autonomen Charakter verlieren? Dies ist schwer vorzustellen. Bezüglich
der Separabilität weist der Realist darauf hin, daß diese sich immerhin
für enorm viele physikalische Systeme bewährt hat. Separabilität ist in
gewissem Sinne auch die Voraussetzung für Experimentierbarkeit.
Wenn wir nicht Systeme abtrennen und isoliert behandeln können,
ohne gravierende Fehler zu machen, dann wäre die Welt unerkennbar.
Auf der anderen Seite sind die von Einstein, Podolsky und Rosen vorausgesagten Korrelationen heute durch Polarisationsexperimente, wie
sie von Alain Aspect und seinen Mitarbeitern durchgeführt worden
sind, gut bestätigt.[239] Korrelationen zwischen Meßausgängen existieren auch dann, wenn die Meßergebnisse zueinander raumartig liegen,
d. h. in der Raumzeit so weit getrennt sind, daß sie nach der Speziellen
Relativitätstheorie gar nicht in kausalen Kontakt treten können.

Es ist immer mißlich und sieht nach apriorischen Vorurteilen aus, an
einer physikalischen Theorie zu zweifeln, solange sie so viel Erfolg hat
wie die Quantenmechanik. Sie ist heute eine Theorie, gegen die kein
glaubwürdiger Befund spricht. Beharrt man hier mit seinem Zweifel,
liegt der Vorwurf nahe, man vertrete eine dogmatische Erkenntnistheorie. Dennoch versuchen gegenwärtig Theoretiker, neue Entwürfe zu
entwickeln, in denen sich die Quantenwelt realistisch verstehen läßt.

Wie so etwas im Prinzip aussehen könnte, hat vor kurzem Roger
Penrose vorgeführt.[240] Über einiges sind sich die Theoretiker relativ
einig. So groß die Reichweite der Quantenmechanik ist, sie kann nicht
die einzige fundamentale Theorie der Physik sein. Zumindest dort, wo
die Gravitation entscheidend beteiligt ist, bei den sehr großen Systemen und in der extremen Frühzeit des Universums, muß die Allgemeine Relativitätstheorie an der Beschreibung mitwirken. Das Zusam-
menführen der beiden großen Fundamentaltheorien der modernen
Physik, Quantenmechanik und Relativitätstheorie, läuft unter dem
Projektnamen *Quantengravitation*. Als fertige Theorie existiert die
Quantengravitation nicht. Es gibt aber Ideen und bestimmte Randbedingungen der Theorienkonstruktion, die ein zukünftiger Entwurf
wird erfüllen müssen. Der neuralgische Punkt, der die Basis aller
Schwierigkeiten mit der Quantenmechanik und ihrer Interpretation
bildete, ist die Linearität der Überlagerung von Quantenzuständen.
Die unitäre Zeitentwicklung der Quantenzustände ist völlig deterministisch und erfüllt die lineare Überlagerung der Zustände. Andererseits
ist die Zustandsreduktion, die bei der Messung auftritt, stochastisch,
erfolgt akausal und verletzt die Linearität der quantenmechanischen
Zustände. Hier hat nun Roger Penrose den Vorschlag gemacht, daß

unter bestimmten physikalischen Umständen die unitäre Entwicklung zu ersetzen ist, und zwar durch eine objektive Zustandsveränderung, die der Reduktion approximativ nahe kommt. Das Entscheidende ist dabei, daß dies ohne jeden Einfluß des Bewußtseins passiert, also keinen Beobachter erfordert. Die Abweichung von der Linearität geschieht dadurch, daß bei einer bestimmten Größenordnung *nichtlineare Instabilitäten* auftreten, die das System in einen bestimmten, makroskopisch unterscheidbaren Zustand transferieren. Aber wo soll denn nun die Abweichung von der normalen linearen Quantenmechanik einsetzen? Penroses Ansatz besteht darin, hier die Gravitation heranzuziehen. Die Grundidee ist folgende: Wenn zwei linear superponierte Zustände ein wenig unterschiedlich an das Gravitationsfeld ankoppeln, so etwa, daß der Unterschied der beiden Felder einem Graviton entspricht – das ist das Quant des Gravitationsfeldes –, dann setzt eine nichtlineare Dynamik ein, es entsteht eine Art Instabilität, und diese zwingt die Superposition, also die Überlagerung der quantenmechanischen Zustände, in eine der beiden Alternativen. Dieser nichtlineare Übergang ist somit ein *objektiver physikalischer Prozeß*, und die Reduktion des Zustandes ist ein realistischer und nicht nur ein mentaler Übergang. Vereinfacht kann man es so formulieren, daß die quantengravitative Lösung des Meßprozesses darin besteht, daß die Natur komplexe Linearkombinationen von verschiedenen Raumzeiten verabscheut.

Penroses Vorschlag scheint noch von einer weiteren Perspektive her plausibel. Wir werden später bei der Behandlung der komplexen Systeme sehen, daß das Überlagerungsprinzip nur begrenzte Gültigkeit besitzen kann. Dort, wo qualitative Übergänge, Phasenänderungen, chaotische Phänomene eine Rolle spielen, sind nichtlineare Gesetze am Werk, die dem Prinzip der *Selbstähnlichkeit* oder dem *Skalenprinzip* gehorchen. Die angemessene Beschreibung ist eine fraktale Geometrie. Wenn man erkannt hat, daß die linearen Naturerscheinungen eine Untergruppe der umfassenden, vom Skalenprinzip beherrschten nichtlinearen Phänomene sind, ist es nicht mehr so revolutionär, sich vorzustellen, daß die Quantenmechanik mit ihren linear superponierbaren Wahrscheinlichkeitsamplituden der regionale Grenzfall einer stärkeren, übergeordneten Theorie ist.

Solche ersten Anzeichen einer Theorie der Quantengravitation können uns warnen, nicht zu früh allen philosophischen Konsequenzen der Quantenmechanik unbesehen zu trauen. Man sollte mit der Möglichkeit rechnen, daß die vom philosophischen und vom biologischen Standpunkt aus unglaubwürdige Bewußtseinsphysik ein Artefakt der

Theorie ist. Die interne philosophische Argumentation erzwingt jedenfalls den epistemologischen Idealismus nicht. Es gibt wirklich gute Gründe aus der Philosophie selbst, die für eine realistische Naturauffassung sprechen. Auch aus der Biologie, der Physiologie und der Neurologie folgt, daß *Kognition* als eine objektive Wechselwirkung eines sensorischen Lebewesens mit seiner Umwelt zu verstehen ist, in der der Wahrnehmung eine effektive Darstellungsform zukommt. Wie können wir nun die eingangs gestellte Frage nach dem Objektivitätsstatus der Quantenmechanik beantworten? Die Gesamtsituation der Naturwissenschaft weist darauf hin, daß die Ontologie des mechanistischen Weltbildes durch die Quantenmechanik drastisch transformiert wurde, die epistemologische Rolle des Beobachters in der Welt sich hingegen nicht geändert hat. Die jüngsten Theorieansätze suggerieren, daß das Objektivitätsideal der neuzeitlichen Naturwissenschaft den Quantensturm überstehen wird.

3. Die Relativitätstheorien verändern die Sicht von Raum und Zeit

Nach der Quantenrevolution, die mit dem Jahr 1900 verbunden ist, kam die zweite entscheidende Transformation des mechanistischen Weltbildes durch einen Schritt zustande, der fünf Jahre später getan wurde. Obwohl die Relativitätstheorie eine logisch geschlossene Einheit darstellt, ist es begriffsgeschichtlich und erkenntnistheoretisch gerechtfertigt, die spezielle Theorie, die den Fall gravitationsfreier Räume beschreibt, von der allgemeinen Theorie, die die Schwerkraft zum Gegenstand hat, und die kosmologische Theorie, welche deren Anwendung auf die Welt im Großen beinhaltet, in der Schilderung zu trennen.

a) Die spezielle Theorie

Bei der Entstehung der Speziellen Relativitätstheorie erkennen wir typisch jene Vorgangsweise, die wir in der Einleitung dieses Kapitels (III.1) schon erwähnt haben.

Einstein geht nicht von einem empirischen Effekt, irgendeiner Anomalie einer früheren Theorie oder einer Sammlung bereits vorliegender Beobachtungen aus, sondern von einer bestimmten, unbefriedigenden Eigenschaft der Vorgängertheorie, nämlich der klassischen Elektrodynamik. Er bemerkt, daß die Maxwell-Lorentzsche Theorie, wie sie gewöhnlich interpretiert wird, zu bestimmten *Asymmetrien* des

Induktionsgesetzes führt, welche in den Phänomenen nicht vorkommt. Um dies zu demonstrieren, machte er ein Gedankenexperiment: Durch die gleichförmige Bewegung eines Leiters relativ zu einem ruhenden Magneten wird ein Strom induziert. Obwohl Größe und Richtung des induzierten Stromes nur von der Relativgeschwindigkeit von Leiter und Magnet abhängen, unterscheidet die Maxwell-Lorentz-Theorie zwischen dem Fall eines bewegten Magneten bei ruhendem Leiter und dem Fall des ruhenden Magneten bei bewegtem Leiter. Was Einstein also als unbefriedigende Asymmetrie der elektromagnetischen Beschreibung konstatiert, ist ein Gegensatz zwischen der Phänomen- und der Theorieebene. Die symmetrische Situation in den Erscheinungen – zwischen bewegtem Leiter und ruhendem Magneten bzw. ruhendem Leiter und bewegtem Magneten – wird nicht durch eine korrespondierende Beschreibung im theoretischen Bereich, der den Äther einschließt, wiedergegeben.

Erst danach erwähnt Einstein auch die mißlungenen Versuche, eine Bewegung der Erde relativ zum „Lichtmedium" festzustellen. Natürlich konnten ihm die Erfahrungstatsachen nicht gleichgültig sein, auch wenn sie keine primäre Rolle in der Heuristik spielten. Allerdings erwähnt er das berühmte Experiment von Morley und Michelson in seiner ersten Arbeit 1905 nicht.[241]

Den entscheidenden Schritt zur neuen Theorie formuliert Einstein in einem Satz von prinzipieller Bedeutung: „Die mißlungenen Versuche, eine Bewegung der Erde relativ zum ‚Lichtmedium' zu konstatieren, führen zu der Vermutung, daß dem Begriff der absoluten Ruhe nicht nur in der Mechanik, sondern auch in der Elektrodynamik keine Eigenschaften der Erscheinungen entsprechen ... Wir wollen diese Vermutung (deren Inhalt im folgenden ‚Prinzip der Relativität' genannt wird) zur Voraussetzung erheben."[242] Einstein vermutete also, daß hinter den vielen gescheiterten Versuchen, den Ätherwind festzustellen, ein tieferliegendes Naturprinzip verborgen ist. Er dreht deshalb die Begründungsfigur relativ zu den Vorgängertheorien um und stellt den vermutlichen Grund für die Nullergebnisse der Ätherwindexperimente an die Spitze der Elektrodynamik bewegter Körper.

Mit diesem *Relativitätsprinzip*, wonach es keinen Äther gibt und damit auch keine Absolutbewegungen, die Bewegungen relativ zum absoluten Raum sind, trat die Wendung ein, die eine wesentliche Umgestaltung der Newtonschen Physik notwendig machte. Der Äther war die elektromagnetische Realisierung von Newtons absolutem Raum, dem Fundamentalsystem der Mechanik, auf den sich letztlich alle Beschreibungen stützen müssen. Gibt es keinen absoluten Raum, so sind

alle Inertialsysteme, d. h. alle Bezugssysteme, in denen das Trägheitsgesetz gilt, gleichberechtigt, keines von ihnen hat einen privilegierten
Status. Also müßten die Naturgesetze in allen Inertialsystemen die
gleiche Form haben. In keinem Trägheitssystem kann ein Experiment
anders ausfallen als in einem anderen.

Dies gilt auch für die Lichtausbreitung, es darf nicht nur *ein* ausge-
zeichnetes Bezugssystem geben, in dem sich das Licht isotrop mit der
Geschwindigkeit c ausbreitet, sondern die Gleichberechtigung aller
Richtungen (Isotropie) gilt für alle Inertialsysteme gleichermaßen.

Einstein hat auch dies zum Prinzip erhoben, es ist das zweite Axiom
der Speziellen Relativitätstheorie: Die Vakuumlichtgeschwindigkeit ist
in jedem Inertialsystem immer gleich c (c = 300 000 km sec^{-1}).

Methodisch sei noch einmal betont, daß diese beiden Axiome der
Speziellen Relativitätstheorie *keine* Abstraktion aus vielen Experimenten und Beobachtungen, sondern *kühne Setzungen* darstellen, zu denen kein logischer Weg führt. Die Axiome müssen sich bewähren,
wenn man ihre logischen Folgerungen mit der Erfahrung vergleicht.
Neue Ableitungen zu finden ist Aufgabe der theoretischen Physik.
Den Vergleich mit der Erfahrung anzustellen ist Aufgabe der Experimentalphysik.

Ein wichtiger Unterschied zu den Vorgängertheorien der Elektrodynamik von Maxwell und Lorentz ist sofort sichtbar. Die Isotropie, also
die Richtungsunabhängigkeit der Lichtausbreitung in allen Inertialsystemen geht dort auf *dynamische Gründe* zurück, d. h. sie muß mit
speziellen Annahmen über die Wechselwirkung von Äther und Materie
erklärt werden. In Einsteins Spezieller Relativitätstheorie werden gar
keine dynamischen Ursachen verwendet, sondern ein *kinematischer
Ansatz* vorgelegt, in dem notwendigerweise alle Ätherdriftexperimente
negativ ausgehen müssen und zwingend die Vakuumlichtgeschwindigkeit immer gleich c ist. Die kinematische Lösung ermöglicht eine Elektrodynamik bewegter Körper, ohne den diffizilen Aufbau der Materie
zu kennen.

Zu einer entscheidenden begrifflichen Veränderung hat die Spezielle
Relativitätstheorie bezüglich der *Natur der Zeit* geführt. Im Alltag
haben wir alle ein intuitives Gefühl dafür, welche Eigenschaften die Zeit
besitzt und welche nicht. So sind wir sicher, daß der Gang einer Uhr
nicht davon beeinflußt wird, ob sie sich in einem fahrenden Zug oder
einem schnell fliegenden Flugzeug befindet. Das Alltagswissen ist ge-
speichertes Erfahrung, und zwar nicht nur von individuellen Menschen, sondern es schließt auch die phylogenetische Erfahrung unserer
Vorfahren ein, die seit Jahrmillionen diesen Planeten bewohnen. Nie-

mals in der Vergangenheit war es notwendig, bei der Bewältigung des Alltags hohe Geschwindigkeiten in Betracht zu ziehen. Alles, was der Mensch bewegungsmäßig realisieren kann, weist Geschwindigkeiten auf, die klein gegenüber c sind. Deshalb ist es nicht verwunderlich, daß die Spezielle Relativitätstheorie, die zum erstenmal den Hochgeschwindigkeitsbereich miteinbezieht, die Alltagserfahrung überschreiten muß. Aus dieser Situation ist auch verständlich, daß psychologische Widerstände auftauchen, wenn der in unserem Bewußtsein tief verankerte Zeitbegriff verändert werden soll. Die Aussage der Speziellen Relativitätstheorie hinsichtlich der Struktur der Zeit ist kontraintuitiv, sie widerspricht dem natürlichen Zeitgefühl. Dennoch ist ihre Aussage klar: *Jedes System, das sich relativ zu einem anderen bewegt, hat eine eigene Zeit.* Diese Zeiten sind ineinander umrechenbar, es läßt sich also immer präzise angeben, wie schnell ein Prozeß im bewegten Nachbarsystem abläuft. Die Systemabhängigkeit der Zeit hat demgemäß nichts mit Subjektivität zu tun. Alle diese Systemzeiten sind objektiv, relativ, und sie sind alle gleich real.

Ein Sonderfall dieser Abhängigkeit des Uhrenganges vom Bewegungszustand des Bezugssystems ist die *Relativität der Gleichzeitigkeit.* Wenn zwei Ereignisse an verschiedenen Orten für einen ruhenden Beobachter gleichzeitig sind, d. h. zu einem Wert der Koordinate t gehören, dann sieht der bewegte Beobachter sie zu verschiedenen Zeiten. Die Verlängerung von Zeitintervallen relativ zum bewegten System kann man auch dadurch ausdrücken, daß man sagt, bewegte Uhren gehen nach. Diese sogenannte *Relativität der Dauer* hat in philosophischen Kreisen gelegentlich den Eindruck erweckt, als ob hier eine logische Schwierigkeit vorliege. Da die Zeitdilatation ein symmetrischer Effekt ist, hat man daraus das sogenannte *Zwillingsparadoxon* konstruiert und eine Zeitlang geglaubt, Einsteins Theorie damit ad absurdum führen zu können. Die Physiker haben aber dann zeigen können, daß das Zwillingsargument nur Ausdruck der ungewohnten Zeitstruktur der Speziellen Relativitätstheorie ist und keine echten logischen Schwierigkeiten enthält.[243]

Auch in bezug auf die *Längenmessung* im bewegten System gibt Einstein eine ungewohnte Antwort. In der Bewegungsrichtung wird der Gegenstand um einen Faktor verkürzt, dies ist die sogenannte Lorentz-Kontraktion.

Während die Lorentz-Kontraktion direkt ziemlich schwierig zu messen ist, konnte die Zeitdilatation in der jüngsten Zeit immer genauer geprüft werden. Bis heute ist die Voraussage von Einsteins Theorie bis auf 1,6 % genau zu bestimmen. Auch in der Mikrophysik hat sich die Verlangsamung des Uhrenganges bestätigt. Die Verlängerung der Halbwertzeit von schnell bewegten Myonen, das sind etwas schwerere Elektronen, wurde mit 0,2 % Genauigkeit in bester Bestätigung der Speziellen Relativitätstheorie gefunden.[244] Damit wird auch die *Universalität* der speziellen Theorie bekräftigt, sie ist nicht nur eine Theorie der makroskopischen Systeme, sondern gilt völlig unabhängig von der Größenordnung.

Eine der vielen Folgerungen dieser Theorie hat den *Substanzbegriff* der klassischen Physik nachhaltig umgebildet. Es ist jene mathematische Formel, die sogar gelegentlich in der Öffentlichkeit auftaucht, nämlich $E = mc^2$. Einstein hat diese Konsequenz später einmal so zusammengefaßt: „Das wichtigste Ergebnis der Speziellen Relativitätstheorie betraf die träge Masse körperlicher Systeme. Es ergab sich, daß die Trägheit eines Systems von seinem Energieinhalt abhängen müsse, und man gelangte geradezu zur Auffassung, daß träge Masse nichts anderes sei als latente Energie. Der Satz von der Erhaltung der Masse verlor seine Selbständigkeit und verschmolz mit dem von der Erhaltung der Energie."[245] Die Neuartigkeit der relativistischen gegenüber der klassischen Situation sieht man am besten, wenn man von der relativistischen Massenzunahme ausgeht. Setzt man ein Objekt, z. B. ein Raumschiff, einer konstanten Beschleunigung aus und berechnet die Zunahme der Geschwindigkeit nach der klassischen Physik, so ergibt sich, daß diese über alle Grenzen wächst. Wenn das Raumschiff beispielsweise ein Jahr lang mit der Erdbeschleunigung angetrieben würde, hätte es bereits Lichtgeschwindigkeit erreicht. Ließe man die Kraft weiter wirken, würde diese Grenze munter überschritten werden. Nach der Speziellen Relativitätstheorie ist dies jedoch unmöglich. Die Lichtgeschwindigkeit ist eine unüberschreitbare Barriere. Diese Behauptung läßt sich zwar nicht mit makroskopischen Objekten prüfen, wohl aber mit Elementarteilchen. In Beschleunigern kann man z. B. Elektronen auf so hohe Energien bringen, daß sie nach der klassischen Rechnung bereits das Mehrhundertfache der Lichtgeschwindigkeit haben müßten. Die Geschwindigkeitsmessung ergibt jedoch nur eine asymptotische Annäherung an die Lichtgeschwindigkeit. Im Sinne der Relativitätstheorie muß man dieses Ergebnis als einen wachsenden Widerstand des Körpers verstehen, der sich bei höheren Geschwindigkeiten weiterer Beschleunigung immer stärker widersetzt. Im Gegensatz zur klassischen Physik, wo die Masse die Menge eines Stoffes repräsentiert, die sich niemals verändert, wächst die Masse eines Gegenstandes mit der Geschwindigkeit und wird in der Nähe von $v = c$ so groß, daß der Körper auch unter Einsatz beliebiger Kräfte nicht weiter beschleunigt werden kann.

Begriffsgeschichtlich ist es wichtig zu notieren, daß hier die *Aufspaltung des Massebegriffes* in eine Ruhemasse und eine dynamische Masse erfolgt. Die Massenzunahme mit der Geschwindigkeit kann als dynamische Erklärung für die aus dem Experiment gut bestätigte Aussage gelten, daß die Lichtgeschwindigkeit die oberste Grenze für die Bewegung aller Körper darstellt. Wir werden noch sehen, daß die Existenz einer oberen Grenze für alle Wirkungsübertragungen für eine neuartige Raumzeitstruktur verantwortlich ist und damit auch eine grundsätzliche Veränderung der klassischen Erkenntnissituation mit sich gebracht hat.

Aus der relativistischen Massenzunahme läßt sich nun jene Aussage der Speziellen Relativitätstheorie gewinnen, die Einstein in außergewöhnlichem Maße berühmt gemacht hat. Er hat sie 1905 in einer Arbeit mit dem fragenden Titel publiziert: „Ist die Trägheit eines Körpers von seinem Energieinhalt abhängig?"[246] Seine bejahende Antwort erläutert, daß man durch Energiezufuhr an einem System tatsächlich dessen Masse erhöhen kann. Führt man einem System die Energie E zu, so vergrößert sich seine Masse um E/c^2. Masse und Energie wären damit korrelative Begriffe, so daß man im relativistischen Zusammenhang meist nur noch von *Masseenergie* spricht.

Aus der relativistischen Formel für die kinetische Energie läßt sich auch verstehen, warum man in der vorrelativistischen Zeit so lange mit dem Newtonschen Ausdruck für die Bewegungsenergie erfolgreich arbeiten konnte. Im Geschwindigkeitsbereich bis 0,2 c machen die klassische und die relativistische Physik praktisch die gleichen quantitativen Aussagen, erst darüber trennen sich die Behauptungen. Dieser *Überschneidungsbereich* spricht wieder dafür, daß sich die neue Theorie alle Stützen des niederenergetischen Bereiches zu eigen macht, und er zeigt auch das stetige Angrenzen, den kontinuierlichen Übergang vom Newtonschen zum Einsteinschen Aussagebereich.

Das eigentliche Anwendungsgebiet der Einsteinschen Masse-Energie-Äquivalenz ist jedoch die Hochenergiephysik. In den Beschleunigern werden künstlich gerade jene Phänomene erzeugt, die es weder in der Alltagserfahrung noch in der Experimentalphysik des 19. Jahrhunderts gibt. Elektronen, Protonen, Atomkerne werden durch elektromagnetische Felder auf hohe Energien gebracht und dann auf feste Zielobjekte geschossen. Dabei sehen wir genau die praktische Umsetzung von Einsteins $E = mc^2$, denn ein Teil der kinetischen Energie der aufschlagenden Teilchengeschosse wandelt sich in Masse um, welche dann in Form neuer Teilchensorten in Erscheinung tritt. Damit eröffnet eine Konsequenz der Speziellen Relativitätstheorie den Weg zu den kleinsten Bausteinen der Materie. Seit Leukipp und Demokrit ihre damals metaphysische Atomhypothese vorschlugen, hatte man sich immer wieder bemüht, auf rein denkerischem Wege die Urbausteine der Materie zu finden. Einsteins Entdeckung lieferte die theoretische Voraussetzung dafür, das Problem des Aufbaus der Materie experimentell zu lösen.

Teilchenerzeugung und -vernichtung kommen nicht nur als künstliche Prozesse vor, sondern passieren permanent in der kosmischen Höhenstrahlung, wo extrem hochenergetische Teilchen beim Auftreffen auf die obersten Atmosphärenschichten die in den Laboratorien beobachteten Reaktionen zeigen. Ganze Schauer von verschiedensten Zerfallsketten instabiler Teilchen gehen dabei auf die Erde nieder und liefern jene genetisch wirksame Strahlungsdosis, die seit Jahrmillionen die Evolution entscheidend beeinflußt, indem sie im Erbmaterial statistisch verteilte Mutationen erzeugt. Das Vorhandensein dieser Mutationen liefert die Voraussetzung für die hohe Flexibilität der Lebewesen, wenn sich die Umweltsituationen drastisch ändern. Bestimmte Mutationen besitzen dann einen Adaptionswert und verhelfen diesen Teilen einer Population zum Überleben. Hier haben wir eine Folgeerscheinung der Speziellen Relativitätstheorie, die bis in das Gebiet der Biologie hineinreicht.

Wenn zwei Theorien zu einer höheren Einheit verbunden werden, ergibt sich im allgemeinen eine Theorie, die in ihrer Aussagekraft stärker ist als die Summe der Teiltheorien. So war es auch mit der Quantenmechanik und der Speziellen Relativitätstheorie, die, wie wir schon gehört haben, von P. A. M. Dirac 1928 zur relativistischen Quantenmechanik verschmolzen wurden. Zur Überschußbedeutung dieser Theorie gehört die Aussage, daß es zu jedem Teilchen ein Gegenstück gibt, bei dem die Quantenzahlen umgekehrte Werte besitzen. Die Verwandlung der Teilchen in andere ist jedoch nicht beliebig, sondern muß bestimmte Erhaltungssätze respektieren. Wird also Materie erzeugt, z. B. in Form von Elektronen, so entsteht immer zugleich auch das zugehörige Antiteilchen, das Positron. Damit ist u. a. die Erhaltung der elektrischen Ladung erfüllt. Bei Paarerzeugung und Paarvernichtung, z. B. bei der Umwandlung von Elektron-Positron-Paaren in Photonen und umgekehrt, haben wir die vollständige Einsteinsche Umwandlung von Masse in Strahlungsenergie vor uns.

Eine für alle Menschen sichtbare Anwendung der Einsteinschen Masse-Energie-Äquivalenz sind die thermonuklearen Reaktionen im Innern der Sonne und Fixsterne. Tragen die Fixsterne bei erstem Hinsehen auch nur zur Verschönerung des Nachthimmels bei, so ist die

Sonne selbst im Bewußtsein des Alltagsmenschen jene Energiequelle, die über Jahrmilliarden die Entstehung und Entwicklung des Lebens auf unserem Planeten unterstützt und erhalten hat. Bei einer Kerntemperatur von $1,4 \times 10^7$ K kommt es zu Stößen zwischen den Protonen, den Wasserstoffkernen, wobei nach einigen Zwischenschritten vier Wasserstoffkerne in einen Heliumkern, zwei Positronen und zwei Neutrinos umgewandelt werden [$4p \rightarrow {}^4He + 2e^+ + 2\nu$]. Da die Nukleonen im Helium-4-Kern stärker gebunden sind als die isolierten Wasserstoffkerne, wird bei jeder Kernfusion Energie freigesetzt. Die Sonne gibt jede Sekunde eine Strahlungsenergie von 4×10^{26} Joule ab. Nach der Einstein-Gleichung von $E = mc^2$ verliert sie dadurch 4,4 Mill. Tonnen an Masse pro Sekunde. Die Sonne ist ein Reaktor, bei dem uns die Natur demonstriert, wie die Kernfusion, kontrolliert mit Langzeitkonstanz, zum Aufbau und nicht zur Vernichtung von komplexen Strukturen arbeiten kann. Allerdings liefert auch die Sonne diese stationäre Energiebedingung für die terrestrische Ökosphäre nur in einem endlichen Zeitintervall. Zu sehr späten Zeiten muß alle Struktur zerfallen.

b) Die Allgemeine Relativitätstheorie

Die Spezielle Relativitätstheorie besitzt in einer Hinsicht trotz ihrer Universalität eine innere Begrenzung, die ihre Erweiterung nahelegt. Einstein begann mit der Arbeit an dieser umfassenden Theorie im Jahre 1907.[247] Die Erweiterung der Relativitätstheorie darf nicht so verstanden werden, daß sie in ihrer speziellen Form nicht auf alle Vorgänge anwendbar ist. Wir haben gerade im vorhergehenden Abschnitt gesehen, wie sie sowohl die makroskopischen Erscheinungsbereiche als auch den Aufbau der Materie im Kleinen beherrscht. Die von der Speziellen Relativitätstheorie ausgesagte Raumzeitstruktur bleibt in der Allgemeinen Relativitätstheorie lokal unangetastet. Die Geometrie der speziell relativistischen Raumzeit hat zum erstenmal der Mathematiker Hermann Minkowski explizit formuliert.[248] Diese Minkowski-Geometrie wird nun von ihrer globalen Geltung, also für die Raumzeit im Großen, auf kleine Bereiche, d. h. auf die unmittelbare Umgebung jedes Punktes eingeschränkt.

Zu dieser Einsicht gelangte Einstein erst später. Er beginnt seine Theorienkonstruktion damit, die ausschließliche Verwendung von Inertialsystemen zu überwinden. Inertialsysteme sind, wie wir uns erinnern, Systeme, in denen das Trägheitsgesetz gilt. Warum soll es in der Physik eine privilegierte Klasse von Bezugssystemen geben,

warum soll man nicht auch mit zueinander beschleunigten, z. B. ro-
tierenden Bezugssystemen so rechnen können, daß die Gesetze in
diesen allgemeinen Bezugssystemen ungeändert bleiben? (Man kann in
der Speziellen Relativitätstheorie mit beschleunigten Bezugssystemen
rechnen, aber nicht unter Formerhaltung der Gesetze, sondern nur unter Einbeziehung von fiktiven Zusatzkräften, die durch das Bezugssystem erzeugt worden sind, so wie eben auch in der klassischen Mechanik). Noch einen Grund gibt es, den Rahmen der speziellen Theorie zu
überschreiten; in ihr können keine gravitativen Vorgänge erfaßt werden. Die engere Theorie beschreibt mit ihrer globalen Minkowski-
Struktur jenen idealisierten Grenzfall, da keine schwerkrafterzeugende
Materie vorhanden ist.

Einsteins Schlüsselintuition bei der Konstruktion der Allgemeinen
Relativitätstheorie gründet nun in einer Erfahrung, die jeder Alltagsbe-
obachter machen kann: „Ein Mensch im freien Fall spürt sein eigenes
Gewicht nicht." [249] Einstein nannte es später, im Jahre 1920, den glücklichsten Gedanken seines Lebens [250] einzusehen, daß in der Tatsache,
daß alle Körper unabhängig von ihrer Masse und ihrer physikalischen
und chemischen Beschaffenheit mit der gleichen Beschleunigung fallen, ein tiefer physikalischer Sinn liegt. Hält ein Beobachter z. B. während eines Fallschirmabsprungs vor dem Öffnen des Schirmes einen
Stein in der Hand, so kann er ihn beruhigt loslassen, er wird ihn nicht
verlieren. Der Stein wird bis auf eine kleine Differenz, die am Luft-
widerstand liegt, so lange zugleich mit ihm fallen, bis er den Fallschirm
öffnet. Erst dann schaltet er eine Bremswirkung ein, die mit der Gravitation nichts zu tun hat. Im luftleeren Weltraum würden Fallschirm-
springer und Stein exakt nebeneinander, ohne Relativbewegung, frei
fallen. Das Gravitationsfeld hat als einziges physikalisches Feld die besondere Eigenschaft, daß es alle Körper gleich beschleunigt. Es gibt
also gar keine Möglichkeit für einen Beobachter, objektiv festzustellen,
ob er sich in einem Gravitationsfeld oder in einem beschleunigten
Bezugssystem befindet. Aus dieser seit den Tagen Galileis bekannten
Eigenschaft des Gravitationsfeldes, die in Newtons Theorie keine
Rolle spielt, formte Einstein sein *Äquivalenzprinzip*, das die lokale
Gleichwertigkeit von Schwerebeschleunigung und angetriebener Beschleunigung ausdrückt.

In der Heuristik der Allgemeinen Relativitätstheorie waren noch
zwei Ideen wirksam. Schon seit dem 19. Jahrhundert existierte die Idee
einer physikalischen Geometrie, bei der der Materieinhalt des Raumes
dessen Geometrie bestimmt. [251] Die Geometrie drückt, bildlich gesprochen, aus, wie Materie sich zu bewegen hat, sie legt fest, auf wel-

chen Bahnen Testteilchen laufen müssen, wenn keine Kräfte auf sie ein-
wirken. Wenn die Geometrie auf die Materie Einfluß nimmt, sollte
man eine Rückwirkung von der Materie auf die Geometrie vermuten.
Geometrie und Materie sollten kausale Partner im Verbund der Dinge
werden. Wenn diese Idee umgesetzt wird, erhält die physikalische
Geometrie einen gänzlich neuen Status. War die Raumstruktur bis 1915
ein für allemal fertig vorgegeben in Form der seit 2300 Jahren bekannten euklidischen Geometrie, die keine Einwirkung von Materie und
Energie vorsah, so nahm die metrische Struktur des Raumes nun an
der Welt der Physik teil. Sie wurde in ihrer Struktur variabel, dynamisch in ihrer Aktivität und immer selbständiger beim Aufbau von
physikalischen Systemen.

Noch ein dritter Gedanke floß in Einsteins Plan einer Allgemeinen
Relativitätstheorie ein. *Ernst Mach*, der österreichische Physiker und
Philosoph, hatte in einer berühmten Analyse von Newtons Mechanik
darauf hingewiesen, daß diese Theorie unphysikalische, metaphysische
Züge besitzt, weil sie beschleunigte Bewegungen gegenüber dem absoluten Raum behauptet.[252] Der absolute Raum sei aber ein Gebilde, das
man niemals beobachten könne. Ernst Mach war der Überzeugung,
daß gänzlich unbeobachtbare Objekte in der Physik nicht vorkommen
dürften, weshalb die Mechanik umformuliert werden müsse, und zwar
so, daß alle Bewegungen Relativbewegungen würden. Beschleunigungen hätten danach nur einen Sinn als Beschleunigungen gegenüber
einer Gruppe von Objekten, und sei es die Massen des Universums
selbst. Einstein versuchte gemäß diesem Machschen Grundsatz mit seiner Theorie das Prinzip zu erfüllen, daß die Trägheit, das ist der Widerstand, den eine Masse einer Bewegungsänderung entgegensetzt, ihren
Ursprung in den fernen Massen besitzt und nicht im absoluten Raum.
Da die Gravitation denselben Ursprung hat – auch die Gravitationsfelder werden ja durch die Massen erzeugt –, ergibt sich eine Wesens-
gleichheit von Gravitation und Trägheit. Zwei physikalische Größen,
die in der Newtonschen Theorie begrifflich völlig getrennt sind, werden bei Einstein nun aufeinander bezogen. Einsteins Theorie kann als
Synthese der Ideen von Mach und Riemann angesehen werden. In der
physikalischen Geometrie des Raumes werden Trägheit und Gravitation vereinigt, es existiert keine natürliche Aufspaltung der dynamischen Geometrie in diese beiden Komponenten mehr. Einstein war in
der Konstruktionsphase seiner Theorie davon überzeugt, daß diese die
Machschen Ideen voll realisieren werde. So schreibt er in einem Brief
an Ernst Mach vom 25. Juni 1913 folgendermaßen: „Hochgeehrter
Herr Kollege. Dieser Tage haben Sie wohl meine neue Arbeit über

Relativität und Gravitation erhalten, die nach unendlicher Mühe und quälendem Zweifel nun endlich fertig geworden ist. Nächstes Jahr bei der Sonnenfinsternis soll sich zeigen, ob die Lichtstrahlen an der Sonne gekrümmt werden, ob mit anderen Worten die zugrunde gelegte fundamentale Annahme der Äquivalenz von Beschleunigung des Bezugssystems einerseits und Schwerefeld andererseits wirklich zutrifft. Wenn ja, so erfahren Ihre genialen Untersuchungen über Grundlagen der Mechanik – Plancks ungerechtfertigter Kritik zum Trotz – eine glänzende Bestätigung. Denn es ergibt sich mit Notwendigkeit, daß die Trägheit in einer Art Wechselwirkung der Körper ihren Ursprung hat, ganz im Sinne ihrer Überlegungen zum Newtonschen Eimerversuch." [253]

Um das Mach-Prinzip hat sich eine relativ heftige und gegensätzliche Diskussion entsponnen. Einige Theoretiker [254] haben mit Berufung auf ältere metaphysische, holistische Theorien von Leibniz das Mach-Prinzip zu verteidigen gesucht. Dessen Monadenlehre enthält als Schlüsselidee die Vorstellung, daß die Welt aus Kraftzentren aufgebaut ist, die in ihrer Gesetzlichkeit das Universum im Kleinen spiegeln, wodurch eine überaus enge Verbindung zwischen makrokosmischen und mikrokosmischen Strukturen zustande kommt. Jedoch nützt dieser historische Zusammenhang nichts, wenn die metaphysische Idee in ihrer transformierten, testbaren Form nicht bestätigt wird. Das Mach-Prinzip ist ein Paradefall, wie ein Ideenfeld metaphysischer Herkunft als Heuristik für physikalische Theorien gedient hat, in der quantitativen Umsetzung jedoch gescheitert ist. Diese Art von Leibnizschem Holismus wurde von den erfolgreichen Theorien nicht bestätigt. Das Mach-Prinzip hat darüber hinaus so viele Spielarten, daß es der akribischen Analyse bedarf, um überhaupt zu wissen, von welcher Variante man redet. [255] Eine sehr verbreitete Version besteht darin, es als *Auswahlprinzip* zu verwenden, um physikalisch „sinnvolle" Lösungen der Einstein-Gleichungen aus der gesamten Lösungsmannigfaltigkeit auszusondern. Bei näherem Hinsehen entpuppt sich jedoch das Selektionskriterium als reines Apriori-Vorurteil gegenüber räumlich unendlichen Raumzeiten. So hat etwa Helmut Hönl eine Fassung des Mach-Prinzips vorgeschlagen [256], die in der Lage sein soll, die räumlich finiten und in diesem Sinne machschen Lösungen als alleinig physikalisch sinnvoll auszusondern. Er erlag damit dem Kantschen Vorurteil, daß die Endlichkeit eine innere Anschauungs- und damit Denknotwendigkeit besitzt, weil das aktuell Unendliche jede mögliche Erfahrung übersteigt. Die Gleichsetzung von „physikalisch sinnvoll" und „empirisch zugänglich" stellt jedoch eine verhängnisvolle Verengung physikalischer Modellbildung dar.[257] Weltmodelle müssen in irgendeiner Weise prüfbar sein, die Menge der Testinstanzen ist immer endlich, wie groß die Zahl der Systeme im Kosmos auch immer ist. Das Mach-Prinzip enthüllt sich damit als ein Stück angeblichen Apriori-Vorwissens über die Natur, das sich aber auf Grund der effektiven astrophysikalischen Erkenntnis als falsch erwiesen hat. Einstein selbst ist zu dieser Einsicht in seinen allerletzten Jahren gekommen. Er entdeckte das ontologische Vorurteil, nämlich daß man nicht glaubte, dem Feld im Gegensatz zu der grob sinnlichen, greifbaren Materie echte Wirklichkeit zuschreiben zu können. So schreibt er in einem Brief an Felix Pirani vom 2. Februar 1954: „Von dem Machschen Prinzip sollte man meiner Meinung nach überhaupt nicht mehr sprechen, es stammt aus der Zeit, in der man dachte, dass die ponderablen Körper das einzig physikalisch Reale seien und dass alle nicht durch sie völlig bestimmbaren Elemente in der Theorie vermieden werden sollten. Ich bin mir der Thatsache wohl bewußt, dass auch ich lange Zeit durch diese fixe Idee beeinflußt war."[258]

Wie stellt sich nun das begriffliche Verhältnis von Newtonscher und Einsteinscher Gravitationstheorie wirklich dar? Man kann es sich am besten veranschaulichen an dem, was man die „Geometrisierung der Gravitation" nennt. In der Newtonschen Theorie ist die Gravitation eine *Kraft*, die ein Teilchen auf einen gekrümmten Pfad in der flachen Raumzeit zwingt. In der Einsteinschen Theorie ist die Gravitation lokal verschwunden, sie taucht jedoch wieder auf, wenn man von einem Punkt der Raumzeit zum Nachbarpunkt übergeht, und zwar wird sie hier als *Krümmung der Raumzeit* sichtbar. Durch diese Gegenüberstellung wird die ontologische Differenz beider Theorien sehr deutlich; Träger der Gravitation ist bei Einstein das metrische Feld mit all seinen Krümmungseigenschaften. Newtons Welt der Teilchen bleibt bestehen, generiert jedoch diese andersartige physikalische Realität.

Trotz dieser unterschiedlichen Begrifflichkeit besitzen klassische und relativistische Beschreibungsformen Gemeinsamkeiten. Einstein setzte mit seiner neuen Theorie die Vorgängertheorie von Newton nicht völlig außer Kraft, Newtons Gravitationstheorie behält ihren Anwendungsbereich, nämlich für schwache Gravitationsfelder. Diese Forderung war für Einstein sogar ein Leitfaden bei der Suche nach den neuen Feldgleichungen. 1915 konnte er die Arbeiten an dem neuen Feldgesetz abschließen. In diesen acht Jahren hatte Einstein viele Irrwege beschritten und auch Feldgleichungen vorgeschlagen, die keine praktische Lösung des Gravitationsproblems darstellten.[259] Als er 1915 der Meinung war, das vom theoretischen Standpunkt aus fertige Feldgesetz gefunden zu haben, mußten die Empiriker an die Arbeit gehen.

Man mußte jetzt spezielle Lösungen der Feldgleichungen finden, um sie an der Erfahrung zu prüfen. Karl Schwarzschild entdeckte im Jahre 1916 eine spezielle Lösung der Feldgleichungen, wie sie für die Raumzeitsituation in der Umgebung der Sonne gegeben ist. Die Sonne sorgt dafür, daß in ihrer Umgebung die Geometrie vom flachen Minkowski-Raum in einer charakteristischen Weise abweicht. Die Raumkrümmung in der Umgebung der Sonne führt zu vier prüfbaren Voraussagen:

1. Sternlicht, das streifend an der Sonne vorbeiläuft, wird um den Winkel $\Theta = 1{,}75''$ abgelenkt.

2. Licht, das von der Sonne auf die Erde herunterfällt, erscheint um den Betrag $z = \dfrac{\Delta\lambda}{\lambda} = 2{,}12 \times 10^{-6}$ zum roten Ende des Spektrums hin verschoben. Diesen Effekt kann man auch auf der Erde messen.

3. Die relativistische Präzession des Merkur-Perihels um die Sonne beträgt $43{,}15''/\text{Jh}$.

4. Ein Radarsignal von der Erde zur Venus verspätet sich, wenn es auf diesem Weg nahe bei der Sonne vorbeiläuft, um 200 µs.

Alle diese Voraussagen der Allgemeinen Relativitätstheorie sind heute sehr gut geprüft, und man kann deshalb mit einiger Zuversicht behaupten, daß Einsteins Theorie unter ihren Konkurrenten derzeit die erste Wahl darstellt.[260] Wie immer in der Naturwissenschaft gilt das nur bis auf Widerruf, aber die experimentelle Lage spricht dafür, daß Einsteins Gravitationstheorie bis zur extremsten quantenmechanischen Situation, also dort, wo die Mannigfaltigkeitsstruktur der Raumzeit überhaupt zusammenbricht, ihre Gültigkeit besitzt. In Kürze werden weitere, wichtige Experimente von Einsteins Theorie durchgeführt, die vor allem bei tiefen Temperaturen feine Effekte und Voraussagen messen.[261] In der Planung sind Satelliten-Experimente im Weltraum zum Nachweis von Gravitationswellen und zur Mitführung eines Inertialsystems durch die rotierende Erde. Einsteins Theorie sagt nämlich eine Präzession, also eine Rotation der Achsen eines lokalen Inertialsystems, relativ zu den fernen Sternen voraus, die durch die Erddrehung verursacht wird. Man ist zuversichtlich, daß Einsteins Theorie auch bei diesen härteren Tests der Falsifikation entgehen wird.

c) Die kosmologische Relativitätstheorie

Wir haben früher gehört, daß die klassische Mechanik und die Gravitationstheorie nicht ohne Komplikationen auf die Welt im Großen anwendbar sind. Trotz ihrer Universalität, die sie geeignet machen, jedes beliebige Sternsystem in seinem Bewegungsablauf zu beschreiben, liefern sie keine Lösung des kosmologischen Problems, also der Frage nach der globalen Struktur der Raumzeit und der großräumigen Materieverteilung.

Einstein selbst war es, der 1917 seine lokale Gravitationstheorie auf diese globale Fragestellung spezifizierte.[262] Unter der Annahme einer sehr einfachen idealisierten Materie – er setzte voraus, daß das materielle Substrat ausschließlich durch eine zeitunabhängige Dichte charakterisiert ist – fand er ein kosmologisches Modell, das frei von allen Paradoxa der Newtonschen Kosmologie ist. Dieses Einstein-Universum, auch Zylinder-Universum genannt, ist ewig in seiner zeitlichen Erstreckung, räumlich aber – dies ist jetzt das Überraschende – endlich und geschlossen wie eine 3-dimensionale Kugel. Seit der Renaissance-Astronomie schien ein offenes, unendliches, euklidisches, homogen mit Sternen besetztes Universum die einfachste Erweiterung der lokalen Materie-Anordnung zu sein. Der Finitismus des aristotelischen Kosmos und des mittelalterlichen Weltbildes, etwa eines Dante Alighieri, war lange nicht mehr im Gespräch. Der griechische und der mittelalterliche Finitismus, der einen endlichen Raum mit Rand postulierte, konnte nie beantworten, was passiert, wenn ein Krieger diese Grenze des Universums erreicht und einen Speer in Richtung auf diesen Rand schleudert. Verläßt dieses Objekt den Raum, stößt es an den Rand, oder trifft der Speer auf ein morastiges Gelände, wo er stecken bleibt? Einsteins Kugelwelt löst dieses Paradoxon. Keiner von den genannten Fällen tritt auf. Der Speer, heftig genug geschleudert, umkreist das Universum und trifft den Werfer im Rücken. Einsteins Kugelwelt, wenn man die Zeit hinzunimmt, besser als Zylinderwelt bezeichnet, ist also nicht einfach identisch mit jener mittelalterlichen Endlichkeit. Der Raum ist nicht irgendwo abgeschnitten, es gibt keine Grenze im Raum, es ist ein gekrümmter drei-dimensionaler Raum, der durch eine endliche Zahl von Galaxien aufgespannt wird, ein Raum, dessen Struktur sich im Verlaufe der Zeit nicht ändert, der aber nicht mehr in einen Außenraum eingebettet ist. Das Universum umfaßt hier wirklich alles physikalisch Reale, das überhaupt existiert.

Es war fünf Jahre später, also 1922, als ein russischer Meteorologe namens Alexander Friedman entdeckte, daß die Einsteinschen Gravitationsgleichungen noch wesentlich mehr kosmologische Lösungen zulassen.[263] Friedman fand zuerst eine geschlossene Welt mit positiver Krümmung, in der der Radius der Krümmung von der Zeit abhängt. Dies ist eine Welt von hoher Materiedichte, die nur eine endliche Laufdauer und damit einen unüberschreitbaren Anfang in der Vergangenheit und ein nicht fortsetzbares Ende in der Zukunft besitzt. Die dichte Materie sorgt für die Rekontraktion und den Endkollaps eines solchen Universums. Zum erstenmal tauchten damit in der Physik *absolute Entstehungs- und Vernichtungsvorgänge* auf, Problemkomplexe, die früher bestenfalls Gegenstand der Metaphysik gewesen waren. Damit zeigt sich ein weiteres Charakteristikum der Transformation des mechanistischen Weltbildes: Prozesse, die in der klassischen Epoche ganz klar außerhalb der Reichweite der Wissenschaft lagen, werden – allerdings mit einer teilweise semantischen Verschiebung – in den Bereich rationaler und kontrollierbarer Behandlung eingebracht.[264]

Die Astrophysiker Vesto Melvin Slipher und Edwin Hubble hatten inzwischen herausgefunden, daß der Raum tatsächlich in Bewegung ist, daß er expandiert und die Materie, die er trägt, immer weiter auseinanderzieht. 1924 fand Alexander Friedman auch offene Weltmodelle als Lösungen der Feldgleichungen, in denen der Raum kein endliches Volumen besitzt.[265] Auch sie haben einen Anfang in der Zeit, aber kein Ende. Die Expansion wird hier so wie bei den Kugelwelten durch die Materie gebremst, aber so schwach, daß die Ausdehnung des Raumes entweder gar nicht oder erst in unendlich langer Zeit zum Stillstand kommt. In einer solchen Welt gibt es aktual unendlich viele Galaxien. Damit wird ein weiteres altes philosophisches Problem berührt. Seit Aristoteles hatte man sich den Kopf zerbrochen, ob es das Unendliche nur in Form einer immer weiter fortsetzbaren Reihe, als sogenanntes *potentielles Unendliches*, gibt oder auch in Form einer simultan existierenden Menge von unendlich vielen Objekten. Der Mathematiker Georg Cantor erfand bereits in der zweiten Hälfte des 19. Jahrhunderts eine Arithmetik, die es erlaubt, mit *aktual unendlichen* Mengen geordnet umzugehen. Aus Friedmans offenen Weltmodellen ergibt sich der Hinweis, daß es unter Umständen auch das *physikalisch aktual Unendliche* geben kann.

Heute muß die Entscheidung, ob unsere Welt tatsächlich von der geschlossenen Art ist und damit einen absoluten Existenzanfang und ein absolutes Existenzende besitzt oder ob sie von einem absoluten Anfang bis in die indefinite Zukunft expandiert, noch als unentschieden angesehen werden. Die gegenwärtig beobachtete Dichte der leuchtenden Materie reicht nicht für ein geschlossenes Universum aus. Es gibt allerdings theoretische Argumente für die Existenz nichtsichtbarer Materie. Die momentan im Aufbau befindlichen einheitlichen Theorien aller physikalischen Wechselwirkungen verlangen zusätzliche Teilchen, die in die Massenbilanz des Universums eingehen würden. Auch quantenmechanische Gründe sprechen für ein geschlossenes Universum. Einstein selbst hat sich in späteren Jahren immer für eine endliche Welt ausgesprochen. Ehe er dem *Mach-Prinzip* völlig absagte, vertrat er die Meinung, daß die Forderung, wonach die Eigenschaften des Raumes vollständig durch die Materie festgelegt werden, nur in einem räumlich geschlossenen Universum erfüllbar ist.

Unabhängig davon, ob man das philosophische Programm der Rationalisierung der Raumzeit weiterführen will – wir haben vor kurzem gesehen, was gegen das Mach-Prinzip spricht –, hat die Befürwortung eines finiten Weltmodells jüngst wieder neue empirische Nahrung gefunden. Das Standardmodell der Kosmologie impliziert ein Alter des Universums, das zwischen 13 und 20×10^9 Jahren liegt, wobei die großen Strukturen wie Sternsysteme und Galaxien sich in den ersten 10^9 Jahren gebildet hätten. Zu dieser Zeit war jedoch die Expansion des Universums enorm stark; sie arbeitete gegen die selbstgravitierende Tendenz der Gaswolken, sich in lokale Nebel zusammenzuballen. Das Standard-Modell beruht jedoch auf den verkürzten Einsteinschen Feldgleichungen, in denen die sogenannte kosmologische Konstante λ null gesetzt wurde. Macht man jedoch von der Möglichkeit Gebrauch, $\lambda \neq 0$ zu setzen, was einer inneren Krümmung der Raumzeit entspricht, so erlauben die vollen Einstein-Gleichungen ein kosmologisches Modell mit einer langen Ruhepause, in der die Eigengravitation der Gaswolken durch die extreme Expansion nicht sehr behindert wird. Eine Gruppe von Astrophysikern unter der Führung von Wolfgang Prieser befürwortet heute einen solchen alten Kosmos (ca. 30×10^9 Jahre), der dann aber notwendigerweise einen endlichen, aber unbegrenzten Raum mit sphärischer Metrik (Kugelgeometrie)[266] bedingt. Auf einem solchen Umweg kann es, wie man sehen kann, durchaus noch zu einer Validierung von Einsteins Intuition kommen, daß das Universum räumlich endlich ist. Hinsichtlich unserer Leitfrage der Weltbildtransformation ist es einmal bedeutsam, daß durch Einsteins Gravitationstheorie das kosmologische Problem in eine Entscheidungsdefinite Situation gebracht wurde. Klassisch ist die Entwicklung des Kosmos insofern, als sie durch deterministische, kausal agierende Differentialgleichungen beschrieben wird. Einen freien Platz für teleologisch wirksame Kräfte bietet diese Beschreibung nicht. Auf den darunterliegenden Ebenen der großen Strukturen ist jedoch kein reiner Determinismus am Werk, sondern eine raffinierte Verflechtung von stochastischen Zufallsprozessen und deterministischer Entwicklung.

Dies legt es nahe, einen etwas genaueren Blick auf die Frage der Berechenbarkeit des Universums zu werfen.

d) Thermodynamik, Kosmologie und die Richtung der Zeit

Wir haben schon darauf hingewiesen, welch heterogene begriffliche Situation hinsichtlich der Zeitstruktur im 19. Jahrhundert herrschte. Die verschiedenen Evolutionsmechanismen in der Astronomie, Biologie und Geologie deuteten in Richtung auf Aufstieg, Verzweigung und Höherentwicklung. In der Physik selbst war die Situation gespalten. Die Thermodynamik lieferte zwar eine einsinnige, unumkehrbare Zeit, aber in Richtung auf den Abbau von Strukturen. Das unaufhaltsame Entropiewachstum und der damit verbundene Wärmetod vertrugen sich schlecht mit der optimistischen Fortschrittsidee einer stetigen Aufwärtsentwicklung, wie sie sich vor allem in der Biologie darstellte. Aus der Mechanik ergab sich eine eher zyklische Vorstellung, weder eine Anisotropie der Zeit noch eine durchgängige Aufwärtsbewegung. Wenn man Henri Poincarés Wiederkehrtheorem betrachtet, aber auch philosophische Entwürfe wie Friedrich Nietzsches Lehre von der ewigen Wiederkunft, die philosophische Spiegelung der mechanischen Zeitstruktur, so wird deutlich, daß hier ein Konflikt entstanden war, der vermutlich auf der Ebene der klassischen Physik gar nicht lösbar schien.

Es überrascht nicht, daß zu Beginn des 20. Jahrhunderts erneut Spekulationen von einer eigenen Lebenskraft aufkamen, die Thermodynamik schien dies geradezu zu stützen. Wenn aus ihr folgt, daß Struktur nur zerfallen kann, die biologischen Befunde aber den Aufbau von Höherentwicklung von Systemen lehren, dann liegt das Gebiet des Lebendigen wohl nicht in der Reichweite der Thermodynamik. Wir haben schon früher angedeutet, welchen Ausweg Boltzmann selber wählte. Er hatte die kühne Idee anzunehmen, daß der Wärmetod global bereits eingetreten sei und daß das Universum sich längst im thermischen Gleichgewicht befinde. Da in einem räumlich unendlichen Universum Fluktuationen beliebiger Größe auftreten, könnte es sein, daß die Abweichungen von der maximalen Entropie, die wir in unserer Umgebung effektiv beobachten, eine lokale Schwankung sei, die eine Zeitlang die thermodynamischen Voraussetzungen für die Strukturentwicklung liefere. Unsere Welt sei also früher einmal in einen niedrigeren Entropiezustand hineingeschwankt und befinde sich gegenwärtig wieder auf dem aufsteigenden Ast, d. h. die Zeit fließt von weniger wahrscheinlichen zu höher wahrscheinlichen Zuständen. In anderen, weit jenseits unseres Horizontes liegenden kosmischen Bereichen müsse es dagegen gerade eine Entropieabnahme geben, d. h. die Zeit werde da in umgekehrter Richtung ablaufen. Auf dieses Problem werden wir gleich noch eingehen.

Es ist bemerkenswert, daß erst das Zusammenwirken von *Relativitätstheorie* und *Thermodynamik* eine Lösung des Konfliktes von Physik und Strukturwachstum mit sich brachte, die weit weniger spekulativ ist und ohne Boltzmanns Vielweltenhypothese auskommt. Um diese Lösung zu verstehen, ist es notwendig, daß wir die früher erwähnten kosmologischen Modelle der Allgemeinen Relativitätstheorie einmal vom thermodynamischen Standpunkt aus betrachten. Erinnern wir uns, daß Alexander Friedman 1922 gefunden hatte, daß Einsteins Gravitationstheorie zwei Arten von dynamischen Welten zuläßt. Beide beginnen vor endlicher Zeit mit einer extrem heißen und dichten Phase. Beim einen Typ entwickelt sich jedoch nach endlicher Zeit wieder ein heißes Ende, der andere Typ expandiert unendlich lange weiter. Wie sieht die Thermodynamik in diesen Modellen aus? Es ist zu erwarten, daß sich etwas ändert, denn alle thermodynamischen Prozesse in der klassischen Physik waren naturgemäß in einer statischen, unveränderlichen Raumzeit betrachtet worden. Es war ja die einzige Raumzeit, die man damals kannte. Wie gehen aber nun Entropieveränderungen in einer expandierenden und eventuell kontrahierenden Welt vor sich? Bringt diese Veränderung des raumzeitlichen Rahmens möglicherweise eine Wendung in bezug auf das Problem des Strukturaufbaus mit sich?

Ehe wir darauf eingehen, müssen wir einen Blick auf das schon früher angeschnittene Problem der *Zeitstruktur* eines solchen Weltzyklus werfen. Wie läuft denn die Zeit in einer geschlossenen Welt ab? Einige Autoren haben vermutet, daß in der kontrahierenden Phase *Zeitumkehr* auftritt. Diesen Begriff kann man sich am ehesten veranschaulichen, wenn man daran denkt, daß man einen Film in einen Projektionsapparat falsch eingespannt hat und ihn vom Ende her ablaufen läßt. Die Prozesse, die man dabei zu sehen bekommt, erscheinen uns nicht nur irreal, sondern bis zu einem gewissen Grade auch absurd und paradox. Selbst wenn wir die Zeitumkehr nur im physikalischen Kontext betrachten, ist begriffliche Vorsicht geboten. Es gibt verschiedene Ansätze, einen Grund für die Richtung der Zeit zu finden. Einer von ihnen macht das Entropiegesetz dafür verantwortlich, daß wir die strukturalen Unterschiede der beiden Richtungen von der Gegenwart in die Vergangenheit und von der Gegenwart in die Zukunft beobachten. Zukunft scheint auf uns zuzulaufen, während die Vergangenheit, ohne daß wir darauf Einfluß haben, unverfügbar wird. Setzt man das Entropiegesetz zur Erklärung der Asymmetrie der Zeit ein, nennt man dies den *thermodynamischen Zeitpfeil*. Dieser legt eine relationale Zeitauffassung zugrunde, wie sie in der Philosophiegeschichte etwa von

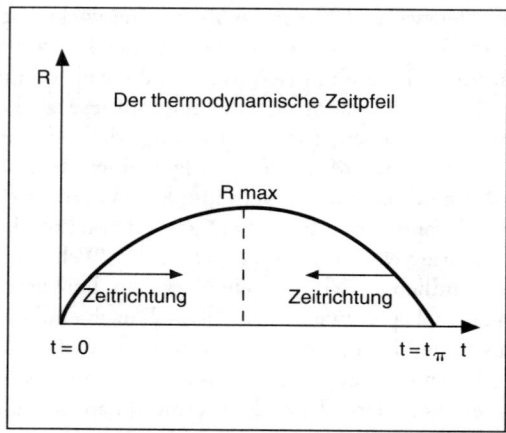

Abb. 12: Relationale Zeitauffassung: Zeitrichtung $\triangleq$ Entropiekurve

Leibniz verteidigt wurde. Bei einer solchen sind es immer *äußere* physikalische Prozesse, die der Zeit ihre asymmetrische Struktur aufprägen, wohingegen bei einer absolutistischen Konzeption, wie sie etwa Newton vertreten hat, die Zeit selbst innerlich ihre Asymmetrie besitzt, die dann in den Prozessen nur zutage tritt.

Koppelt man nun die Asymmetrie der Zeit an das globale Entropiewachstum in einem expandierenden und später rekollabierenden Universum, passiert folgendes: Bei maximaler Ausdehnung (R_{max}) erreicht die Entropie ihren höchsten Wert, danach nimmt sie wieder ab. Für die Zeit würde dies bedeuten, daß ihre Richtung sich ab R_{max} umkehrt. In diesem Fall hätten wir es mit einem zyklischen Universum im *engeren Sinne* zu tun. Die Zeitstruktur, eng an die Prozesse der Welt gebunden, besitzt auch ihre Richtung nur in Anlehnung an die kosmischen Abläufe. (Abb. 12)

Diese Deutung ist allerdings nicht die einzig mögliche. Die Welt, in der die Entropie mit der Zeit abnimmt, hat paradoxe Züge. Reibung z. B. wäre hier keine stabilisierende Dämpfungskraft, sondern würde eher zur Destabilisierung, d. h. zur Aufschaukelung von Vorgängen führen. Zwei Körper, die anfänglich dieselbe Temperatur besitzen, könnten spontan verschiedene Temperaturen annehmen, und es wäre völlig unmöglich vorherzusagen, welcher der heißere sein würde. Wie wir schon bei der Besprechung von Boltzmanns Schwankungshypothese erwähnten, stellt ein eindeutiger Zeitpfeil eine anthropische Randbedingung dar. Sie ist eine notwendige Voraussetzung für die Exi-

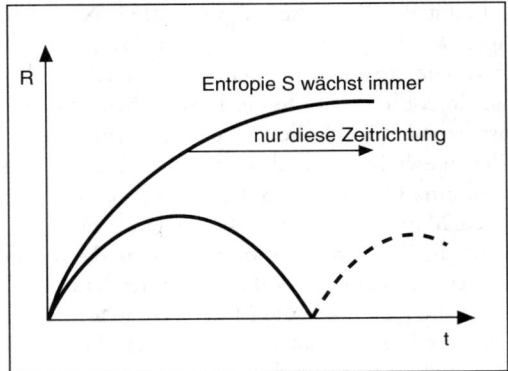

Abb. 13: Absolutistische Zeitauffassung: Zeitrichtung unabhängig
von der Entropiekurve des Universums

stenz lebendiger, kognitiver Systeme. Eine antientropische Welt wäre
unberechenbar und sicher auch für intelligente Lebewesen unbewohn-
bar, da Überleben zum großen Teil auch die Berechenbarkeit der
Umgebung erfordert. Wenn unentwegt völlig Unvorhergesehenes geschehen kann, gibt es keine Möglichkeit, sich vorzubereiten oder einzustellen. Nun, das Universum ist nicht speziell für unser Wohlergehen
da, und so müßten wir diese Konsequenz hinnehmen, wenn sie die einzige wäre. Dies ist jedoch nicht der Fall. Richard Tolman hat 1934 eine
alternative Deutung vorgeschlagen, die keine so enge Verbindung von
Zeitpfeil und kosmischer Entwicklung annimmt.[267] Genau genommen
bieten sich sogar zwei Möglichkeiten an: Man kann die Zeitrichtung
einfach *absolutistisch* als *innere Orientierung der Raumzeit* ansehen. In
diesem Fall hat sie gar nichts mit den Prozessen in der Welt zu tun, sie
ist eine Eigenschaft des metrischen Feldes. Dieses Feld ist orientierbar
und aufgrund der speziellen Metrik, die in unserem Universum vorliegt, besitzt es auch eine bestimmte Orientierung. Diese Orientierung
besitzt die Zeit permanent, was immer auch mit den Inhalten der Welt
geschehen mag. Eine andere Möglichkeit besteht darin, daß man die
Zeitrichtung an die irreversiblen Prozesse *im* Universum bindet wie
Mischungsvorgänge oder Sternlichtemission, die durchgängig Entropie-
produktionen aufweisen. Dadurch erhält man eine stetig ansteigende
Entropiekurve auch in der kontrahierenden Phase. Die Zeit schreitet
dann immer vorwärts, eine Umkehr ihrer Richtung findet nicht statt.
Hier haben wir eine Zyklizität im *schwachen Sinne*, wobei die Laufdauer der späteren Zyklen des Universums immer länger wird. An eine

solche Periodizität der Prozesse hat vermutlich Nietzsche bei seiner Idee der ewigen Wiederkunft gedacht. (Abb. 13)

Wenn man von der zweiten Alternative Gebrauch macht und voraussetzt, daß die Entropie im Laufe der kosmischen Expansion kontinuierlich wächst, tritt natürlich die Frage auf, warum aus einem vorausgesetzten Gleichgewichtszustand je irgendeine wachsende Ordnung hervorgehen konnte. Gleichgewicht bedeutet ja, daß alle Freiheitsgrade der kosmischen Materie im Mittel die gleiche Energie besaßen. Wir können uns nun die Problemsituation am besten klar machen [268], wenn wir uns für einen Moment die Anfangslage des Universums eingefroren vorstellen. Eine gleichverteilte Materie ohne Struktur sei gegeben, plötzlich schalten wir die Expansion ein. Wie ein Motor, einer äußeren Energiequelle gleich, wirkt nun die Expansion, die die Materie auf immer größere Räume verteilt. Die Materie versucht nun, in Einklang mit dem Entropiegesetz das Gleichgewicht zu erreichen, sie kann aber der am Anfang extrem dynamisch ablaufenden Expansion nicht folgen. Bei dem Bestreben der Materie, das Gleichgewicht wieder herzustellen, entstehen nun lokale Dichtekontraste und Druckgradienten, Materieströme und Wirbel sind die weitere Folge. Sie bilden die Keime für spätere Galaxien, Galaxiengruppen und letztendlich das vielfältige Spektrum der Objekte, das wir in der Welt beobachten. Liefe die Expansion allerdings zu langsam ab, würde sich der Materieinhalt stetig an die Raumausdehnung anpassen und das Gleichgewicht dauernd erhalten bleiben. Entscheidend ist also die *Geschwindigkeit der Expansion*. Sie bestimmt, ob und wann das thermische Gleichgewicht verlassen wird. Im Falle unseres Universums dauerte die Gleichgewichtssituation an, bis es ca. 1 Mio. Jahre alt war. Zwar war die Expansion nicht sehr langsam, aber die hohe Temperatur der Teilchen, die alle fast Lichtgeschwindigkeit besaßen, reichte dafür aus, daß sich die Materie an die wachsenden Raumverhältnisse stetig anpassen konnte. Deshalb dauerte es so lange, bis aufgrund ausreichender Abkühlung das Strukturwachstum einsetzen konnte.

So stoßen wir auf ein in mehrerer Hinsicht überraschendes Ergebnis. *Oberste Quelle aller Strukturen* und aller Entstehung von Ordnung ist die *Expansion des Universums*. Sie liefert die Erklärung dafür, warum aus dem Wärmetod der Frühzeit doch noch Entwicklung höherer Komplexität möglich geworden ist. In einem statischen Gleichgewichtsuniversum hätte sich nie eine Entwicklung in Gang gesetzt, hier haben *alle Freiheitsgrade* für alle Ewigkeit die gleiche Energie. Beginnt jedoch ein Gleichgewichtsuniversum sich plötzlich auszudehnen, ist *ein Freiheitsgrad* von dieser Gleichverteilung ausgenommen, nämlich der der Expansion selbst. Es muß zweifellos Staunen erregen, wie stark die lokalen Formen unserer Welt an den Aufbau und die Raumzeitstruktur des Universums gekoppelt sind. Es wäre verfehlt anzunehmen, daß die Erforschung der globalen Entwicklung der Welt nur einen Luxus darstellt, der von eingeschränktem, esoterischen Interesse ist. Die großräumige Struktur des Kosmos ist verantwortlich dafür, daß das, was wir in unserer unmittelbaren Umgebung beobachten, eingeschlossen uns selbst, überhaupt in die Existenz treten konnte.[269] Durch die Symbiose von relativistischer Kosmologie und Thermodynamik ist auch der hohe Zusammenhangsgrad der Naturwissenschaft aufs neue bestätigt worden. Weit gefehlt, daß Biologie und Physik zu inkompatiblen Resultaten führen, das Gegenteil ist der Fall. Die differenzierte Analyse ergibt, daß die Physik die notwendigen Vorbedingungen für die Entstehung komplexer Formen schafft. Komplexität entsteht also nicht *entgegen* oder *unabhängig* von Physik, sondern sie entwickelt sich in Einklang mit ihr und ist sogar *kausal mit ihr verbunden*.

4. Ist die Welt im Großen berechenbar?

Da uns später die Frage der Berechenbarkeit der Natur ausführlich beschäftigen wird, mag es schon jetzt angebracht sein, für die kosmologischen Modelle diese grundsätzliche Frage zu verfolgen. Das Universum ist uns jetzt und heute in seinem speziellen Zustand gegeben, aber wie stark ist dieser durch die Beschaffenheit zu sehr frühen Zeiten bedingt, wie stark der kausale Zusammenhang? Davon hängt es ab, ob wir aus den heutigen astrophysikalischen Daten die Frühzustände rekonstruieren bzw. die Spätzustände voraussagen können. Man sollte meinen, daß die Antwort auf diese Frage einfach aus dem deterministischen Charakter der Friedman-Gleichungen hervorgeht. Doch schon bei speziellen himmelsmechanischen Bewegungsvorgängen wie z. B. Kometenbewegungen haben wir gesehen, daß eine deterministische Dynamik sich durchaus mit einer chaotischen Entwicklung verbinden kann. Wenn Newtons deterministische Dynamik mit dem Entstehen von Chaos in Einklang steht, dann ist dies auch für andere deterministische Theorien wie Einsteins Gravitationstheorie zu erwarten.

So scheint es sicherlich nicht unvernünftig zu fragen, ob das Universum bei gleichem oder sehr ähnlichem Frühzustand sich sehr viel anders hätte entwickeln können, bzw. umgekehrt, ob radikal verschiedene Anfangsbedingungen ebenso zur heutigen Situation der Welt geführt hätten. Die Frage nach der *Stabilität der Anfangsbedingungen* ist außerdem mit der Erklärung kosmischer Eigenschaften verbunden. Diesen Zusammenhang kann man auf folgende Weise einsehen: Die von den Astrophysikern A. A. Penzias und R. W. Wilson 1965 festgestellte kosmische Mikrowellenhintergrundstrahlung, ein Relikt des Feuerballstadiums des Universums, zeigt an, daß dieses Universum, großräumig betrachtet, hochsymmetrisch ist. Die relative Temperaturvariation von nur $\Delta T/T \leq 10^{-5}$ zeigt eine hohe Richtungsunabhängigkeit an, und wenn unser Beobachtungspunkt nicht besonders ausgezeichnet ist, worauf nichts hinweist, besagt dies eine außerordentliche Homogenität des Universums. Bei der Expansion der Galaxien wird die Näherung an die Homogenität um so größer, je weiter man in den Raum hinausschaut. Lange Zeit hielt man die hohe Symmetrie, also die perfekte Homogenität und Isotropie, zwar für den Ausdruck einer erstaunlichen Einfachheit, aber nicht für weiter erklärungsbedürftig. Man bemühte sich, die lokalen Abweichungen, also die Strukturen wie Galaxien und ihre Gruppierungen bis hin zu den Superclusters, zu erklären. Erst in den 70er Jahren begann man über die Gleichförmigkeit des Universums selbst zu staunen. Ist es nicht ein kontingenter Zufall, daß das Universum so homogen und isotrop ist, oder wird dieser Zug der Welt von den Gesetzen *verlangt*? Man sollte doch meinen, daß ein System, das sich 20×10^9 Jahre selbst überlassen bleibt, von selber immer irregulärer wird, wie wir es doch mit allen lokalen Bereichen erfahren. Nach so langer Zeit müßte doch eigentlich der hohe Ordnungsgrad, selbst wenn er am Anfang vorhanden gewesen wäre, zerfallen sein.

Aber war der Frühzustand eigentlich gleichförmig, bzw. wie entwickeln sich relativistische Modelle, wenn sie am Anfang kleine oder gar starke Abweichungen von der Friedman-Symmetrie besitzen? Diese störungstheoretische Frage führt uns direkt zum *Chaosproblem in der Kosmologie*. Einige Theoretiker wie z. B. Charles Misner argumentierten, daß es doch recht unbefriedigend sei, wie dies im Standardmodell geschehe, die hohe Symmetrie einfach für den Anfangszustand des Universums zu postulieren.[270] Methodologisch betrachtet heißt dies, die heutige Regularität damit zu erklären, daß sie immer so war. Viel mehr hätte man erreicht, wenn man zeigen könnte, daß das Universum *notwendigerweise* diesen uniformen Zustand erreichen muß, wie immer es auch begann. Dann wäre es auch nicht mehr so betrüblich, wenn man die wirklichen Anfangsbedingungen nicht mehr eruieren könnte. Allerdings müßte sich für eine solche Entwicklung vom chaotischen Anfang eine Dynamik finden lassen, die das Universum in Richtung auf Ausgleich der Gegensätze, auf Isotropie und Homogenität überführt. Unter Chaos ist dabei ein hoher Kontrast in den Zustandsgrößen gemeint. Druck, Dichte, Temperatur, Gravitationsfelder haben an verschiedenen Orten stark unterschiedliche Werte. Wenn man die passenden Dämpfungsmechanismen findet, die das Chaos in die Regularität überleiten, wären Homogenität und Isotropie nicht mehr eine postulierte, unerklärliche Anfangsbedingung, sondern das Ergebnis kausaler Vorgänge. Man hätte damit eine nomologische Erklärung der Gleichförmigkeit des Universums.

Eine solche Dämpfungssituation läßt sich anhand eines Alltagsvorganges klarmachen.[271] Wenn an einer Steilküste jemand über eine hohe Klippe Steine auf das Meeresufer wirft, kann dann ein am Meeresstrand sitzender Beobachter die Auftreffgeschwindigkeit vorhersagen, auch wenn er die Anfangsgeschwindigkeit des geworfenen Steines nicht kennt? Zuerst wird man intuitiv vermutlich sagen, daß der Beobachter am Meeresufer ohne Kenntnis der Anfangssituation niemals die Endgeschwindigkeit am Aufschlagplatz wird prognostizieren können. Wenn man allerdings die Bremswirkung der Luft in Rechnung stellt, wird klar, daß sich immer eine feste Endgeschwindigkeit einstellt, unabhängig ob der Mann am Klippenrand den Stein mit großer Wucht nach unten geworfen hat oder ihn einfach fallen ließ, vorausgesetzt, die Klippe ist ausreichend hoch. Die konstante Endgeschwindigkeit ist erreicht, wenn die Gravitationskraft und die Reibungskraft der Luft gerade gleich groß sind. In dieser Situation geht die Information über den Anfangszustand im Bremsvorgang verloren und ist nicht mehr aus dem Endzustand rekonstruierbar. Es handelt sich, wie man metaphorisch sagt, um ein System ohne Gedächtnis. Die Vermutung der *chaotischen Kosmologie* war, daß auch das Universum ein System sei, das die Erinnerung an seinen Anfangszustand verloren habe. Mag sein, daß in der sehr frühen Zeit die Expansionsraten in allen Richtungen enorm geschwankt haben, vielleicht waren sogar vielfach Expansion und Kontraktion in benachbarten Regionen vorhanden.[272] Mit der Zeit traten aber Bremsvorgänge auf, z. B. innere Reibung der anisotropen Bewegung oder Teilchenerzeugung, die eine Dissipation, also eine Zerstreuung der Energie der Anisotropiebewegung bewirkte, wodurch die Welt großräumig geglättet und homogenisiert wurde. Dieses *chaotische Szenarium*, das überdies historischen Vorbildern sehr gut entspricht, hätte ohne Zweifel mehr erklärende Kraft gehabt als das Standardmodell, bei dem die heutige hohe Symmetrie nicht wirklich verständlich wird. Man hätte überdies wirklich von der Entstehung von *Ordnung aus dem Chaos* sprechen können, ganz im Sinne der modernen Theorien der Morphogenese. Die Aufgabenstellung der chaotischen Kosmologie war ebenso ambitioniert wie umfangreich, denn sie behauptete ja, daß *alle* denkbaren, also physikalisch möglichen Anfangsbedingungen später regulär würden. Aber bereits eine *einzige* Klasse von irregulären Anfangsbedingungen, die sich zu späten Zeiten nicht selbst glattbügelt, bringt das Programm zu Fall.

Überdies hat das Verfahren auch einen zeitlichen Aspekt. Die Glättung braucht Zeit. Die Frühzustände des Kosmos können im Prinzip ja so extrem irregulär sein, daß die Zeit bis heute gar nicht ausreicht für die Isotropisierung. Diese Zustände könnte man *ultrachaotisch* nennen. Im Bild der früher genannten Klippe bedeutet dies, je stärker der Stein geschleudert wird, desto später geht das Gedächtnis des Systems verloren. Dann entsteht die Frage, wie oft solche ultrachaotischen Anfangszustände in der Menge aller irregulären Anfangsbedingungen vorkommen. Wären sie von verschwindender Häufigkeit, gäbe es keinen Grund zur Beunruhigung. Um das herauszufinden, hat man Stabilitätsuntersuchungen an den homogenen kosmologischen Raumzeiten durchgeführt.[273] Die Durchmusterung hat das überraschende Ergebnis zutage gefördert, daß es sehr viele ultrachaotische Anfangsbedingungen gibt, darunter auch solche, die *niemals* einen regulären Endzustand erreichen, und solche, die immer chaotischer werden. Genauer gesagt, fast alle denkbaren Frühzustände führen mit wachsender kosmischer Zeit zum späten Chaos. Damit gehört unser Universum zu jenem Ausnahmefall, bei dem schon ganz früh ein hochsymmetrischer Zustand vorgelegen haben muß. Ehe wir diese Konsequenz weiterverfolgen, soll noch einmal das bemerkenswerte Ergebnis betont werden: *Das allgemeine Verhalten physikalisch realistischer Raumzeiten, die Lösungen von Einsteins Gravitationstheorie sind, ist durch eine natürliche Tendenz zur Irregularität ausgezeichnet.*

Es hat sich überdies später gezeigt, daß die notwendigen zusätzlichen Dämpfungsmechanismen, die vorgeschlagen worden sind, um das primordiale Chaos in eine symmetrische Verfassung überzuführen, allesamt zu wenig wirksam sind. Reibungsvorgänge können nur dann anfängliche Anisotropien glätten, wenn diese in der Amplitude nicht zu groß sind und nicht einen zu großen Bereich erfassen. Auch die Horizontstruktur des Universums ist den Glättungsprozessen im Wege. Heute wie damals zerfällt das Universum in kausal entkoppelte Bereiche, die so groß sind, daß das Licht sie gerade durchqueren konnte in der Zeit, die seit der Entstehung des Universums verflossen ist. Der Ausgleich der Kontraste in Dichte, Druck, Krümmung und Expansionsrate konnte nach dem Prinzip der lokalen Kausalität nur mit $v \leq c$ innerhalb eines Horizontbereiches erfolgen. Als das Universum eine Sekunde alt war, umfaßte dieser Bereich etwa 100 000 km. Innerhalb desselben hätten Glättungsprozesse (z. B. die Wirkung von Neutrinos) Anisotropien zum Verschwinden bringen können. Die Horizontweite ist von damals durch die Expansion auf 10^{10} km gedehnt worden, Gleichförmigkeit wird jedoch heute in einem weitaus größeren Gebiet beobachtet, nämlich ca. 10^{23} km. Bei dem heutigen Alter des Universums, das maximal etwa 2×10^{10} Jahre beträgt, hätte die Zeit nie gereicht, um die Homogenisierung über kausale Prozesse zu bewerkstelligen. Die Chaos-Kosmologie stößt somit auf das Kausalitätsparadoxon, das allerdings auch ein unerklärtes Faktum im Standardmodell darstellt. Dort allerdings kann die Inflation, jene heftige Expansion der Frühzeit, zu Hilfe kommen, um verstehen zu lassen, warum in kausal entkoppelten Bereichen die Materiedichte bis auf 1 ‰ gleich ist. Um das Chaosszenarium zu retten, könnte man auch die Vermutung äußern, daß im Planck-Bereich, das ist das Intervall vom Anfang bis 10^{-43} s nach Beginn, das Universum in einem noch unbekannten quantengravitativen Zustand gewesen sei, bei dem die Allgemeine Relativitätstheorie und damit auch die lokale Geltung der Speziellen Relativitätstheorie außer Kraft gesetzt sei. Eine solche Vermutung ist jedoch heute eine Hypothek auf die Zukunft.

Der entscheidende Prüfstein für die Chaoskosmologie kam von der Thermodynamik her.[274] Beim Umwandeln von mechanischer Energie in Wärmeenergie (z. B. beim Bremsen eines Autos) wird kinetische Energie, die nur in einem Freiheitsgrad liegt (in der Vorwärtsbewegung des Autos), auf viele Freiheitsgrade (die Moleküle der Bremsanlage) verteilt und lebt dort als Wärmeenergie weiter. Diese Degradierung der kinetischen Energie ist mit einem Entropiewachstum verbunden. Die mit höherer Entropie behaftete Wärmeenergie wird über verschiedene Zwischenstationen letzten Endes an den Weltraum abgegeben. Das Wärmereservoir des Universums ist seine Hintergrundstrahlung. Alle Strahlung, die durch Reibungsvorgänge oder irgendwelche anderen dissipativen Prozesse entstanden ist, muß in dieser degradierten Energieform wieder auftauchen. Wenn also in der Frühzeit viele turbulente chaotische Vorgänge existierten, die durch hochwirksame dissipative, also zerstreuende Mechanismen Anisotropie zerstörten, dann muß auch entsprechend viel Hintergrundstrahlung vorhanden sein. Eine hohe Entropieproduktion in der Frühzeit muß sich also im heutigen Entropiewert des Universums spiegeln. Dieser ist zahlenmäßig durch das Verhältnis der vorhandenen Photonen N_γ zu den existierenden Baryonen N_B gegeben. Diese Zahl $\eta = \dfrac{N_\gamma}{N_B}$ bestimmt sich empirisch zu

$\eta = 10^{9\pm1}$. Eine numerische Kalkulation ergab jedoch, daß das Abbremsen starker Anisotropien und Inhomogenitäten auf das derzeit beobachtete Niveau der Glattheit eine gigantische Überproduktion von Entropie in Form von Photonen der Hintergrundstrahlung geliefert hätte, die sich in einem Wert von $\eta = 10^{39}$ niederschlagen würden. Abgesehen davon, daß dieser Wert astrophysikalisch absurd ist, hätte er auch jede Art von Lebensentstehung in der entscheidenden kosmischen Epoche verhindert.

Somit ergibt sich aus thermodynamischen Gründen eine zeitliche Grenze für Chaotizität des Universums [275], das Chaos kann nur *vor* t $= 10^{-35}$ s die Szene beherrscht haben, danach müssen die Zerstreuungsvorgänge für die anfänglichen Turbulenzen beendet gewesen sein, sonst hätte sich viel zu viel Entropie gebildet, von der aber heute nichts zu sehen ist. Das Universum war demnach schon sehr früh glatt und symmetrisch. Dies ist vom Erkenntnisstandpunkt ein eher enttäuschendes Ergebnis im Hinblick auf eine dynamische Erklärung der heutigen Regularität. Auf der anderen Seite erlaubt der sehr frühe Friedman-Charakter, daß es sehr alte kosmische Fossilien geben muß, die Rückschlüsse auf die tiefe Vergangenheit erlauben. Wenn permanente Dissipationsprozesse am Werk gewesen wären, hätten diese alle Spuren zerstört. In einem wahrhaft chaotischen Universum ist der Anfang absolut verschlossen, allerdings würde er auch nicht mehr gebraucht, um den heutigen Zustand der Welt zu verstehen. Obgleich das Programm der chaotischen Kosmologie heute verlassen wurde, ist die dahinterstehende philosophische Idee in andere Erklärungsansätze eingegangen, so in das inflationäre Szenarium und insbesondere in das Konzept der chaotischen Inflation von Andrej Linde. Davon wird später noch die Rede sein.

Aber wie soll man eigentlich verstehen, daß sich in Einsteins Gravitationstheorie, in der nur mit stetigen Funktionen der Ortskoordinaten gearbeitet wird, Chaos ausbildet. Nun, wir haben es an einigen Beispielen aus der klassischen Himmelsmechanik bereits gesehen, wie ganz einfache mechanische Systeme unberechenbar werden können. Der deterministische Charakter der Theorie stellt dabei kein Hindernis für die Entwicklung von Chaos dar; im Gegenteil; es ist der besondere Zug solcher Systeme, für bestimmte Anfangsbedingungen Irregularität zu entwickeln. Auch in Einsteins Gravitationstheorie zeigen einige Lösungen das typische Verhalten nicht berechenbarer Systeme. Im Jahre 1921 fand der Mathematiker Eduard Kasner eine partikuläre Lösung der Feldgleichungen, die ein sonderbares Verhalten aufweist. [276] Es ist eine räumlich homogene Lösung; zu jedem Zeitpunkt weist der Raum flache, euklidische Struktur auf. Der Raum expandiert aber in einer richtungsabhängigen Weise. In zwei verschiedenen Richtungen wird der Raum unterschiedlich stark auseinandergezogen, in einer dritten Richtung zieht er sich sogar zusammen. Nimmt man ein Volumenelement heraus, so deformiert die Expansion dasselbe mit der Zeit wie einen langsam sich abplattenden Pfannkuchen. Zur Beschreibung unserer tatsächlichen Welt ist die Kasner-Lösung denkbar ungeeignet. In ihr müßten sich bei dem von den fernen Galaxien ankommenden Licht sowohl Rot- als auch Blauverschiebungen zeigen. Ein Drittel der Himmelssphäre würde blauverschobenes Licht von Galaxien aufweisen, das die Kontraktion des Raumes näher an uns heranführt.

Das *Kasner-Modell* ist nur deshalb heute von Bedeutung, weil es den Ausgangspunkt für ein noch wesentlich komplizierteres anisotropes Modell darstellt, nämlich das *Mixmaster-Universum*.[277] An dieser Raumzeit läßt sich die Frage der Berechenbarkeit in Einsteins Gravitationstheorie studieren. Im Gegensatz zum Kasner-Universum ist es endlich im Raum, durchläuft somit nur eine Expansionsphase vom Urknall zum Endkollaps. Verfolgt man es in die Vergangenheit, zeigt es eine Zeitlang ein kasnerartiges Verhalten, d. h., es zieht sich in zwei Richtungen zusammen und dehnt sich in der dritten Richtung aus, wobei das Gesamtvolumen kleiner wird. Bei einem charakteristischen Zeitwert verändert sich plötzlich das Verhalten des Modells. In der vorher expandierenden Richtung fängt es an zu kontrahieren und in einer der früher kontrahierenden Richtungen zu expandieren, die dritte kontrahierende Richtung bleibt bei ihrer Bewegung. Über längere Zeit tauschen zwei Richtungen andauernd ihre Bewegung. Nachdem die zwei Achsen den diversen Rollentausch hinter sich haben, fängt die dritte Achse mit einer der beiden anderen einen stetigen Tausch von Expansion und Kontraktion an, wobei die übrigbleibende Richtung sich jetzt wieder stetig zusammenzieht. Der Rollentausch der Bewegungsrichtungen geht nun, wenn man sich immer mehr der Anfangssingularität nähert, unendlichmal vor sich. Es treten dabei unendlich viele sogenannte Mixmaster-Schwingungen auf, deren Amplituden immer größer werden in dem Maße, wie das Volumen des Raumes abnimmt. Diese Tatsache hat besondere Bedeutung, wenn man am Zeitproblem bzw. an der Frage des absoluten Nullpunktes der Zeit interessiert ist.[278]

Uns interessiert hier aber eine andere Eigenschaft des Mixmaster-Universums, auf die besonders J. D. Barrow hingewiesen hat.[279] Wenn wir das Muster der Schwingungen betrachten, wie sie sich in Richtung auf die Vergangenheit entwickeln, so sehen wir, daß die Zahl der Schwingungen pro Zyklus nicht völlig zufällig ist, sondern in einer differenzierten Weise vom vorigen Zyklus abhängt. Dabei existiert ein *Algorithmus*, wie man bei Vorgabe der kleinen Schwingungen im ersten Zyklus die Zahl der Schwingungen in den anderen Zyklen berechnet. Solche Rechenregeln existieren auch für die Amplitude und die Frequenz der Schwingung. Der Algorithmus garantiert nun zwar die exakte Berechenbarkeit der zukünftigen oder vergangenen Schwingungen, aber dann und nur dann, wenn man den Ausgangszustand absolut genau kennt. Dieses Wissen ist grundsätzlich unverfügbar, nicht nur aus quantenmechanischen Gründen, sondern auch, wie wir im Kapitel IV noch genauer sehen werden, weil dies nur durch eine reelle Zahl geschehen könnte, die unendlich viele Dezimalstellen beinhaltet. Kennt man beim Mixmaster-Algorithmus den Anfangszustand nur mit einer winzigen Ungenauigkeit, so verstärkt sich der Fehler nach wenigen Zyklen so, daß über die Zahl der Oszillationen in den zukünftigen Zyklen nichts mehr ausgesagt werden kann. Damit wird klar, daß das Mixmaster-Universum nicht das Prinzip der starken Kausalität erfüllt, wonach ähnliche Ursachen ähnliche Wirkungen besitzen. Die schwache Kausalität jedoch, derzufolge das System sich aus identischen Anfangsbedingungen immer in identische Zukunftszustände entwickelt, ist für die effektive Berechenbarkeit unanwendbar. Trotz der eindeutigen, gesetzesartigen Bestimmtheit der Mixmaster-Welt, sie ist ja die Lösung einer klassischen, deterministischen Theorie, ist ihre Entwicklung wegen ihrer empfindlichen Abhängkeit von den Anfangswerten nicht längerfristig vorhersagbar. Wir begegnen also auch im Bereich der Allgemeinen Relativitätstheorie dem Phänomen der *Nichtberechenbarkeit*, das in der empfindlichen Abhängigkeit von den Anfangsbedingungen bzw. in der nichtlinearen, exponentiellen Fortpflanzung von Fehlern der Messung gründet. Die Unmöglichkeit der Langzeitberechenbarkeit ist dabei nicht eine pragmatische, technische Schwierigkeit des Meßprozesses, sondern liegt in der speziellen Natur des Systems verborgen. Auch einige relativistische Systeme haben somit ein neuartiges *objektives Zufallselement* in sich. Ein Hinweis mehr, daß der Zufall bereits in der klassischen Physik viel stärker repräsentiert ist, als man von dem Typus der Theorie erwartet hätte.

Unser wirkliches Universum, wie es heute von der Astrophysik bestätigt wird, ist jedoch nicht vom Mixmaster-Typ. Es ist, wie wir schon begründet haben, friedmanartig, also hochsymmetrisch, und das mit großer Wahrscheinlichkeit schon für sehr frühe Zeiten. Allerdings ist in diesem besonderen, ausgezeichneten Zug unseres Universums ein Problem verborgen. Die heutige hohe Isotropie des Universums, wie sie sich vor allem in der 3K-Strahlung widerspiegelt, ist weder eine allgemeine noch eine stabile Eigenschaft von allen homogenen relativistischen Raumzeiten. Aus den schon erwähnten Stabilitätsanalysen von räumlich homogenen, aber anisotropen Modellen geht hervor, daß nur in jenem Sonderfall verschwindender Krümmung, im sogenannten Einstein-de Sitter-Universum, kleine Abweichungen von der symmetrischen Regularität sich wegdämpfen. Alle anderen homogenen Modelle positiver oder negativer Krümmung, das ist die überwältigende Mehrzahl, isotropisieren sich im Alter nicht. Für die Tatsache, daß wir offensichtlich in einer speziellen, hochunwahrscheinlichen Welt leben, hat man nun eine ungewöhnliche Erklärung vorgeschlagen. Man muß sich dazu klarmachen, daß Galaxienbildung an eine bestimmte Expansionsform gebunden ist. Galaxien wachsen, wie wir später noch genauer sehen werden, aus kleinen Dichte-Inhomogenitäten der Frühzeit heraus, irgendeine Art von Körnigkeit einer statistischen oder einer anderen Art muß in der Frühzeit vorhanden gewesen sein. Die Materiedichte ϱ (x) weicht von der mittleren Dichte $\bar{\varrho}$ (x) über den Bereich x in einem gewissen Maße ab.[280] Am Anfang waren die Inhomogenitäten, also die Stellen im Bereich x, wo eine etwas höhere Dichte vorlag, sicher klein, dann verstärkten sie sich, wurden gravitativ instabil und später gravitativ gebunden, bis letztendlich daraus galaktische und stellare Strukturen auskondensierten. Die Expansion des Raumes tendiert dazu, die Materiekondensationen auseinanderzuziehen. Ist die Expansionsrate zu hoch (was einem Dichteparameter $\Omega \ll 1$ entspricht), werden die Keime jeglicher Strukturbildung gleich zu Anfang so vehement ausgedünnt, daß keine Galaxien und Sterne zustande kommen. Liegt die Expansionsrate sehr niedrig ($\Omega \gg 1$), weil die hohe mittlere Dichte stark bremst, so ist die Laufzeit des Universums so kurz, die Endsingularität tritt so früh ein, daß die Galaxien sich aus diesem Grund nicht bilden können. Nur in einem schmalen Ausschnitt, wo die Expansionsrate nahe an der kritischen Rate liegt, um den Rekollaps zu vermeiden ($\Omega \approx 1$), ist Galaxienbildung möglich, damit aber auch die Basis für Lebensentstehung gegeben. (Abb. 14)

Einige Autoren wie etwa Barry Collins und Stephen Hawking waren der Meinung, daß die feinabgestimmte Isotropie nur über die *Existenz des Menschen* erklärt werden könne. Da die Isotropie des Universums und das Vorhandensein erkennender Lebewesen Ergebnisse der Tatsache sind, daß das Universum gerade mit der kritischen Rate expandiert, die den Rekollaps vermeidet, kann man in einem bestimmten Sinne sagen, daß das Universum deshalb so gleichförmig in alle Richtungen ist, *weil wir da sind*.[281] Dieser Erklärungsform hat dann 1974

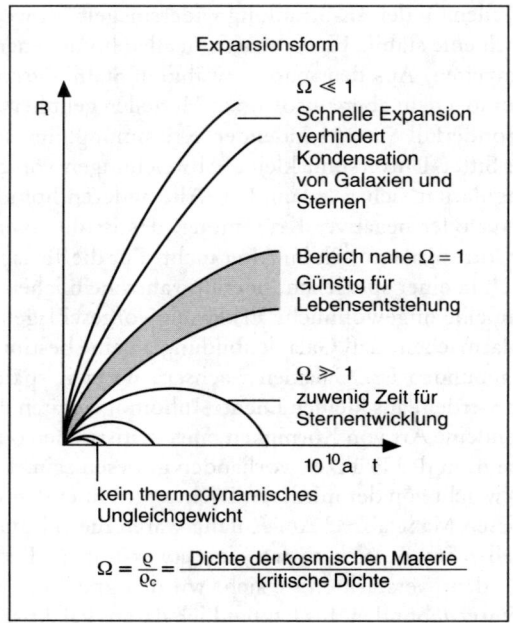

Abb. 14: Kosmische Bedingungen für Leben

Brandon Carter den Namen Anthropisches Prinzip gegeben. Das Anthropische Prinzip ist von einzelwissenschaftlicher wie von erkenntnistheoretischer Seite her scharf kritisiert worden. Physikalisch läßt sich gegen die anthropische Erklärung der Isotropie einwenden[282], daß das Universum vielleicht offen, aber noch zu jung ist, als daß sich die Anisotropie in der 3K-Strahlung gezeigt hätte. Wenn man von der Erkennbarkeit her argumentiert, dann kann man auch vertreten, daß ein Universum mindestens so alt ist, daß die Sterne, die die einzigen Energielieferanten für Leben sind, in ihrer Blütezeit stehen, d. h. Leben, Bewußtsein und Erkenntnis vor allem dann vorhanden sind, wenn das Universum das Durchschnittsalter von Hauptreihensternen besitzt (ca. 10^{10} Jahre). Da alle Sterne ihren Brennstoff in ca. 10^{12} Jahren aufgebraucht haben und die Galaxien nach 10^{18} Jahren vermutlich zu schwarzen Löchern kollabiert sind, Kernmaterie aufgrund des Protonzerfalls nach 10^{32} Jahren auch verschwindet, werden auf Kohlenstoffbasis aufgebaute Planetenbewohner zu solch späten Zeiten das Universum sicher nicht mehr beobachten können. Wenn die Abweichungen von der Isotropie sich in der dann weiter drastisch abgekühlten Mikrowellenhintergrundstrahlung zeigen, ist kein intelligentes Wesen mehr vorhanden, um diese Anisotropie festzustellen. So läßt sich erst einmal gar nicht entscheiden, ob unser Universum zur Gruppe der extrem seltenen flachen Welten mit verschwindender Gesamtenergie gehört, in denen sich alle Irregularitäten der Frühzeit isotropisierten, oder ob unser Universum zu einem weniger seltenen Typ gehört, aber so jung ist, daß die inhomogenen Störungen der Frühzeit sich noch nicht in der Hintergrundstrahlung gezeigt haben.

Erkenntnistheoretisch wurde gegen die anthropische Argumentation vorgebracht[283], daß es sich hier keinesfalls um echte Erklärungen handelt, da in keiner der beiden obigen Begründungen *kausale Vorgänge* involviert sind, die verstehen lassen, *warum* das Universum isotrop ist. Rein formal kann man eine Erklärung konstruieren, die nach dem gewöhnlichen Schema gebaut ist, wonach das zu erklärende Ereignis aus einer Gruppe von Gesetzen zusammen mit den Rand- und Anfangsbedingungen abgeleitet wird. Eine solche deduktiv nomologische Erklärung für die Tatsache der Isotropie könnte so aussehen:

Gesetze $\begin{cases} \text{Einsteins Gravitationstheorie} \\ \text{Gesetze zur Galaxienbildung über Gravitationsinstabilitäten} \\ \text{Biochemische Theorien der Lebensentstehung} \end{cases}$

Randbedingung: Intelligentes Leben existiert

Das Universum ist isotrop

Trotz dieser formal logisch korrekten Erklärung ist sie nicht ernst zu nehmen, weil die Erklärungsrichtung falsch ist. Der *ursächliche* Vorgang bewegt sich nur von den kosmologischen Bedingungen der Frühzeit zu der Existenz von Lebewesen in der Gegenwart, aber nicht umgekehrt. Die heutige Existenz intelligenter Lebewesen kann nicht die *ursächliche* Begründung für kosmische Zustände der Frühzeit sein. Dies würde die Kausalstruktur und die Richtung der Zeit verletzen. Damit können anthropische Argumentationen keine echten Erklärungen sein.

Können sie wirklich nicht? Wenn es nur eine einzige Welt gibt, unsere, in der die hochunwahrscheinliche Koinzidenz der Isotropie vorliegt, gibt es vermutlich keinen Ausweg aus dem Erklärungsdilemma ohne eine grobe Verletzung der Kausalität, ohne Einführung retrokausaler Prozesse, die noch niemals beobachtet wurden. Schon Collins und Hawking, später auch Brandon Carter[284], haben darauf hingewiesen, daß man in diesem Fall zu einer Annahme greifen könnte, die auch schon bei der Interpretation der Quantenmechanik eine Rolle gespielt hat, nämlich der *Existenz von vielen Welten*. Die Grundidee ist nicht so absurd, wie sie vielleicht auf den ersten Blick klingt, und sie hat eine respektable Geschichte.[285] In unserem Zusammenhang nimmt man an, daß es nicht nur ein Universum gibt, sondern ein unendliches Ensemble von Universen mit allen möglichen Anfangsbedingungen. Da sich richtungsabhängige Störungen in ihrer Entwicklung als instabil erwiesen haben, folgt, daß fast alle Welten mit wachsender Zeit hoch anisotrop werden. Alle diese Welten enthalten höchstwahrscheinlich keine Galaxien, da die zugehörige Expansion das Wachstum der Kondensationen verhindert. Wenn es jedoch nebeneinander alle diese verschiedenen Welten gibt, mit lebensfreundlichen und lebensfeindlichen Anfangsbedingungen, so müssen wir nicht mehr so erstaunt sein, daß in unserer Welt die unwahrscheinliche Flachheitsbedingung relativ gut erfüllt ist. In allen anderen Welten werden zur Spätzeit einfach keine Galaxien, Planeten und damit auch keine Lebensbasen existieren und deshalb auch keine intelligenten Wesen vorhanden sein, die über die kosmischen Koinzidenzen nachdenken.

Mit wenigen Ausnahmen haben die Vertreter des Anthropischen Prinzips immer nur behauptet, daß, *wenn* wir als Beobachter existieren, *dann* das Universum bestimmte Züge haben muß, nicht nur in der Expansionsform, sondern in einem guten Dutzend von gesetzesartigen Eigenschaften.[286] Die Befürworter des Anthropischen Prinzips, mit Ausnahme vielleicht von J. A. Wheeler[287], der sich für das starke und partizipatorische Anthropische Prinzip eingesetzt hat, haben nicht verteidigt, daß ein Universum nur dann existieren kann, wenn es zu späten Zeiten irgendwann von Beobachtern bewohnt wird.

Diese Unterscheidung ist wichtig, um zu beurteilen, ob über das Anthropische Prinzip nun wieder die *Teleologie* in das moderne physikalische Weltbild eindringt oder ob damit gar eine neue idealistische, anthropozentrische Sicht der Welt begründet werden kann. Um das abzuschätzen, sollte man bedenken, daß das Anthropische Prinzip zwei getrennte Ideen umfaßt. Einerseits sagt es, wenn das Universum physikalisch grundsätzlich anders beschaffen wäre, könnten wir nicht hier sein, um es zu untersuchen; andererseits liefert die Analyse der notwendigen Voraussetzungen für unsere Existenz Informationen über das Universum. So besehen, ist das Anthropische Prinzip ein *Selektionsprinzip*, das den Zusammenhang zwischen der Menge aller physikalisch möglichen Welten und ihrer erkennbaren Untermenge ausdrückt. Unter welchen Bedingungen hat eine Welt die Disposition, im Laufe ihrer Entwicklung Leben, Bewußtsein und Intelligenz hervorzubringen? Diese Frage ist beantwortbar, indem man in einem Gedankenexperiment die zentralen Kenndaten unseres Universums einer *Variationsanalyse* unterwirft. Das Ergebnis ist überraschend. Die zulässige anthropische Variationsbreite ist äußerst gering. Um viel dürfte sich das Universum nicht von seinen aktualen, physikalischen Bedingungen unterscheiden, ohne daß Leben aus der Welt verschwindet. Dies ist das überraschende Faktum, das es zu verstehen gilt: *die Feinabstimmung*. Die philosophische Interpretation dieser Feinabstimmung ist jedoch nicht eindeutig, darauf hat vor allem John Leslie hingewiesen.[288] Die Feinabstimmung ist eine deskriptive Tatsache, aber ist sie überhaupt erstaunlich? Jemand könnte auch argumentieren, daß gar kein Erklärungsbedarf vorliegt, denn *irgendwelche* Werte für die Fundamentalkonstanten muß unsere Welt ja besitzen, und *zufällig* hat sie die passenden, so daß sich Leben entwickelt hat. Auf der anderen Seite besitzt die Feinabstimmung eine bestimmte Verführung, sie *teleologisch* oder *theologisch* durch einen Feinabstimmer zu erklären. Wenn unser Klavier gerade ausgezeichnet gestimmt ist, liegt es auch nahe anzunehmen, daß der Klavierstimmer gerade kürzlich dagewesen ist. Hier kann man nun die metaphysische Hypothese einsetzen, die einem am besten liegt. John Leslie optiert z. B. für eine neuplatonische Variante, wonach es ein *ethisches Erfordernis* gibt, das schöpferisch wirksam ist und die Welt hervorbringt. Aber auch eine rein theistische Annahme kann hier eingesetzt werden. Für einen Naturalisten liegt als dritte Variante die Option der Vielwelten-Hypothese nahe. Wählt man die letztere, dann heißt es: Alle Kombinationen von Konstanten kommen vor, alle physikalisch möglichen Welten existieren, und in einer der lebensfreundlichen Welten finden wir uns vor. Hier werden keine supernaturalistischen Entitäten gebraucht, um die erstaunliche Feinabstimmung zu erklären. Die Selbstorganisation komplexer Strukturen erfolgt in der erkennbaren Untermenge aller Welten, die die passenden Parameterwerte und Kombinationen von Konstanten besitzen, und zwar nach rein physikalischen Gesetzen.

Es gibt eine Reihe von Möglichkeiten, sich ein Weltensemble vorzustellen. Eine folgt unmittelbar aus bestimmten Erklärungsdefiziten des kosmologischen Standardmodells. Wie überall in der Physik hat jedes Modell seinen Geltungsbereich; da es immer mit bestimmten Vereinfachungen arbeitet, ist es zu erwarten, daß seine Anwendung Grenzen besitzt. Das Standard-Friedman-Modell enthält eine Reihe von kontingenten Zügen, die das Modell korrekt beschreiben, aber nicht erklären kann.[289] Da ist einmal jene präzise *Homogenität* des Universums, die sich in der Hintergrundstrahlung und näherungsweise auch in der

Galaxienverteilung spiegelt und die wegen der endlichen Ausbreitungsgeschwindigkeit des Lichtes zum früher erwähnten Kausalitätsrätsel
führt. Dieses ist keine logische Schwierigkeit, jedoch möchte man
gerne wissen, *warum* etwa zum Augenblick der Abkopplung von
Strahlung und Materie in solchen Bereichen exakt gleiche Temperaturen geherrscht haben, die in der Zeit, die seit dem Urknall verflossen
ist, gar keinen physikalischen Kontakt gehabt haben konnten. In gleicher Weise stellt die heutige Nähe der Dichte des Universums zur kritischen Dichte $\varrho_o = 0,1 \; \varrho_{krit}$ ein Faktum dar, das zu einem Rätsel führt.
Denn wenn wir diese Situation in die Vergangenheit verlängern, dann
fordert dies für t = 1 s bereits eine Feinabstimmung von 10^{-15}, und wie
Alan Guth zuerst bemerkt hat[290], darf für die Planck-Zeit die Abweichung der Dichte vom kritischen Wert nur 10^{-57} gewesen sein. Dies
bedeutet andersherum gesagt, daß das Universum ca. 10^{60} Planck-Zeiten
expandiert hat, ohne sich wesentlich von der kritischen Dichte zu entfernen. Diese und einige weitere erklärungsheischende kontingente Züge
des Standardmodells haben die *Inflationsidee* auf den Plan gerufen.
Wenn man in die sehr frühe Zeit (t bei 10^{-35} sec) eine extrem schnelle exponentielle Expansionsphase einbaut, kann man die Rätsel des Standardmodells lösen: Die frühen, möglicherweise stark chaotischen Inhomogenitäten und Anisotropien werden geglättet, es entsteht Uniformität.
Dies kann man sich leicht veranschaulichen, wenn man sich etwa die
Erde aus Gummi aufgebaut vorstellt und sie dann einem heftigen Auf-
blasvorgang unterwirft. Die Runzeln, die der Himalaja heute darstellt,
würden praktisch zur Unsichtbarkeit verschwinden. Wenn das frühe
Universum eine hohe Krümmung der Raumzeitstruktur gehabt hat,
wird diese Krümmung bis zur Flachheit gestreckt. Damit gibt es einen
kausalen Mechanismus, der die heutige Gleichförmigkeit und Flachheit verstehen läßt. Randbedingungen des Urknallmodells werden somit durch die Symbiose von Kosmologie und Elementarteilchenphysik
(durch die großen einheitlichen Theorien = GUT) erklärbar. In den
verschiedenen Vorschlägen für eine inflationäre Expansionsphase spielen die Higgs-Felder[291] eine wichtige Rolle. Sie beschreiben den insta-
bilen Vakuumzustand, der jenen Phasenübergang erfährt, an dessen
Ende die Materie des Universums aus dem Quantenvakuum erzeugt
wird. Die Higgs-Felder haben weitere wichtige Besonderheiten. Auch
wenn die primordialen chaotischen Züge der präinflationären Epoche
ausgeglichen werden, entstehen im Phasenübergang Fluktuationen im
Higgs-Feld, die durch die spätere Expansion vergrößert werden, und
zwar, wie man hofft, auf eine solche Dimension, daß sie Ausgangspunkt für die Dichtekontraste werden, die für die Galaxienentstehung

nötig sind. Es wäre ein schöner Erfolg des inflationären Szenariums, wenn es genau das notwendige Spektrum von anfänglichen Inhomogenitäten liefern könnte, die später Keime für die Galaxienentstehung geworden sind. Darüber hinaus läßt das inflationäre Modell auch die Idee einer Vielzahl von Welten plausibel werden. Andrej Linde hat gezeigt[292], daß, wenn in einem unendlichen Universum mit einer zufälligen Verteilung aller mikroskopischen Regionen sich Inflationen entwickeln, diese zu den verschiedensten makroskopischen Zuständen führen werden. Notwendigerweise wird sich Leben nur in solchen inflationären Bereichen (= Welten) entwickeln, die so groß sind, daß sie später in ein langlebiges, materiedominiertes Friedman-Universum übergehen. Die vielen Welten ergeben sich relativ natürlich aus dem inflationären Szenarium. In gewissem Sinn spiegelt sich darin nur die logische Tatsache, daß in einem unendlichen Universum mit vollständiger Zufälligkeit alles, was überhaupt mit endlicher Wahrscheinlichkeit vorkommt, auch tatsächlich passieren muß, in der Tat sogar unendlich oft. Das Anthropische Prinzip wird jetzt wieder gebraucht, nicht für eine Erklärung der Anfangsbedingungen unserer speziellen Welt, sondern um im *nachhinein* zu verstehen, daß die Existenz von Leben in unserer Welt *nicht überraschend* ist. Wenn das Universum in einem großräumigen chaotischen Ausgangszustand ist, werden lokale mikroskopische Inflationsvorgänge *aller* Größenordnungen vorkommen. Aber *wir* mit unserem Kohlenstoffleben brauchen eine Region mit mindestens 15–16 Milliarden Lichtjahren Ausdehnung. Bei dieser Denkfigur handelt es sich nicht um eine illegitime Verwendung des Anthropischen Prinzips, bei der implizit die Richtung der Kausalität verletzt wird. Vermutlich wird man immer, auch wenn noch stärkere einheitliche Theorien gefunden werden, Bedingungen angeben müssen, die die allgemeinen Theorien auf den Spezialfall herunterbrechen. Konkreter: Ein optimistischer Hochenergiephysiker könnte argumentieren[293], daß in einer einheitlichen Theorie alle Kräfte, auch die physikalischen Konstanten, zusammen mit allen lebensermöglichenden Gesetzen enthalten sind, so daß die Existenz komplexer Systeme eine Folge der Naturgesetze wird. Dabei wird jedoch übersehen, daß allgemein *Gesetze* immer eine Mehrzahl von speziellen *Lösungen* besitzen. Selbst wenn die Natur durch einen Satz von Gleichungen beherrscht wird, werden diese mehrere Lösungen haben. Aus der Hochenergiephysik weiß man, daß die Lösungen von Gleichungen nicht dieselbe Symmetrie besitzen müssen wie die Gleichungen selbst. *Spontane Symmetriebrechung* ist der Weg, um von der allgemeinen theoretischen Möglichkeit zur konkreten einzelnen Wirklichkeit zu gelangen. Eine gebrochene Symmetrie kann auf der theoretischen Ebene existieren, sie ist aber im Gleichgewichtszustand des Systems verborgen. So sind etwa die Gesetze einer Flüssigkeit rotationssymmetrisch, denn der flüssige Zustand zeigt eindeutige Drehsymmetrie. Wenn die Flüssigkeit friert, ordnen sich die Atome entlang kristallographischer Achsen an, wodurch die Rotationssymmetrie gebrochen wird. Die Hochtemperaturphase ist symmetrisch, die Niedrigtemperaturphase hat gebrochene Symmetrie. In unserer Welt biologischer Temperaturen leben wir in einer Phase mit gebrochener Symmetrie wie in einem Kristall. Die Vielfalt der Welt entspricht den zahlreichen Achsen der kristallinen Struktur. Die Ausrichtung der Achsen enthält jedoch ein Zufallselement, das durch noch so genaue Kenntnis der Gesetze der symmetrischen Phase nicht bestimmt wird. So bleibt sicher auch ein kontingentes Zufallselement übrig, das sich niemals wird gesetzesartig reduzieren lassen. Unser Erstaunen über das konkrete Ergebnis einer Symmetriebrechung kann aber vermindert werden, wenn sich zeigt, daß deren spezielles Ergebnis die notwendige Voraussetzung für die Existenz intelligenter Beobachter darstellt. Das Anthropische Prinzip liefert nicht die Erklärung für diesen Zufall, denn der Zufall ist ja gerade das, was wir nicht kausal erklären können, es drückt vielmehr die residuale *Kontingenz* aller Welterklärung aus. Dieses unreduzierbare restliche Zufallselement manifestiert sich sicher nicht nur auf der Hochenergieebene der GUT, sondern gewiß bis hinunter zu den späteren Schritten der Morphogenese. Daß die Erde im Rahmen der Entstehung des Sonnensystems eine Rotationsbewegung erhielt, hängt sicher mit dem ursprünglichen Drehimpuls der Gaswolke zusammen, aus dem Sonne und Planetenkranz entstanden sind. Aber der Erhaltungssatz für den Drehimpuls legt keineswegs die Richtung der Rotation fest. Welche Möglichkeit sich realisiert, ist sicher nicht allein durch die Anfangsbedingungen des protosolaren Nebels hervorgerufen, sondern durch stochastische Faktoren. Auch bei der Lebensentstehung sind die zufälligen, glücklichen Molekülkombinationen maßgebend für die spätere Entwicklung gewesen.

Wenn man die Kette der günstigen Zufälle bedenkt, die geschehen haben müssen, um zu der Existenz intelligenter Lebewesen zu führen, kann man leicht verführt werden, eine steuernde Kraft im Ganzen zu sehen. Freeman Dyson hat dem Ausdruck gegeben: "As we look out into the universe and identify the many accidents of physics and astronomy that have worked together to our benefit, it almost seems as if the universe must in some sense have known that we were coming." [294] Diese teleologische Wendung kann man niemandem logisch verbieten, aber sie ergibt sich nicht zwingend. Die zahlreichen Weichenstellungen in die für uns günstige Richtung können ebensogut plausibel gemacht werden durch die Vielwelthypothese. Könnte man sich in dieser Situation einfach auch auf den Zufall berufen? Daß die lebensdienliche Verkettung von physikalischen Bedingungen wirklich des Nachfragens bedarf und nicht einfach mit Achselzucken hingenommen zu werden braucht, zeigt schon Leslies Geschichte vom Fischen.[295] Aus dem undurchsichtigen Wasser eines Sees wird ein Fisch gefangen, der genau 23.2576 Zoll lang ist. Gibt es an der Tatsache, daß der See einen solchen Fisch enthält, etwas zu erklären? Zuerst denkt man, nein, denn jeder Fisch muß doch irgendeine Länge haben. Anderer Meinung wird man werden, wenn ein Blick auf das Fanggerät enthüllt, daß dieses nur Fische von 23.2576 ± 10⁻⁶ Zoll fangen kann. Jetzt tauchen zwei Hypothesen auf:

1) Es gibt nur einen Fisch, aber eine wohlwollende Fee wollte, daß ich nicht Hunger leide, hat den Fisch geschaffen und ihm exakt die passende Länge gegeben.

2) Es gibt Millionen von Fischen im See. Unser Fanggerät hat aufgrund seiner Konstruktion genau den passenden ausgewählt.

Es hängt nun vom metaphysischen Hintergrund ab, ob man 1) oder 2) wählt. Beide sind logisch gangbar. Man wird jedoch kaum von der Hypothese Gebrauch machen, daß der *eine* und *einzige* Fisch im See einfach zufällig die richtige Länge hatte, oder analog, daß zufällig der See viele Fische mit exakt der gleichen passenden Länge enthält. Leslies Beispiel zeigt deutlich, daß in methodisch vergleichbaren Alltagssituationen durchaus mit der gleichen Strategie gearbeitet wird, nämlich über eine Vielzahl von postulierten, aber nicht unbedingt sichtbaren Objekten zu verstehen, wie eine sonst rätselhafte Koinzidenz zustande kam.

Nach der Betrachtung der Berechenbarkeit der deterministischen kosmologischen Modelle sind wir zum Anthropischen Prinzip geführt worden. Dieses drückt aus, daß die feinabgestimmten Züge unserer Welt, welche die notwendigen Voraussetzungen für die Existenz des Menschen bilden, nicht vollständig aus der Theorie heraus erklärbar sind. Selbst die relativistische Kosmologie zusammen mit ihren quantenkosmologischen Erweiterungen, die mit unbegrenzt vielen kausal entkoppelten Welten arbeiten, läßt nicht alle Eigenschaften der Welt in einem deduktiv nomologischen Sinne verstehen. Ein unendliches Universum mit erschöpfend vielen zufällig verteilten Teilwelten kann zwar unser Erstaunen reduzieren, warum in unserer Welt alles so trefflich für uns eingerichtet ist, eliminiert jedoch nicht jenes kontingente Zufallselement, das der strengen Berechenbarkeit widerstreitet.

IV. DAS SCHÖPFERISCHE UNIVERSUM – VOM CHAOS ZUM BEWUSSTSEIN

1. Ideen, die zu früh kamen

Der Wissenschaftsphilosoph Stephen Toulmin hat für die Dynamik von wissenschaftlichen Disziplinen eine sehr instruktive biologische Analogie verwendet. Er charakterisierte sie als historisch sich entwikkelnde „Populationen von Begriffen, Verfahren und Zielen"[296]. Diese Entwicklung läuft nach evolutionären Gesetzen ab. Größere begriffliche Veränderungen in der Wissenschaft sind nicht plötzliche Sprünge, sondern verstärkte Ergebnisse kleiner Variationen und Selektionen. Die Variationen resultieren aus der Vorstellung und Phantasie der Wissenschaftler, und die Selektion erfolgt durch die Kritik ihrer Kollegen. Gedankliche Neuerungen werden durch schöpferische Forscher erzeugt, wenn diese mit hartnäckigen Problemen kämpfen. Wenn die Führungsgruppe der Wissenschaft eine innovative Idee als möglicherweise fruchtbar akzeptiert hat, kommt diese in den Genpool der begrifflichen Varianten, die der zukünftigen Ausbeutung zur Verfügung stehen. Dieser Pool von Varianten existiert neben den etablierten Begriffen als Vorratskammer, bereit, in die Population einzudringen. Problemsituationen entsprechen den ökologischen Nischen, die den Ort für eine Adaptation in Spezialbereichen darstellen. Diese ökologischen Nischen, also die speziellen Problemlagen, üben einen intellektuellen Druck in Richtung auf begriffliche Innovationen aus. Dieser Druck ist das Gegenstück zur physischen Erfordernis der körperlichen Anpassung, welche die Nische verlangt. Von großer Bedeutsamkeit sind die Einstellungen der Führer bestimmter wissenschaftlicher Gruppen. Selektion tritt im Wissenschaftsbetrieb auf, wenn die Gruppenführer eine Idee als eine akzeptierbare Alternative zu den bestehenden Problemlösungen ansehen. Wenn die Variante nicht in die Gehirne der Gruppenführer eindringt, ist sie tot, d. h., die Verbreitung wird verhindert und kann größere Teile der Population nicht erreichen. Genau diese Situation lag vor in bezug auf die früheren Andeutungen von Ideen, daß die Vielfalt der Welt etwas mit der Instabilität der Entwicklung dynamischer Systeme zu tun haben könnte.

Als J. C. Maxwell in seinen allgemeinen Überlegungen zur Mechanik[297] auf den bekannten Grundsatz *Gleiche Ursachen erzeugen gleiche Wirkungen* zu sprechen kam, wies er darauf hin, daß es ein weiteres Prinzip gebe, das davon wohl zu unterscheiden sei: *Ähnliche Ursachen bringen ähnliche Wirkungen hervor.* Dieser zweite Kausalsatz ist jedoch, wie er sofort bemerkt, nur dann erfüllt, wenn kleine Veränderungen in den Anfangsbedingungen ebenso kleine Variationen im Endzustand des Systems bewirken. Nur in dem Maße, wie diese Stabilität in der dynamischen Entwicklung vorherrscht, ist der Laplace-Determinismus gewährleistet, ". . . but there are other cases in which a small initial variation may produce a very great change in the final state of the system, as when the displacement of the 'points' causes a railway train to run into another instead of keeping its proper course"[298].

Aber nicht nur ein Eisenbahnunglück mag aus einer Verstärkung einer winzigen Variation der Ursache resultieren, es könnte sein, wie Maxwell seherisch vorwegnimmt, daß ganze Wissensgebiete der strengen Prognostizierbarkeit entzogen sind. "In so far as the weather may be due to an unlimited assemblage of local instabilities, it may not be amenable to a finite scheme of law at all."[299] Mit fast den gleichen Worten schildert Poincaré, wie durch eine Verletzung des starken Prinzips der Kausalität eine Situation erzeugt werden kann, die dem Zufall gleichkommt.[300]

Die frühen Ideen von James Clark Maxwell und von Henri Poincaré waren Einfälle, die von der wissenschaftlichen Gemeinschaft nicht verstärkt wurden, obwohl die Grundidee eigentlich schon eine lange Geschichte besitzt und in der Geschichte der Naturphilosophie immer wieder aufgetreten ist.

2. Vielfalt und Einheit

Lewis Carroll läßt Alice im Wunderland staunen über die Vielfalt der Welt: "'The time has come', the Walrus said, 'to talk of many things: Of shoes – and ships, – and sealing wax – of cabbages – and kings – And why the sea is boiling hot – And whether pigs have wings.'"

Lewis Carroll ist natürlich nicht der erste gewesen, der sich darüber gewundert hat, in einer welch vielfältigen Welt wir leben. Das Staunen darüber geht sicher in die mythische Vorzeit zurück. Auch die ionischen Naturphilosophen, die ersten, die rationale Naturerkenntnis hervorbrachten, waren fasziniert von der Frage, ob man hinter der unübersehbaren Mannigfaltigkeit der Erscheinungen eine ἀρχή finden könne, einen Ordnungsparameter, nach dem die Entstehung, Entwicklung und Aufrechterhaltung, somit Stabilität der Naturobjekte sich verstehen ließe. Bemerkenswerterweise tauchte bereits früh die Rolle des *Zufalls* als strukturbildendes Element auf. Leukipp und Demokrit vertraten einen strengen deterministischen Atomismus. Im Zeitalter des Hellenismus erfuhr die klassische Atomtheorie eine entscheidende Veränderung, obwohl die Grundidee dabei bestehen blieb. Alle sichtbaren Qualitäten und ihre Veränderungen sollen aus qualitätslosen, unveränderlichen Atomen aufgebaut werden. Diesem Ansatz liegt ein starker Reduktionismus zugrunde, denn auch die psychischen Phänomene werden durch die schnellen, den menschlichen Körper durchdringenden Seelenatome erklärt. Alle Atome bewegen sich ungehindert durch den leeren, eigenschaftslosen Raum so lange, bis sie aufeinander stoßen. Der Bewegungsablauf der Atome ist bei Epikur durch die äußere Ursache des Stoßes bestimmt, wozu allerdings dann noch die innere Ursache des Gewichtes tritt. Epikur führt nun noch eine weitere begriffliche Neuerung ein. Er war sich klar, daß für viele Bewegungskonfigurationen der Atome im unendlichen, leeren Raum kaum Begegnungen stattfinden würden. Die Atome würden einsam ihre Bahnen ziehen, ohne mit anderen Verflechtungen einzugehen. Die höchst komplexe Vielfalt der Welt ließe sich auf dem atomistischen Wege somit nicht verstehen.[301] Also führte er ein neues Element in die atomistische Ontologie ein, ἡ παρέγκλισις, ein spontanes, akausales Abweichen der Atome von ihrer deterministischen Bahn im Raum. Damit änderte er die Situation grundlegend. Wie immer auch die Anfangsbedingungen der Atome beschaffen waren, irgendwann müssen sie sich treffen, verhaken und somit größere Agglomerationen aufbauen. Damit haben bereits Epikur und sein dichterischer Prophet Lukrez klar die Rolle zufälliger Spontaneität bei der Morphogenese erkannt.

Dieses Zufallselement hat auch eine bedeutsame Rolle bei dem Problem des *freien Willens* gespielt.[302] Das winzige Abweichen eines Atoms von seiner gesetzesbestimmten Bahn, wobei diese Abschweifung örtlich und zeitlich prinzipiell nicht berechenbar ist, erzeugt indeterministische Löcher im starren Kausalzusammenhang. Wenn diese mikroskopischen Zufallsereignisse auf die makroskopische Empfindungsebene hin verstärkt werden, entsteht in einem Menschen das Gefühl des freien Willens. Wir haben den kontra-kausalen Lösungsansatz schon kritisiert, er hat sich jedoch bis in die Gegenwart erhalten.

Epikurs stochastischer Entwurf wird schon in der Antike von Stoikern angegriffen. Chrysipp, der eine Kontinuumsauffassung der Materie verteidigte, hielt akausales Geschehen für unmöglich. Zufall könne es nur als *epistemische Kategorie* geben. Wir Menschen hätten eben nur eine unvollständige Kenntnis der wahren Ursachen. Die zufälligen Handlungsantriebe besäßen eben unbekannte Gründe. Diese beiden konträren Auffassungen vom ontologischen bzw. epistemologischen Status des Zufalls haben sich bis in unsere Zeit gehalten und spielen auch beim Problem der Strukturbildung eine Rolle. Auch die Frage, wie sich die spezifischen Qualitäten der komplexen Dinge verstehen lassen, wurde im atomistischen Kontext thematisiert.

Zur Tradition des atomistischen Ansatzes gehörte es, ganzheitliche Qualitäten, die man aus der Theorie in toto nicht ableiten kann, in kleinere verstehbare Einheiten zu zerlegen, und zwar so lange, bis man auf Teilstrukturen stößt, *die* sich mit der Theorie behandeln lassen. Descartes drückte dies sehr klar aus: „Die dritte [Regel war], der Ordnung nach meine Gedanken zu leiten, also bei den einfachsten und am leichtesten zu erkennenden Gegenständen zu beginnen, um nach und nach sozusagen gradweise bis zur Erkenntnis der zusammengesetztesten aufzusteigen . . .“ [303] Dieses reduktionistische Separationsverfahren setzt allerdings voraus, daß die Einsichten, die aus den Teillösungen gewonnen werden, ausreichen, um das komplexe Gesamtsystem verstehen zu können. Es zeigte sich später, daß Descartes' III. Regel aus dem 'discours de la méthod', die eine Teilisolation und partielle Absehung von Interaktionen empfiehlt, trotz ihrer vielen Erfolge nicht universell anwendbar war. Separierbarkeit, Abtrennung von Teilsystemen zum Zweck der Detailuntersuchung und Vereinfachung unübersehbarer Komplexität war die erklärte Methode der neuzeitlichen Naturwissenschaft. In seinem Novum Organum von 1620 erklärte Francis Bacon, daß keine wirkliche Erkenntnis der Natur möglich sei „nisi facta mundi dissectione atque anatomia diligentissima“ [304], d. h. ohne die Tatsachen der Welt auf kluge Weise zu zerlegen. Fragmentierung, Analyse eines Systems in Richtung auf Teilsysteme, lag auch Galileis Metodo resolutivo zugrunde. Diese Art von Reduktionismus, bei der Komplexität als additive Eigenschaft angesehen wird und man anstrebt, Ganzheiten aus ihren Bestandteilen zu verstehen, hat in neuzeitlicher Sicht keine Bedenken hervorgerufen. Es mag sein, daß eine stark antiteleologische Haltung dafür verantwortlich war, daß man glaubte, auf ältere holistische Konzeptionen gänzlich verzichten zu können. Der Ablöseprozeß von dem übermächtigen Aristoteles brachte auch eine Ablehnung seiner Methodologie mit sich, in der dem Ganzen Priorität über seine Teile zukommt. Speziell in bezug auf kosmische Phänomene betonte Aristoteles, daß man die Erde niemals für sich allein betrachten könne, sondern immer nur als Teil des Universums und seiner allgemeinen Gesetze.[305] Die Stoiker hatten einen noch expliziteren ganzheitlichen Weltbegriff, in dem das Universum mit einem alles durchdringenden Stoff, dem Pneuma, erfüllt war, der das verbindende Medium zwischen allen Dingen bildete und eine umfassende Abhängigkeit zwischen ihnen schuf. Viel von dieser holistischen Begrifflichkeit mußte in der Nachquantenära wieder neu erarbeitet werden, bzw. es tauchte in Form des systemtheoretischen Begriffs-Instrumentariums abermals auf.

Man darf jedoch nicht ungerecht sein: Die Abhängigkeit zwischen Mond und den irdischen Gezeiten, um das bevorzugte Beispiel des Poseidonius herauszugreifen, das dieser auf eine gegenseitige Sympathie zurückführte, lieferte keine kontrollierbaren empirischen Aussagen. Die mechanische Analyse dessen, was die Stoiker als untrennbare Mond-Gezeiten-Einheit angesehen hatten, mittels der Newtonschen Prinzipien in getrennte Elemente wie Quelle der Kraft, Fortpflanzungsmechanismus dieser Kraft durch Raum und Zeit und ein Zielobjekt der Kraft brachte dann ein quantitatives und prüfbares Verständnis des gesamten Phänomens mit sich. Zumindest in diesem Fall war Bacons Dissectio-Methodologie erfolgreich. Durch die gesamte Wissenschaftsgeschichte kann man einen ausgeprägten Antagonismus zwischen ganzheitlicher Betrachtungsweise und quantitativer, auf prognostischen Erfolg ausgerichteter mathematischer Beschreibung beobachten. Dieses gilt für den Gegensatz von Goethes und Newtons Naturauffassung ebenso wie für moderne New-Age-Denkansätze und die etablierte Wissenschaft.[306] Streitobjekt ist jeweils die Mathematisierung und die Verwendung analytischer Methoden. Zerstören sie in jedem Fall τὸ ὅλον, wie Aristoteles die qualitative Ganzheit genannt hatte?[307] Es gehört zu den entscheidenden Neuerungen einer postmodernen Physik, daß *Mathematisierung und ganzheitliche Betrachtungsweise keine Gegensätze mehr sind.* Die Quantenmechanik erlaubt eine mathematisch präzise Charakterisierung von Ganzheitlichkeit, und die Systemtheorien besitzen prognostische Kraft, also Aussagefähigkeit darüber, *wann* und *wie* qualitative Sprünge in Zustandsänderungen der Systeme auftreten. Dadurch läßt sich begründen, daß ein neues Naturverständnis tatsächlich durch die jüngsten Veränderungen in der Naturwissenschaft nahegelegt wird, aber nicht *gegen* die neuzeitliche Rationalität und nicht *ohne* die mathematischen und empirischen Methoden, sondern mit diesen und in entscheidender Verfeinerung des klassischen Begriffsarsenals. Um diesen Zusammenhang genauer zu durchschauen, wird es gut sein, wenn wir uns den Übergang zwischen den beiden Weltbildern noch etwas genauer ansehen.

3. Systembildung im Zeitalter des Mechanismus

Wir haben schon vielfach den Begriff des „mechanistischen Weltbildes" verwendet. Ein solcher metatheoretischer Term enthüllt seine Bedeutung natürlich nicht so wie ein objekttheoretischer Ausdruck wie „Gravitationspotential" oder „elektromagnetisches Feld", bei dem man die Semantik aus der entsprechenden Theorie entnehmen kann. Ein Weltbild ist ein Bündel von Einstellungen, Haltungen und metaphysischen Grundannahmen, die die Erkenntnis leiten und die Theorienkonstruktion fördern. Das sind kategoriale Rahmenbedingungen, innerhalb deren Aufbau, Prüfung und Auswertung von Hypothesen, Gesetzen und Theorien erfolgen. Jede historische Epoche verwendet solche Leitvorstellungen, sie muß es sogar, denn ohne begriffliche Vorgaben, allein mit den empirischen Befunden könnten die Theorienkonzeptionen gar nicht in Gang kommen. Die kategorialen Rahmenvorstellungen sind aber viel weniger scharf umrissen und müssen durch historische Analysen aufgewiesen werden. Es gibt eine Reihe von Bemühungen durch Wissenschaftshistoriker, die wesentlichen Weltbildelemente einer Epoche herauszuschälen. Dijksterhuis konnte überzeugend verdeutlichen[308], daß das zentrale Element des mechanistischen Weltbildes nach Newton nicht der Determinismus, der anschauliche Modellcharakter oder die raumzeitliche Beschreibung darstellt, obwohl diese Momente sicher mit vorhanden sind, sondern der *mathematische Charakter* der mechanischen Gesetze. Mechanisierung bedeutet danach Mathematisierung. Die Mechanik hatte im 18. Jahrhundert einen Status, der viel näher an der reinen Mathematik lag als an der Experimentalphysik. Man war damals sogar der Meinung, daß die Grundsätze der Mechanik wie die Extremalprinzipien von Maupertius und Euler sowie das Prinzip von d'Alembert apriorisch notwendige Wahrheiten sind, die somit gar nicht anders sein könnten. Die Zentralbedeutung des Mechanizismus änderte sich nicht, als der Elektromagnetismus im 19. Jahrhundert die elektrischen und magnetischen Phänomene unter eine einheitliche Gesetzesform brachte. Denn die Mathematisierung war ja gerade die bedeutsame Errungenschaft der Maxwell-Theorie.

Damit können wir bereits in die Physik des 20. Jahrhunderts ausgreifen. Von den Freunden des postmodernen Irrationalismus wird zum Teil mit einer gewissen Häme der Bruch der Naturwissenschaft mit dem Mechanizismus proklamiert. Hier liegt ein Fall von Wunschdenken vor. Das historische Material weist viel stärkere Kontinuität auf der allgemeinen Verfahrensebene auf, als die Gegner des Rationalismus wahrhaben wollen. Dijksterhuis hat es ganz explizit gemacht: „Mögen auch die beiden Nebenbedeutungen Anschaulichkeit und Determiniertheit des Begriffes ‚mechanisch' vollkommen abgestreift sein, die Hauptbedeutung ‚mathematisch' ist unvermindert in Kraft geblieben."[309] Natürlich haben sich zwischen dem 17. und dem 20. Jahrhundert die Inhalte der mathematischen Beschreibung geändert, aber das Ideal der Mathematisierung, der Kern des mechanistischen Weltbildes, ist unverändert bis in die postmoderne Physik tradiert worden. Auch nach der Entdeckung des deterministischen Chaos versucht man, und zwar mit Erfolg, dieses Chaos mathematisch zu zähmen. Selbst die Bezeichnung Mechanik hat sich in der modernen Physik gehalten, sei es in der Form einer Wellen-, Matrizen- oder zusammenfassend als Quantenmechanik. Der von Lagrange entwickelte Formalismus der analytischen Mechanik wurde später von Punktteilchen auf Felder, also Systeme mit unendlich vielen Freiheitsgraden, übertragen. Und in dieser Form wird er heute noch in den einheitlichen Theorien aller Elementarteilchenkräfte verwendet.

Die Mathematik gilt auch nach wie vor als das Instrument der einheitlichen Naturbeschreibung. Maxwells Verbindung von Elektrizität und Magnetismus mittels des Formalismus der Vektoranalysis ist heute noch das Vorbild einer im strengen Sinne vereinheitlichten Theorie. Vereinheitlichung im modernen Sinne bedeutet immer noch die Suche nach der korrekten Lagrange-Funktion.[310] In bezug auf die Anschaulichkeit darf man sich auch in der klassischen Physik nicht zu viele Illusionen machen, sie trifft vielleicht noch auf den Atombegriff zu, aber schon die Kräfte waren – bereits in den Augen der Zeitgenossen Huygens und Leibniz – bildhaft nicht vorstellbare Entitäten. Was in einer Epoche als anschaulich angesehen wird, ist auch stark der Gewöhnung unterworfen. Es bedarf einer gewissen Zeit, um mit neuen Formalismen unbekümmert umzugehen, dann verschwindet der Charakter der Fremdheit. Anschaulichkeit hat auch viel von Vertrautheit an sich, und mindestens zum Teil hängt es von der intellektuellen Schulung ab, welche Vorstellungen als klar und deutlich angenommen und welche als undenkbar abgewiesen werden.

Neben der Mathematisierung gibt es ohne Zweifel eine weitere Gemeinsamkeit zwischen Cartesianischer, Newtonscher und moderner Naturwissenschaft, nämlich die entscheidende Funktion von *Beobachtung* und *Experiment*. Wie man am Beispiel der griechischen Einstellung zum Experiment sehen kann, bedarf es der besonderen Begründung, daß die Natur unter willkürlichen Zwangsbedingungen verwertbares Wissen über ihr Wesen enthüllt. Die Griechen meinten noch, daß das aktive Erzeugen empirischer Information einen gewaltsamen Eingriff in die Natur darstelle. Weil also das Experiment unter künstlichen Umständen erfolgt, sei es παρὰ φύσιν (wider die Natur). Der Einsatz von raffinierten Versuchsanordnungen oder technischen Hilfsmitteln (διὰ τέχνην) führe in die Irre. ἡ μηχανή hat im Griechischen auch den Nebensinn einer Täuschung. Die Natur könne nur wirklich erfaßt werden, wenn man sie in ihrem ursprünglichen, eigenen Kontext (κατὰ φύσιν) belasse.[311]

Heute ist es keine Frage, daß diese scharfe Abgrenzung von Beobachtung und Experiment unhaltbar ist. Beide Informationskanäle liefern die empirischen Daten über die Natur nur unter theoretischen Vorgaben. Man sieht nur das, was man weiß, oder in Einsteins Diktion: „Erst die Theorie entscheidet darüber, was man beobachten kann."[312] Es gehört zur gemeinsamen Tradition neuzeitlicher Naturwissenschaft bis zum heutigen Tage, auch alle jene Phänomene zur Natur zu rechnen, die der Mensch vielleicht nur allein durch Vorgänge spezieller Experimentalbedingungen künstlich erzeugen kann. In diesem Punkt liegt sicher keine fundamentale Differenz von klassischer und moderner Naturwissenschaft vor. Die wahren Unterschiede in der Naturbetrachtung zeigen sich, wenn wir in die Mechanismen der Systembildung einsteigen. Natürliche Entstehung von Struktur kann erst dann Gegenstand der Forschung werden, wenn man es aufgegeben hat, alle höheren Organisationsformen als fertige Resultate einer transzendenten Schöpfungsaktivität zu überantworten. Es muß also zumindest in rudimentärer Form der Entwicklungsgedanke vorliegen.

Dieser begann sich ab ca. 1700 durchzusetzen. So äußert Thomas Burnet (1635–1715) in seiner Theorie der Erde von 1681[313] Zweifel an der traditionellen Zeitskala der Erdentstehung. Die Erde hat nach ihm einen langen Entwicklungsprozeß hinter sich, und ihre Gestalt ist das Ergebnis eines natürlichen Vorganges. Burnet versucht allerdings auch diesen Gedanken mit der Hl. Schrift in Einklang zu bringen. Von der geistigen Kapazität her erwartet man eine Äußerung vom Begründer des Mechanismus. Bezüglich der Strukturbildung im Kosmos finden wir bei Newton wenig in seinem Opus magnum, den 'principia', eher in kleinen Schriften und Briefen.[314] Er schwankt, wie wir schon früher angedeutet haben, zwischen zwei kosmologischen Szenarien, einer endlichen Sterninsel im unendlichen, leeren, euklidischen Raum und einer unendlichen, homogenen Sternverteilung, bei der das Universum sich in jedem Punkt zentral-symmetrisch im Kräftegleichgewicht befindet. Gegen das erste Modell bringt er dann selbst den Einwand, daß die kosmische Insel instabil wäre. Selbst wenn die Massen am Anfang homogen verteilt wären, würden sie sich bald in Richtung auf das Gravitationszentrum in Bewegung setzen und eine riesige Materiekugel bilden. Bei dem zweiten Modell glaubt Newton, daß sich in etwa unser Strukturbild ergeben würde, und zwar lokale Ballungen von Materie, die aber über den unendlichen Raum gleich verteilt sich die Waage hielten, weil, wie er meinte, alle Unendlichkeiten gleich wären. Diese Hoffnung war trügerisch, auch Newtons zweites Modell liefert keine gegenüber kleinen Schwankungen oder geringfügigen Asymmetrien stabile Ordnung der kosmischen Massen. Schon gar nicht ließ sich das Entstehen und Wachsen der Sternassoziationen, Galaxien und deren Gruppierungen in seinem statischen Modell verstehen. Man muß sich allerdings auch vor Augen halten, daß es gar nicht in Newtons Intention lag, eine naturalistische Theorie der kosmischen Ordnung aufzubauen.[315] Auch er sieht natürlich, daß unser Sonnensystem keine zufällig verteilten Anfangsdaten besitzt, sondern eine sehr spezielle Form. Nach Newton weist diese aber auf eine übernatürliche Ursache hin, ein so hoher Ordnungsgrad kann, wenn die Gravitation eine innere Eigenschaft der Körper ist, nicht spontan entstehen. Speziell die Transversalkomponente der Planetenbewegung um die Sonne läßt sich mit mechanischen Prinzipien allein nicht verstehen. "And though gravity might give the planets a motion of descent towards the sun either directly or with some little obliquity yet the traverse motions by which they revolve in their serveral orbs required *the devine arm* to impress them according to the tangents of their orbs."[316]

Der entscheidende Schritt zur „Selbst"-Organisation des Planetensystems wurde von Immanuel Kant getan.[317] Er und unabhängig von ihm auch Laplace waren sich mit Newton darüber einig, daß die spezielle Form des Sonnensystems kein Zufallsprodukt sein kann. Aber anstatt zu vermuten, daß hier Planung am Werk gewesen sei, bemühten sich beide, die Kausalkette weiter in die Vergangenheit zu verfolgen. Vorschnell „sich mit der Anführung des unmittelbaren Willens Gottes zu begnügen"[318], also einen übernatürlichen Eingriff zu verwenden, bedeutete für Kant eine „für einen Philosophen betrübte [betrübliche] Entschließung"[319]. Er jedenfalls wollte nach den mechanischen Ursachen der Weltentstehung suchen. Irgendeinen Anfangszustand mußte er jedoch setzen, so nahm er das strukturärmste, was damals vorstellbar war, einen homogenen, isotropen, unendlich ausgebreiteten kosmischen Nebel: Dies ist die materiale Gegebenheit, „die unmittelbar mit der Schöpfung gränzte"[320]. Diese statistische Materieverteilung besitzt lokale Schwankungen, die sich selbst verstärken. *Das Chaos der ersten Sekunde ist somit höchst instabil.* Dies leitet nun die Strukturbildung ein. Die gravitative Selbstverstärkung von Gebieten mit höherer Dichte führt zur Materieakkretion. Um der tatsächlich heute beobachteten Ordnung näherzukommen und den Gravitationskollaps der gesamten Materie zu vermeiden, braucht Kant noch eine zweite Kraft, die Repulsion oder Zurückstoßungskraft. Die Repulsion sorgt für die Ablenkung der frei fallenden Materie zu den Gravitationszentren. Damit „schlägt der senkrechte Fall in Kreisbewegungen aus, die den Mittelpunkt der Senkung umfassen"[321]. Dieses Szenarium der Kosmogonie nach Newtonschen Grundsätzen zeigt eine bemerkenswerte Ähnlichkeit mit modernen Weltentstehungsideen.

Kant dachte jedoch noch nicht an eine Nukleosynthese – er gab dem Urnebel schon die heutige Elementverteilung –, aber dennoch zeigte das Bildungsgesetz sehr moderne Züge. Der hochsymmetrische Anfangszustand zerfiel in einen energetisch günstigeren, weil die symmetrische Phase des Universums instabil war. Anstatt der kosmischen Materiewolke würde man heute das symmetrische Quantenvakuum setzen, das dann in den teilchenerfüllten Zustand übergeht. Gemeinsam ist jedoch beiden, daß die *Symmetriebrechung Struktur* erzeugt. Laplaces 40 Jahre nach Kants Entwurf entstandene Konzeption setzte für den Urzustand speziellere Anfangsbedingungen voraus. Er umging das Problem des Ursprungs der Drehbewegung und nahm als Ausgangsbasis eine langsam rotierende Materiewolke an, die durch Kontraktion die heutige spezielle Konfiguration unseres Sonnensystems erzeugte.[322]

Die Bezeichnung Kant-Laplace-Hypothese hat sich erst später aufgrund eines Vorschlages von Hermann von Helmholtz eingebürgert, der diese als einen der „glücklichsten Griffe in der Wissenschaft" bezeichnet hat.[323] Die Nebularhypothese fand nur geteilte Wertschätzung unter den Zeitgenossen. Sie wurde zum Teil im 19. Jahrhundert als metaphysische Spekulation abgetan, so etwa von Friedrich Wilhelm Bessel, dem Entdecker der Fixsternparallaxe. Ein Grund lag sicher darin, daß die in ihr vorausgesetzte Geschichtlichkeit der Natur vor allem eben, weil sie sich von der Beobachtung her gar nicht aufdrängt, nur langsam durchsetzen konnte. Pionier in dieser Hinsicht war Friedrich Wilhelm Herschel. Er deutete bereits 1787 die Fülle der Konfigurationen von stellaren Objekten, die er mit seinen neuen Teleskopen ausmachen konnte, im Sinne einer historischen Entwicklung, wobei die Morphologie der einzelnen Typen von Einzel- über Mehrfachsternen zu Gruppen und Haufen, hin bis zu den Nebeln, ihm als Hinweis auf das Sternalter diente.[324] Herschels Versuch einer relativen Chronologie der „Weltinseln" setzte ein weitreichendes evolutionäres Verständnis der Natur voraus, wobei ganz gegen die überkommenen Voraussetzungen *Entwicklung auf allen Realitätsebenen* zu finden ist. Tief in die Neuzeit ragte trotz alledem der griechische Gedanke der Unveränderlichkeit der Welt im Großen. Er war so stark, daß Einstein 1917 sein erstes kosmologisches Modell auf der Basis seiner gerade entdeckten Feldgleichungen mit statischen Randbedingungen konstruierte.

Im 19. Jahrhundert herrscht eine sehr gespaltene Auffassung bezüglich der Frage, wie weit man den Evolutionsgedanken ziehen könne. Sehr progressiv äußert sich Friedrich Wilhelm Josef Schelling in bezug auf eine evolutionäre Gesamtkonzeption. Er faßt die Natur als produktiv, als schaffendes Wesen auf, aus dem sich in einer unendlichen Entwicklungsreihe nach und nach alle komplexen Strukturen ausfalten.

... an dem großen Obelisk zu Rom die ganze Weltgeschichte sich demonstrieren läßt; – so an jedem Naturprodukt. Jeder Mineralkörper ist ein Fragment der Geschichtsbücher der Erde. Aber was ist die Erde? Ihre Geschichte ist verflochten in die Geschichte der ganzen Natur, und so geht vom Fossil durch die ganze anorganische und organische Natur herauf bis zur Geschichte des Universums – Eine Kette.[325]

Dies ist ein sehr moderner Standpunkt. Diese unendliche Entwicklungsreihe eines Urprodukts mit einem fortwährenden Übergehen von Gestalt zu Gestalt, in dem ein beständiger Formenwechsel stattfindet, ist dauernde Metamorphose, ist eine philosophische Vorform einer Strukturentstehungstheorie. Die Entwicklungsreihe bildet Formen, die miteinander durchgängig verwandt sind. Sie stammen von einem Urprodukt ab, dennoch aber haben sie, wie Schelling an einer anderen Stelle sagt, „einen Grundtypus, der allen zu Grunde liegt – und den sie, unter mannigfaltigen Abweichungen zwar, aber doch alle ausdrükken"[326].

Schellings übergreifende Evolutionsidee war damals gar nicht selbstverständlich, vor allem deshalb, weil sie mit dem darinnen latent enthaltenen Naturalismus auch an die theologischen Grenzen der damaligen Auffassungen stieß. Der kontinuierliche Formenübergang galt zu dieser Zeit als eine revolutionäre Idee, die nach und nach alle Bereiche erfaßte. In der Geologie wurde ein solches Konzept im monumentalen Werk von Charles Lyell[327] durchgesetzt, in dem von extern gesteuerten Katastrophen Abschied genommen wird und die Veränderungen der Geologie ausschließlich erklärt werden durch Gesetze, die auch heute noch wirken (Aktualismus).

Interessanterweise hat sich in jüngster Zeit eine Art Nachfolgediskussion im Katastrophismus ergeben. Man glaubt, einen Zusammenhang zwischen der Existenz der Kometen-Wolke, auch Oort-Wolke genannt, jenseits des Planetenkranzes und bestimmten Katastrophen-Ereignissen in der Erdgeschichte festgestellt zu haben.[328] Die Oort-Wolke, die aus primordialer Materie besteht, wird in großen Abständen durch Nahbegegnungen mit massiven Nebeln gestört. Jede Störung erzeugt ein Bombardement von kosmischen Objekten aus der Oort-Wolke, das einige Millionen Jahre währt.

Die Häufigkeit solcher Katastrophensequenzen wird vom Durchgang der Sonne durch die Spiralarme unserer Galaxis gesteuert. Als Folge solcher Koinzidenzen ergeben sich Auftreffereignisse von Kometen-Körpern auf der Erde. Man glaubt, einen Zusammenhang zwischen diesen astrophysikalischen Katastrophen und dem Massensterben von Arten am Ende der Kreidezeit, gegen Ende des Eozäns und im Perm herstellen zu können. Eine Periodizität von 30 Megajahren paßt zu den Ereignisketten.[329] Allerdings darf man dieses Wiederaufleben eines Katastrophismus nicht im Gegensatz zum Gesetzesaktualismus sehen, denn alle Katastrophen sind Prozesse, die nach den permanenten, inneren Naturgesetzen ablaufen.

4. Berechenbarkeit und Separabilität

Obwohl im Umriß das Evolutionskonzept eines schöpferischen Universums bereits im 19. Jahrhundert voll entwickelt war, behielt das mechanistische Ideal einer berechenbaren Welt, in der es keine unstetigen qualitativen Sprünge, Verzweigungen und Instabilitäten gibt, seine Leitfunktion. Pierre Simon de Laplace hatte das Newtonsche Wissenschaftsziel in Form eines suggestiven und anschaulichen Bildes gekleidet: „Eine Intelligenz, welche für einen gegebenen Augenblick alle Kräfte, von denen die Natur belebt ist, sowie die gegenseitige Lage der Wesen, die sie zusammensetzen, kennen würde und überdies umfassend genug wäre, um die gegebene Größe einer Analyse zu unterwerfen, würde in derselben Formel die Bewegungen der größten Weltkörper, wie die des leichtesten Atoms ausdrücken: Nichts würde für sie ungewiß sein und Zukunft wie Vergangenheit eher offen vor Augen liegen."[330] Die Voraussetzungen dieser Vorhersage und dieses Berechenbarkeitsideals werden selten vollständig genannt. Möglicherweise hat Laplace sie selbst auch nicht gänzlich übersehen. Es sind nicht nur der deterministische Charakter der Gesetze und das schon genannte *starke Prinzip der Kausalität*, sondern auch der Teilchencharakter der Materie, die gefordert werden mußten, denn Newtons Bewegungsgesetz, Kraft = Masse × Beschleunigung, gilt z. B. nicht für masselose Photonen. Der Dämon muß natürlich auch alle Kräfte kennen, die im Universum wirken, und er muß mit seiner überragenden Intelligenz die Differentialgleichungen für das konkrete vorliegende Universum mit den dazugehörenden Randbedingungen lösen. Bei den Anfangs- und Randbedingungen trifft der Dämon auf ein hartes Problem. Mit völliger Schärfe sind die Randbedingungen nur durch reelle Zahlen bestimmt, und jede solche reelle Zahl wird durch einen unendlichen, nichtperiodischen und nichtabbrechenden Dezimalbruch bestimmt. Der Dämon muß deshalb einen Computer mit unbegrenzter Speicherkapazität besitzen, der die Daten mathematisch verarbeiten kann und ausreichend schnell ist, um bei seinen Prognosen nicht andauernd von der tatsächlich ablaufenden Wirklichkeit überholt zu werden. Wenn der Dämon ein Teil des Universums ist, wird es fraglich, ob er überhaupt logisch möglich ist, denn dann muß er alle seine eigenen Zustände und auch noch jene, die gerade das Universum berechnen, mit umfassen.[331] Dieses Paradoxon der deterministischen Vorhersage tritt nicht auf, wenn man den Dämon als transzendentes Wesen betrachtet, ihn also außerhalb des raumzeitlichen Universums anordnet. Allerdings sind alle allwissenden Wesen, ob göttlicher oder dämonischer Natur, von mengentheoretischen Widersprüchen bedroht.[332]

Selbst wenn man diese logische Spitzfindigkeit außer acht läßt, bleiben die Buchhaltungsprobleme für den Laplace-Dämon gravierend genug, denn man muß auch unter großer Abstraktion verlangen, daß bei physikalisch dichtester Packung der Information der Anfangszustand des Universums in diesem selbst gespeichert werden kann. Im Rahmen einer naturalistischen Wissenschaft kann die Möglichkeit kaum ernst genommen werden, daß der Computer des Dämons auch außerhalb der Welt im Transzendenten gelagert werden kann. In diesem Sinn kann man tatsächlich von den Berechenbarkeitsgrenzen des Kosmos selbst sprechen.

Was heißt *prinzipielle Berechenbarkeit*, wenn die Berechnung des Universums nicht innerhalb desselben im Rahmen seiner gesamten Laufdauer vorgenommen werden kann?

Die vorstehende Analyse sollte zeigen, daß selbst unter den klassischen Gegebenheiten – also ohne jede Einbeziehung eines Quantenindeterminismus – das Ideal der perfekten Zukunftsberechenbarkeit zumindest innerhalb der Welt nicht zu realisieren ist.

Nun, der Dämon von Laplace ist eine Metapher, ein Bild, um das grundsätzlich Berechenbare von dem tatsächlich Erkennbaren zu trennen. Er sollte helfen, die Reichweite des mechanistischen Weltbildes

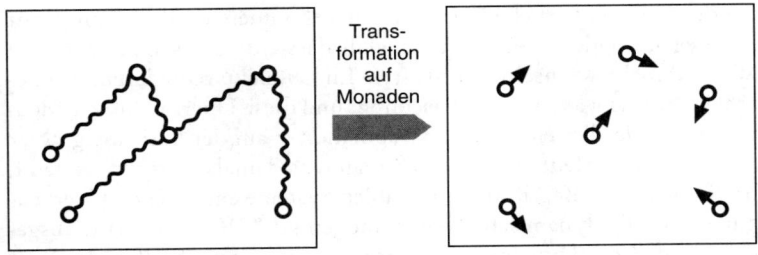

Trans-
formation
auf
Monaden

Abb. 15

anschaulich abzustecken. Aber die wahren Begrenzungen der mechanistischen Berechenbarkeit sieht man erst, wenn man sich dem Schlüs-
selbegriff der analytischen Mechanik nähert, der *Hamilton-Funktion*.[333] In diesem mathematischen Ausdruck kann man die Eigenschaften eines dynamischen Systems kompakt zusammenfassen. Die
Hamilton-Funktion H kann anschaulich als Summe der potentiellen
und kinetischen Energie beschrieben werden. Diese Funktion (die
nichts zu tun hat mit der früher von Boltzmann eingeführten H-Funktion in der statistischen Mechanik) hängt von den kanonischen Variablen ab, das sind die verallgemeinerten Orts- und Impulskoordinaten
p_k und q_k, und von der Zeit t: $H(p_k, q_k, t)$. Die Bewegung eines mechanischen Systems wird dann durch Differentialgleichungen für diese
Hamilton-Funktion beschrieben.[334] Das entscheidende Problem besteht in der Integration, also in der Lösung der dynamischen Grundgleichungen. Wie man zeigen kann, lassen sich die Grundgleichungen
leicht lösen, wenn H sich durch eine kanonische Transformation in
eine Form bringen läßt, bei der H nur mehr von sogenannten Winkel-
und Wirkungsvariablen abhängt. Im allgemeinen Fall ist es jedoch sehr
schwierig, die Winkel- und Wirkungsvariablen effektiv zu finden. Anschaulich bedeutet die Möglichkeit der Einführung dieser Variablen
eine Zerlegung der Bewegung eines Systems von Teilchen in *unabhängige Komponenten*. (Abb. 15)

Mit Leibniz kann man von einer Transformation der Welt auf Monaden sprechen, die fensterlos sind, was heißt, daß zwischen ihnen keine
Wechselwirkungen existieren. Die konstanten Impulse der monadi-
schen Teilsysteme sind die Wirkungsvariablen, die die allgemeinen
Erhaltungsgrößen des Systems bilden.

Ilya Prigogine hat mit Recht darauf hingewiesen, daß ein Wende-
punkt in der Naturauffassung zum Vorschein kam, als man heraus-
fand, daß diese Abtrennbarkeit in wechselwirkungsfreie Subsysteme,

bei denen die potentielle Energie formal eliminiert werden kann, nicht die Regel, sondern den Ausnahmefall darstellt. „Das Bemühen, die Welt auf nicht-wechselwirkende freie Einheiten zu reduzieren, war gescheitert. Das war eine Überraschung, und diese Überraschung bedeutete das Ende aller einfachen Extrapolationen auf der Basis integrabler Systeme. Sie bedeutete, ohne daß man dies damals so recht verstand, das Ende der im Begriff der integrablen Systeme enthaltenen Überzeugung, daß die dynamische Welt homogen sei."[335] Damit wird ausgedrückt, daß die Dynamik selber auf die heterogene Vielfalt der Welt zeigt, ein Hinweis, der durch die Entdeckung der Trajektorien-Instabilitäten an singulären Punkten noch verstärkt wurde. Es ist jedoch schon an dieser Stelle darauf hinzuweisen, daß die Stabilität der Bahn eines Teilchens bei Variationen der Anfangsbedingungen begrifflich zu trennen ist von der Stabilität des qualitativen Gesamtverhaltens eines dynamischen Systems, wenn man die Zustandsgrößen des Systems verändert.

Die Hamiltonschen Systeme, bei denen man die kanonischen Transformationen auf die bevorzugten Koordinaten durchführen kann, heißen *integrable Systeme*, weil die Lösung (= Integration) der Differentialgleichungen durchführbar ist. Die Hoffnung war, daß sich letzten Endes für alle Probleme diese Transformation finden lassen würde. Ein bestimmtes Einfachheitsideal lag dieser Hoffnung zu Grunde. Dieses stellte sich jedoch als trügerisch heraus. Bereits das Dreikörperproblem, die Bewegung von Sonne, Erde und Mond nach Newtons Gravitationsgesetz, widerstand der Vereinfachung. 1890 konnte Henri Poincaré beweisen, daß das Dreikörperproblem in seiner Allgemeinheit nicht integrabel ist. Mathematisch äußerte sich dies darin, daß die für das Dreikörperproblem notwendigen Reihenentwicklungen nicht konvergieren. Rationale Frequenzverhältnisse in der Bewegung, sogenannte Resonanzen, bei denen sich kleine Störungen aufschaukeln, verhindern eine analytische Lösung. Wenn eine solche Lösung existiert, bedeutet dies, daß die Bewegung eines dynamischen Systems durch eine Funktion der Orts- und Impulskoordinaten beschrieben werden kann. Auf Grund von Poincarés Ergebnis wußte man natürlich noch nicht, ob das Dreikörperproblem ein Spezialfall besonderer Art sei. Mathematische Theoreme von Carl Ludwig Siegel von 1941 zeigten jedoch Überraschendes.[336] Die meisten (im mengentheoretischen Sinne) Hamiltonschen Systeme sind nicht integrabel. Die integrablen Systeme stellen, global gesehen, eine seltene Ausnahme dar. Entscheidend ist dabei der Unterschied von Linearität zu Nichtlinearität. Die linearen Hamiltonschen Systeme lassen sich immer aufspalten in eindimensionale Untersysteme ohne Wechselwirkung. Diese Separierbarkeit in Teile mit jeweils einem Freiheitsgrad, für die man modellhaft ein schwingungsfähiges Gebilde wie einen harmonischen Oszillator oder ein Pendel setzen kann, existiert bei nichtlinearen Hamiltonschen Systemen nur in Ausnahmefällen. Der Sonderfall eines analytisch lösbaren Problems liegt vor, wenn z. B. beim Dreikörpersystem eine der drei Massen verschwindend klein ist derart, daß die zwei anderen in ihrer Kepler-Bewegung nicht gestört werden. So etwas liegt vor, wenn man einen kleinen Asteroiden angesichts von Sonne und Jupiter betrachtet.

Das Ergebnis der mathematischen Theoreme von Siegel scheint auf den ersten Blick nahezulegen, daß man überall in der Natur irreguläres Verhalten vorfinden müßte. Warum treten dann nicht z. B. im Planetensystem haufenweise gefährliche Resonanzen auf wie etwa die große Anomalie von Jupiter und Saturn? Warum ist das Sonnensystem schon so lange stabil? Die Antworten auf diese Fragen kamen erst später, als man einen weiteren mathematischen Satz der klassischen Mechanik fand, nämlich das sogenannte KAM-Theorem. Das KAM-Theorem besagt, daß nichtintegrierbare Systeme in Teilen ihres Gültigkeitsbereiches (Phasenraum) ein reguläres Verhalten mit quasiperiodischen Bahnen aufweisen können.[337] Das Theorem, das seinen Namen von Andréj N. Kolmogorov, Vladimir I. Arnold und Jürgen Moser hat, besitzt eine Schlüsselbedeutung für das Verständnis des Verhältnisses von regulärem und chaotischem Verhalten dynamischer Systeme. Die Grundidee besteht darin, integrable Hamiltonsche Systeme mit kleiner, nichtintegrabler Störung zu betrachten. Es gelang den drei Mathematikern zu zeigen, daß die Systeme bis zu einer gewissen Größenordnung einer solchen Störung stabil bleiben. Danach setzt sich langsam und im stetigen Übergang irreguläres, stochastisches Verhalten durch.

Durch das KAM-Theorem kann man nun verstehen, warum wir in unserer Erfahrungswelt nicht durchwegs von irregulären Phänomenen umgeben sind, obwohl die integrablen Systeme in der Menge aller Hamiltonschen Systeme die verschwindende Seltenheit darstellen. Die Tatsache, daß unser Planetensystem schon 5 Milliarden Jahre in einem hohen Ordnungszustand existiert, erklärt sich daraus, daß auf Grund der übermächtigen Zentralmasse der Sonne die Bewegung jedes Planeten im Gravitationsfeld des Zentralkörpers als integrables Kepler-Problem betrachtet werden kann, wobei den anderen Planeten nur kleine, nichtintegrable Störungen entsprechen. Unsere Welt ist nach dem KAM-Theorem eine Mischung aus Regularität und Irregularität.

Eine weitere überraschende, aber philosophisch weittragende Konsequenz des KAM-Theorems zeigt sich im Hinblick auf die Thermodynamik. Der Entropiesatz, dessen zentrale Bedeutung für den Aufbau von komplexen Systemen wir schon mehrfach kennengelernt haben, hat verschiedene Formulierungen. Eine von ihnen lautet, daß es keinen Prozeß geben kann, bei dem sich Wärme vollständig in Arbeit umwandelt. Der zweite Hauptsatz der Thermodynamik hat bisher alle relativistischen und quantenphysikalischen Revolutionen überstanden. Viele Theoretiker, darunter auch Einstein, hielten ihn für praktisch unangreifbar. Nun folgt aber aus dem KAM-Theorem, daß es, wenn auch selten, analytisch lösbare, integrable komplexe Systeme gibt, die hochgeordnete Bewegungen zeigen und die nicht dem Entropiesatz unterworfen sind. So ist etwa die elektromagnetische Strahlung innerhalb eines supraleitenden Hohlraumes ein Vielkörperproblem, das analytisch lösbar ist und nicht dem zweiten thermodynamischen Grundgesetz folgt. Es mag experimentell extrem schwierig sein, ein solches analytisches System herzustellen und vom störenden Einfluß der Umgebung zu isolieren, aber theoretisch existiert es. Dieses Ergebnis ist jedoch nicht gleichzusetzen mit den Versuchen des 19. Jahrhunderts, ein Perpetuum mobile zweiter Art zu konstruieren. Diese waren in dem Sinne widersprüchlich, als sie explizit mit Systemen arbeiteten, die den Gesetzen der Thermodynamik unterworfen sind. Die nichtlineare Dynamik statuiert jedoch die Existenz von Systemen, die außerhalb der Reichweite der Thermodynamik liegen. Wenn man ein solches analytisches System mit einem gewöhnlichen, zur Irregularität tendierenden System verbindet, kann die Wärmemenge des chaotischen Systems, die im analytischen System als innere Energie fungiert, vollständig in Arbeit umgewandelt werden.[338]

Auf jeden Fall kann kein Zweifel bestehen, daß man lange Zeit zu viel harmonische Regularität in die Natur hineingesehen hatte. Die leichte Handhabbarkeit der integrablen Systeme hatte die Theoretiker vermutlich auch unter dem technischen Aspekt der guten Kontrollierbarkeit verführt, die Berechenbarkeit zu weit zu generalisieren. Man wußte natürlich um nichtvorhersehbare Phänomene wie beim Fallen eines Würfels und auch beim Roulette. Letzteres sollte ja schon vom Spielcharakter her von niemandem berechnet werden können. Aber niemand zweifelte an der prinzipiellen Berechenbarkeit dieser Systeme, gegeben ausreichend genaue Anfangsbedingungen. Man hatte nicht verstanden, daß man nicht mehr von Berechenbarkeit sprechen kann, wenn die Empfindlichkeit des Systems für eine Variation der Anfangsbedingungen so groß ist, daß die kleinste weit entfernte Störung eine grobe Abweichung der Entwicklung des Systems mit sich bringt.

Das erkenntnistheoretische Resultat aus der Unberechenbarkeit nichtlinearer dynamischer Systeme scheint zuerst rein negativer Art zu sein. Als eine der Basisvoraussetzungen der rationalen Behandlung der Natur wurde die *Separierbarkeit* angesehen, jene Abtrennbarkeit von Teilen eines Systems, die deren individuelle Behandlung erlaubt. Zumindest eine relative Isolierung vom Rest des Universums ist für die Durchführung von Experimenten notwendig. Wenn jedoch ein System bei der kleinsten Abweichung von den Anfangsbedingungen bereits drastische Veränderungen in den Endzuständen aufweist – wenn etwa die Verschiebung von 1 Gramm Masse auf dem Sirius den Lauf des irdischen Systems grob verändert –, dann handelt es sich um eine neuartige Nichtseparierbarkeit, die den Systembegriff entscheidend modifiziert. Diese Art von ganzheitlicher Abhängigkeit ist rein klassischen Ursprungs und hat nichts mit jener quantenmechanischen Nichtseparierbarkeit zu tun, die durch die Einstein-Podolsky-Rosen-Korrelationen induziert wird, welche wir bereits kennengelernt haben. Allerdings gibt es durchaus Fälle, wo *zusätzlich* quantenmechanische Unschärfen auf die makroskopische Ebene verstärkt werden und sich hier als sichtbare Nichtberechenbarkeit manifestieren. Ein Paradefall ist das Billardspiel, von dem man denken könnte, daß es sich rein nach klassischen Stoßgesetzen richtet. Eine Modellüberlegung zeigt jedoch[339], daß nur acht Stöße berechenbar sind und sich danach die Quantenunschärfen so verstärken, daß jede weitere Vorhersage über das Schicksal des Systems unmöglich wird. Bei jedem Stoß, wobei man mit Kugeln von 2 cm Radius in einer Entfernung von 1 m arbeitet, wird die Unschärfe der Lage der Kugel um den Faktor 100 größer, so daß nach acht Kollisionen die anfängliche Ortsunschärfe um den Faktor 10^{16} angestiegen ist. Viele Beispiele – von den molekularen Stößen eines Gases bis zum Wettergeschehen – lassen sich aufweisen, bei denen diese supersensible Abhängigkeit von den Anfangsbedingungen besteht. Hier kann die Regelmäßigkeit des harmonischen Oszillators nicht mehr Modell sein. Das Wettergeschehen ist dabei wohl das eindrucksvollste Beispiel, bei dem sich die Schwierigkeit der Berechenbarkeit als Alltagsphänomen manifestiert. Hier hat die Sensibilität des Systems für eine winzige Variation der Anfangsbedingungen den anschaulichen Namen „Schmetterlingseffekt" erhalten. Der Meterologe Edward Lorenz hatte in einem Gleichungssystem, mit dem er die Wetterentwicklung modellieren wollte, eine extreme Empfindlichkeit gegenüber Veränderungen in den Anfangszuständen entdeckt.[340] In einem Vortrag, gehalten auf der jährlichen Konferenz der American Association for the Advancement of Science in Washington 1979, formulierte er die schwierige

Vorhersagesituation der Meterologie mit der Frage: Kann der Flügel-schlag eines Schmetterlings in Brasilien einen Wirbelsturm in Texas auslösen? Wenn beim Wetter im allgemeinen Fall wirklich diese Situation vorherrscht, dann ist zumindest eine langfristige Wettervorhersage unmöglich, egal wie starke Computer eingesetzt werden und wieviel Rechenzeit man ihnen gibt. Aber auch außerwissenschaftliche Metho-den, Bauernregeln und irgendwelche 100-jährigen Kalender können keine Vorhersageresultate liefern, weil das atmosphärische System die dafür notwendige Regelhaftigkeit gar nicht besitzt.

Damit haben wir uns bereits jener Begrifflichkeit genähert, die heute im Mittelpunkt des Interesses steht und allgemein mit dem Begriff ‚Chaos' umschrieben wird. Ihm müssen wir nun im folgenden eine nähere Betrachtung widmen.

5. Der Begriff des Chaos

Wir sind dem Ausdruck Chaos nun schon wiederholt begegnet und haben eine Vielfalt von Verwendungen desselben konstatieren können. Dies ist eine zweifellos normale Situation, wenn ein neues Sachgebiet mit neuen Gesetzen und Anwendungsbereichen sich etabliert.

Im Rahmen der alten Kosmogonien bedeutet Chaos soviel wie *ur-sprünglich ungeordnete Substanz*, also eine Art Urmaterie, die noch keine differenzierte Struktur trägt.

In der modernen physikalischen Kosmogonie meint man mit Chaos eine starke *Gegensätzlichkeit* in den Werten der kosmischen Zustands-größen wie Druck, Dichte, Expansionsrate, Krümmungsparameter. Im Alltagssprachgebrauch verbindet man damit Konnotationen wie er-ratisch, unordentlich, *irregulär*. Auch der unvoreingenommene Natur-beobachter der Vielfalt aller komplexen Systeme wird deren ganzheit-liche, zumeist *unauflösbare* Kompliziertheit und Individualität als chaotisch empfinden. Erkenntnistheoretisch orientierte Beobachter der wissenschaftlichen Szene werden hauptsächlich den Aspekt der *Unvorhersagbarkeit* des Chaos ins Auge fassen.

Nun fragt es sich, ob man eine Begriffsbestimmung finden kann, die den semantischen Kern all dieser Verwendungen von Chaos ab-deckt.[341]

Die breiteste, umfassendste Bedeutung von Chaos ergibt sich durch eine Bestimmung aus der algorithmischen Komplexitätstheorie, wie sie von Andreij Kolmogorov, Gregory Chaitin und Ray Solomonov ent-wickelt wurde.[342] Man betrachtet in dieser Theorie die deterministische Berechnung einer physikalischen Größe Q. Diese Berechnung wird durch eine digitale Folge S ausgedrückt, z. B. (01011000 . . .). S und damit natürlich auch Q sind dann zufällig, wenn das kürzeste Computerprogramm, das S druckt, nur in dem Kopierbefehl „drucke S" bestehen kann. Die Schlüsseleigenschaft liegt also in der *Nichtabkürzbarkeit* des Programms, im Fehlen jeglicher Redundanz, die eine Zusammenziehung des Schreibbefehls ermöglichen würde.[343] Bei dieser Begriffsbestimmung ergibt sich kein Widerspruch, wenn man von *deterministischer Zufälligkeit* spricht, denn eine Welt kann makroskopisch durchaus deterministisch sein und z. B. auch klassische Planetenbahnen enthalten, aber auch chaotische Bewegungsformen einschließen, die so zufällig sind, daß sie durch keine algorithmische Gesetzesform in eine kürzere, kompaktere Darstellung gebracht werden können. Bei den analytischen Lösungen von deterministischen Gleichungen wie dem harmonischen Oszillator[344] oder der Kepler-Bewegung braucht man nur wenig Information einzugeben, um eine Menge an Wissen über die Bahnbewegungen herauszubekommen. Die Beschreibung der Natur mittels Gesetzen besteht ja gerade darin, sparsame, kompakte redundanzarme Formeln zu finden, die viel zusammenfassen. Bei jenen komplexen klassischen Systemen, die chaotisches Verhalten zeigen, muß man maximalen sprachlichen Aufwand treiben, um die zufällige Konfiguration abzubilden. Die Elemente lassen sich informationstheoretisch nicht enger packen. Die Zufallsfolge hat bereits die engste mögliche Informationsdichte. Bei chaotischen Systemen bleiben der deterministische Charakter, die Existenz und die Eindeutigkeit der Bahnen bestehen, aber die Vorhersehbarkeit geht verloren. Man kann das Endergebnis nur zur Kenntnis nehmen.

Statt vom Standpunkt der algorithmischen Komplexität kann man chaotische Systeme auch von der Rechenkomplexität her betrachten, d. h., man fragt statt nach der Länge des Programms nach der Rechenzeit.[345] Bei analytisch ableitbaren Lösungen braucht man eine Rechenzeit von log(t), wenn t die innere Zeit des zu berechnenden Systems ist. Bei chaotischen Systemen sind Rechenzeit und die Zeit, die das System braucht, um sich zu dem Endzustand zu entwickeln, gleich lang. Genau dies macht aber nun eine Vorhersage unmöglich, denn die Berechnung käme ja grundsätzlich zu spät. Obwohl also beide Systeme klassische deterministische Systeme sind, ist nur das analytische prognostizierbar, nur hier kommt die Vorhersage vor dem zukünftigen Zustand. Eine chaotische Bahn ist somit ihre eigene kürzeste Beschreibung und ihr eigener schnellster Computer.

In einem gewissen Sinne bedeutet Chaos fehlende Information, aber nicht so, wie wir dies aus dem Alltag gewohnt sind, als temporärer Zustand, der mit Überlegung und Einsatz von technischen Hilfsmitteln überwunden werden kann. Es handelt sich um eine *grundsätzliche Unmöglichkeit*, die in der Natur der chaotischen Systeme selbst liegt, und zwar in der Bestimmung des Anfangszustandes. Hier tut sich sogar eine gewisse Parallele zur Quantenmechanik auf. Die Nichtvertauschbarkeit bestimmter Operatoren verhindert die scharfe Zustandspräparation der dazugehörigen kanonisch konjugierten Variablen. Diese ist der mathematische Grund für den Quantenindeterminismus. Im Falle der klassischen Systeme gibt es ebenfalls einen mathematischen Grund für Zufälligkeit. Hier werden zwar alle dynamischen Variablen vertauscht, jeder Anfangszustand ist jedoch durch eine reelle Zahl gegeben, z. B. $\sqrt{3}$ = 1,732. . . Selbst wenn es eine rationale Zahl ist, z. B. 1/3 = 0,3333. . ., in jedem Fall müssen wir eine unendliche Folge von Ziffern spezifizieren. Als Zahl kann man ganz generell einen endlichen oder unendlichen Dezimalbruch ansehen. Das Zahlenkontinuum oder System der reellen Zahlen ist die Gesamtheit aller unendlichen Dezimalbrüche. Die rationalen Zahlen sind die periodischen, und die irrationalen sind die nichtperiodischen Dezimalbrüche.[346] Im allgemeineren Fall der reellen Zahl handelt es sich um eine Zufallsfolge von Ziffern ohne jegliche innere Gesetzmäßigkeit. Man kann sich eine solche Folge durch ein Roulett erzeugt denken, wo die Zahlen 0 . . . 9 gleichmäßig im Kreis angeordnet sind. Die Ziffernfolge einer reellen Zahl wie π ist grundsätzlich regellos, so daß auch aus der Kenntnis einer beliebig langen Kette von Dezimalstellen nicht auf die folgende geschlossen werden kann. Natürlich kann man jetzt fragen, warum denn bei den Newtonschen Systemen der traditionellen Mechanik überhaupt noch irgendetwas berechenbar ist. Die Zufallsverteilung der Ziffern reeller Zahlen beim Anfangszustand wirkt sich bei analytischen Lösungen deshalb nicht aus, weil nahe beisammenliegende Trajektorien nur *linear* mit der Zeit auseinanderlaufen. Dieses langsame Auseinanderdriften anfänglich nahe benachbarter Bahnen hat zur Folge, daß man aus praktischen Gründen den exakten reellen Wert des Anfangszustandes nicht braucht. Nur wenn man die Entwicklung in sehr ferner Zukunft wissen möchte – z. B. das Schicksal unseres Planetensystems zu sehr späten Zeiten –, dann ergibt sich auch für analytische Lösungen Unvorhersehbarkeit.

Der letzte Ursprung aller Chaotizität ist jedoch das reelle Kontinuum oder die Tatsache, daß wir Physik betreiben auf einem Zahlkörper, den wir eigentlich nicht handhaben können. Vom algorithmischen Standpunkt aus sind die Newtonschen Rechenregeln Vorschriften, die

die fehlende Information von unberechenbaren Zufallsfolgen des Anfangszustandes in unberechenbare, zufällige Bahnen umwandeln: Eine
funktionale Abhängigkeit existiert zwischen den Zufallsvariablen des Anfangszustandes und den daraus hervorgehenden chaotischen Bahnen. Ein
Bündel von solchen Bahnen wird exponentiell mit der Systemzeit ausein-
andergetrieben. Ein kleiner anfänglicher Fehler von etwa 10^{-8} wächst jede
Sekunde mit 10^{-8+k}, wobei k eine ganzzahlige Zeitkoordinate ist.[347] Damit geht jede Sekunde eine Dezimalstelle in der Genauigkeit der Bahnbe-
stimmung verloren. Dieser exponentielle Verlust von Genauigkeit bewirkt die Unberechenbarkeit der chaotischen Bahnen, zumindest für
Menschen. Für Theologen könnte es eine lohnende Aufgabe sein, darüber zu spekulieren, ob die unsterblichen Götter die reellen Zahlen der
Anfangswerte bewältigen können. Für endliche Vernunftwesen wie Menschen gilt jedenfalls das, was Paul Davies so formuliert hat: „Die meisten
Zahlen sind also tatsächlich unbenennbar! Sie sind vollkommen unvorhersehbar und vollkommen unberechenbar."[348]

Es ist sinnvoll, die chaotische Systementwicklung in einen größeren
Zusammenhang zu stellen. Die Wissenschaft ist zweifelsohne aufge-
klärter Alltagsverstand. Diese Aufklärung besteht aber vielfach auch
darin, daß Phänomene, die weit außerhalb der Alltagserfahrung liegen,
völlig andersartigen Gesetzen gehorchen. Wenn hohe Geschwindigkeiten ins Spiel kommen oder starke Gravitationsfelder, muß die Spezielle
bzw. Allgemeine Relativitätstheorie eingesetzt werden, für kleine Körper braucht man die Quantenmechanik. Dabei tauchen neue Grenzen
für Bewegungen und bei der Quantendiskontinuität Grenzen für die
Auflösung von Prozessen auf. Das Phänomen Chaos bedingt weitere
Schranken bei der Analyse von Entwicklungen. Deterministische Objekte, die vom Alltagsverstand her harmlos aussehen, zeigen sich bei
näherem Zusehen als unberechenbar zufällig. Der Zufall drängt sich
als unvermeidliche Erkenntnisbegrenzung der Natur auf. Anders als
bei der Quantenmechanik liegt er in den Grundlagen der Mathematik
und hier wiederum im *Begriff des Kontinuums*.

In der Grundlagendebatte der Mathematik herrschen große Gegen-
sätzlichkeiten bezüglich des ontologischen Status mathematischer Objekte.[349] Wie existieren denn begriffliche Gegenstände wie Algebren,
Ringe, Körper, topologische und metrische Räume? Viele Mathematiker, darunter so berühmte wie Kurt Gödel oder René Thom, meinen,
daß man viele Sätze der Mathematik gar nicht anders verstehen kann
als von autonomen abstrakten Objekten handelnd, die in einer eigenen, unräumlichen und unzeitlichen Welt zu Hause sind. Auf Grund
der Ähnlichkeit mit Platons Ideenlehre nennt man den Realismus,

wenn er sich auf mathematische Objekte wie Funktionen, Gruppen oder Mengen richtet, auch *Platonismus*. Auch nach Karl Popper sind mathematische Objekte Dinge einer eigenen Welt, nämlich seiner Welt 3. Mathematische Objekte werden in platonischer Sicht entdeckt, vorgefunden wie Naturgegenstände, aber natürlich mit den logischen Mitteln des reinen Denkens und nicht mit empirischen Methoden. Ebenso haben die ewigen mathematischen Ideen *transkulturelle* und sogar *transhumane* Bedeutung. Was immer extraterrestrische, technische Zivilisationen auch für Wesen sein mögen, wenn sie überhaupt die Mathematik entdeckt haben, muß diese aus platonischer Perspektive mit der unseren identisch sein. Den meisten aktiven Mathematikern ist der Platonismus zu gespenstisch. Sie können sich mit dieser idealen Existenzweise von begrifflichen Objekten nicht abfinden und neigen deshalb lieber dem *Konzeptualismus* zu, bei dem der Mathematiker seine Objekte nicht entdeckt, sondern erfindet. Vor, neben und unabhängig vom denkenden Gehirn gibt es keine begrifflichen Dinge. Wenn bei der Naturbeschreibung Konstanten auftauchen (z. B. die Gravitationskonstante G oder noch besser die dimensionslose Feinstrukturkonstante der Gravitation α_G), dann spiegelt dies die menschliche Begriffsbildung, aber nicht eine tiefliegende Qualität der mathematischen Natur selbst. Wenn Mathematisieren anthropomorphe Modellbildung darstellt, können wir auch nicht erwarten, immer und überall mit unseren formalen Methoden Erfolg zu haben. Es könnte – anders als beim Platonismus, wo die Welt innerlich nach mathematischen Prinzipien aufgebaut ist – sein, daß die Evolution uns mit einer begrenzten mathematischen Modellierfähigkeit ausgestattet hat und daß unser Begriffsbildungsvermögen nicht ausreicht, um die der grobsinnlichen Welt ferner liegenden Bereiche, darunter auch die Gebiete des sehr Komplexen und des Chaos, zu erfassen. Der Konzeptualismus ist eine naturalistische Interpretation mathematischer Objekte. Begriffliche Dinge sind Äquivalenzklassen von Gehirnprozessen.[350] Das mathematische Objekt existiert, wenn es von irgendeinem Zentralnervensystem gedacht wird. Viele Mathematiker, darunter auch David Hilbert, fürchteten, daß der natürliche Verstand, wenn man ihm unbeschränkte Denkfreiheit ließe, logische Unmöglichkeiten hervorbringen könnte. Diese Befürchtung war nicht aus der Luft gegriffen, denn um die Jahrhundertwende zeigten sich die ersten *Paradoxien*, als man bestimmte Prädikationen von endlichen auf unendliche Mengen übertrug. Um diese Schwierigkeiten zu überwinden, versuchte Hilbert ganz vom Bedeutungsproblem der mathematischen Objekte Abstand zu nehmen und eine formalistische Auffassung der Mathematik zu begründen. Die Frage nach der ontologischen Existenzweise der mathematischen Objekte entfällt dabei, es interessiert nur mehr das Regelsystem der logischen Verknüpfungen. Mathematik ist das Umgehen mit Symbolen nach einem festgelegten, axiomatisch bestimmten Schema. Diese relationale Reduktion der Mathematik auf ein logisches Netzwerk entkoppelt die Mathematik völlig von der Natur. Die Frage, warum sie sich so hervorragend in der Realität bewährt, läßt sich nach dieser formalistischen Deutung gar nicht stellen. Mathematik ist ein logisches Spiel wie Schach, und die Realität folgt eben keinem axiomatisch festgelegten Regelsystem.

Zu den tiefsten, aber auch umstrittensten Begriffen der Mathematik gehört das *aktual Unendliche*. Das *potentiell Unendliche*, von Newton und Leibniz in naiver Weise im 18. Jahrhundert eingeführt, war von Cauchy und Weierstrass durch exakte Grenzwertmethoden begrifflich saniert worden. Anders das aktual Unendliche, das durch die Arbeiten von Georg Cantor zu einem eigenen Gebiet der Mathematik aufgebaut worden war. Cantors transfinite Arithmetik[351] zeigte, daß das Unendliche eine immense innere Vielfalt aufweist, die weit über Newtons Diktum "all infinities are equal", das wir früher im Rahmen der Kosmologie schon besprochen haben, hinausgeht. Mit den transfiniten Mengen, die jeweils höhere Arten der Unendlichkeit enthalten (Mächtigkeiten) und die durch die hebräischen Buchstaben $\aleph_0, \aleph_1, \aleph_2, \ldots, \aleph_\omega$ bezeichnet sind, konnte Cantor zeigen, daß das Unendliche ein eigenes Ideenreich darstellt mit einer großartigen inneren Struktur. Allerdings ergaben sich einige Paradoxien und Konsistenzen, wenn man die intuitive Mengenbildung nicht bestimmten Einschränkungen unterwarf.

An den Paradoxien der Mengenlehre entzündete sich der Grundlagenstreit der Mathematik, der im Intuitionismus zu einer radikalen Einschränkung mathematischer Begriffsbildung führte. Brouwer und Heyting forderten, nur konstruktivistische Beweismethoden zuzulassen, was bedeutet, daß ausgehend von intuitiv eindeutigen Begriffen alle mathematischen Objekte schrittweise erzeugt werden müssen. Durch die intuitionistische Restriktion werden eine Reihe von herkömmlichen Beweisverfahren wie das tertium non datur, der indirekte Beweis, die doppelte Negation nicht mehr zugelassen[352], und erst recht sind natürlich aktual unendliche Mengen verboten. Selbst unmittelbar einsichtige Sätze wie der Zwischenwertsatz – jede stetige Funktion, die in einem Intervall einen negativen und einen positiven Wert hat, besitzt mindestens eine Nullstelle in diesem Intervall – sind aus intuitionistischer Sicht unzulässig, weil eine solche Existenzaussage nicht konstruktiv ist. (Abb. 16)

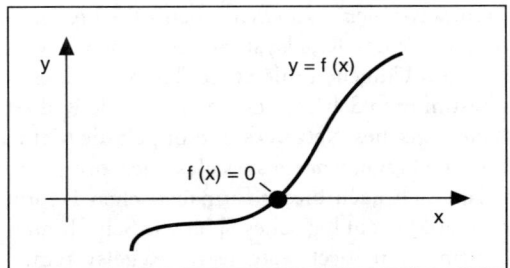

Abb. 16: Zwischenwertsatz

Übrigens fielen auch die so bedeutsamen Singularitätentheoreme von Hawking und Penrose unter das Verdikt von Brouwer, da sie ja nur angeben, daß es mindestens eine Geodäte gibt, die in der Mannigfaltigkeit unvollständig ist, diese Weltlinie aber nicht explizit aufführen. Die intuitionistische Grundlagenposition ist gerade wegen ihrer extremen operationalistischen Voraussetzung leicht angreifbar. Wie es auch nicht einsichtig gemacht werden kann, warum in den empirischen Wissenschaften z. B. die physikalische Bedeutung eines Termes mit den Angaben seiner Laborbedingungen gleichgesetzt werden soll, so ist es auch in der reinen Mathematik überzogen zu verlangen, daß jeder Ausdruck Ergebnis einer effektiven Konstruktion sein muß. Außerdem läßt sich über die intuitiven Basisbegriffe – seien es die natürlichen Zahlen oder etwas anderes – lange verhandeln, ohne daß Einigkeit erzwungen werden kann. Für manchen traditionellen Mathematiker ist es vielleicht genauso „intuitiv", daß die reelle Zahl π in einer Teilfolge ihrer unendlich vielen Dezimalstellen einmal eine 7777777 enthält oder nicht, ohne daß man angeben könnte, wo diese Teilfolge lokalisiert ist.

Jedenfalls folgten die meisten Mathematiker viel eher David Hilbert in der Auffassung, daß die mathematischen Gesetze formaler Art sind ohne Fundament in irgendwelchen idealen Welten. Ziel des formalistischen Programms war es, eine vollständige axiomatische Charakterisierung aller abstrakten Strukturen der Mathematik zu liefern. Dieses sogenannte *Hilbert-Programm* ließ sich jedoch nicht durchführen. Es scheiterte definitiv am Beweis eines Unvollständigkeitssatzes, den Kurt Gödel 1931 gefunden hatte. Genauer gesagt gibt es zwei *Unvollständigkeitstheoreme*: Das erste besagt, daß es in jedem widerspruchsfreien formalen System, das mindestens so reich ist, die Arithmetik zu enthalten, mindestens eine unentscheidbare Formel gibt. Eine Formel A ist unentscheidbar in der Theorie T, wenn weder A noch nicht-A Theorem von T ist. Der zweite Unvollständigkeitssatz besagt, daß keine Theorie des gleichen Typs nur mit den Mitteln der Theorie selbst als widerspruchsfrei erwiesen werden kann.[353]

Mit den Gödel-Theoremen sind weitreichende irrationalistische Konsequenzen verbunden worden derart, daß die Vernunft damit ihre endgültige Grenze erreicht habe. Tatsächlich zeigen die Unvollständigkeitssätze aber nur die Begrenzungen der Axiomatisierbarkeit und Formalisierbarkeit auf. Gegeben ein mathematischer Bereich K und ein formales System F, das K ausdrückt, dann gibt es immer Formeln aus K, die in F weder beweisbar noch widerlegbar sind. Das sieht eigentlich nur wie ein linguistisches Paradoxon aus und nicht wie eine definitive Erkenntnisgrenze.[354]

Wie dem auch sei, für uns ist hier ein Zusammenhang wichtig, der die *Unvollständigkeit* einer Theorie mit der *Zufälligkeit* in komplexen Systemen verknüpft.[355] Wir hatten schon die Ursache für das Auftreten von chaotischen Zuständen in der Natur unseres Zahlsystems lokalisiert. Wir können jetzt fragen, ob eine bestimmte Zahlenfolge zufällig ist oder nicht. Am besten stellt man sich eine binäre Zahlenfolge vor (. . .01100010. . .) und fragt nach dem kürzesten Computerprogramm, das die Folge erzeugen kann. Die Länge der Programme in Informationseinheiten, BITs, nannten wir ja die *Komplexität* der Zahlenfolge. Wenn sie völlig zufällig ist, dann gibt es eben keine Regel, um aus einer bestimmten Ziffer die nächste zu erzeugen. Letzteres ist nur möglich, wenn die Folge eine Regularität enthält, z. B. alle geraden oder alle ungeraden Zahlen. Anstatt (2, 4, 6, 8, 10, 12 . . .) oder (3, 5, 7, 9, 11, 13 . . .) ist die Regel 2N bzw. 2N + 1 angebbar, wobei N die natürlichen Zahlen durchläuft. Bei der Zufallsfolge jedoch läßt sich nichts abkürzen oder komprimieren, sie muß vom Computer als ganze ausgedruckt werden. Die Zufälligkeit besteht ja gerade darin, daß die Komplexität durch die Länge der Folge selbst gegeben ist. Mit diesem Komplexitätsbegriff kann man nun an einen ausreichend leistungsfähigen Computer, der also mindestens die Gesetze der Arithmetik enthält, herangehen und ihm die Aufgabe stellen: „Drucke eine Zahlenfolge aus, deren Komplexität bewiesenermaßen größer ist als jene, die diesem Programm zugrunde liegt!" Auf diesen Befehl wird der Computer keine Reaktion zeigen, denn er kann immer nur Zahlenfolgen erzeugen, deren Komplexität kleiner ist als die des eigenen Programmes. Im allgemeinen Fall kann also die *Zufälligkeit einer Zeichenfolge nicht bewiesen werden*. Dieses Zufallstheorem von Gregory Chaitin[356] ist nichts anderes als ein Sonderfall des 1. Gödelschen Unvollständigkeitssatzes.

Die philosophische Bedeutung dieses Unbeweisbarkeitssatzes von Chaitin enthüllt sich, wenn man ihn auf das Problem der Entstehung des Lebens anwendet.[357] Hier konkurrieren drei grundverschiedene Erklärungsansätze. Jacques Monod hat sich bemüht zu zeigen, daß die Lebensentstehung ein singuläres Zufallsereignis darstellt, daß sie extrem niedrige Aprioriwahrscheinlichkeit besitzt und deshalb im gesamten Universum niemals wieder vorkommen wird. Das ältere teleologische Modell, das aber auch heute noch Verteidiger findet, nimmt die Wirksamkeit einer zielgerichteten Gesetzmäßigkeit an, welche die Reichhaltigkeit makromolekularer Möglichkeiten auf die biologisch tatsächlich vorkommende Realität einschränkt. Der von den meisten Biologen heute vertretene molekular-darwinistische Ansatz arbeitet mit einer Kombination von gesetzmäßigen und zufälligen Komponenten.

Aus der algorithmischen Komplexitätstheorie folgt nun eine wichtige Konsequenz für die reine Zufalls- und die teleologische Gesetzeshypothese.[358]

Aus dem Zufallstheorem ergibt sich, daß Monods Behauptung, der genetische Bauplan der Lebewesen sei das Ergebnis eines reinen Zufallsprozesses, nicht beweisbar ist. Es mag sein, daß die Regellosigkeit der genetischen Symbolsequenzen zufällig ist, dies läßt sich jedoch grundsätzlich aus den früher genannten metamathematischen Gründen nicht beweisen. Die teleologischen Hypothesen sind auch vom Zufallstheorem betroffen. Sie behaupten ja die Existenz eines Algorithmus, also einer inneren Gesetzlichkeit, nach der sich die genetischen Baupläne etablieren. Dieser teleologische Algorithmus muß aber nun, wenn er ein echtes Gesetz darstellt, mehr als nur Zufallsfolgen erzeugen, er muß eine kompaktere Darstellung der Symbolsequenzen geben. Auf Grund des Zufallstheorems ist das Vorhandensein solcher komprimierter Algorithmen unwiderlegbar, da wir nicht beweisen können, daß eine solche Regel nicht existiert. Dies gibt dem teleologischen Ansatz den Charakter eines Lückenbüßers, der sich immer dort etablieren kann, wo temporäres Nichtwissen die Vermutung gestattet, es könnte eine Gesetzesregel geben, die die genetische Struktur erzeugt.

Aus dem Vorstehenden folgt, daß Chaotizität eine Begrifflichkeit darstellt, die nicht einfach nur einen Schlüsselterm einer neuen Theorie bildet, sondern vielmehr ein ganzes Bündel von etablierten Disziplinen tangiert. Von der Metamathematik bis zur Biologie verknüpft die Komplexitätstheorie, in einer von der klassischen Physik her völlig unbekannten Weise, disparate Bereiche so, daß Predrag Cvitanovic das Wort von der „Universalität des Chaos" prägen konnte.[359] Dabei hat er allerdings einen Chaosbegriff im Sinn, der zentral bei *makroskopischen* Strukturen auftaucht. Auch Ludwig Boltzmann verwendete für seine statistische Mechanik die Hypothese des molekularen Chaos (Stoßzahlansatz). Die unkontrolliert durcheinanderfliegenden Moleküle eines Gases bilden allerdings ein *mikroskopisches Chaos*. Wenn man jedoch versucht, die ungeordnete grobsinnliche Vielfalt der Welt zu charakterisieren, ist immer das makroskopische oder auch *deterministische Chaos* gemeint. Der Name rührt davon her, daß Systeme unregelmäßige Schwankungen besitzen können, die rein zufällige Muster erzeugen, obwohl diesen Prozessen eine deterministische Dynamik zugrunde liegt. Ein anschauliches Beispiel für eine deterministisch chaotische Bewegung stellt der Fall einer Stahlkugel auf eine Rasierklinge dar.[360] Eine solche Kugel wird in weitem Bogen nach einer Seite wegfliegen, wenn sie die Klinge auch nur ein wenig links oder rechts von ihrem Schwerpunkt trifft.

Zu den begrifflich bedeutsamsten Ergebnissen jüngerer Chaosforscher gehört es nun, daß das deterministische Chaos, wie es sich in makroskopischen Strukturen zeigt – sei es eine fein verästelte Rotbuche oder das Muster der Eisblumen an einem Fenster –, der geometrischen Beschreibung zugänglich ist. Wir erinnern uns, daß das Zentrum des klassischen mechanistischen Weltbildes die *Mathematisierung* war. Galilei hatte dies in die anschauliche Metapher gekleidet, daß das Buch der Natur in mathematischer Sprache der Dreiecke und Kreise geschrieben ist. Er versuchte, die regulären Phänomene der Welt mit der euklidischen Geometrie zu beschreiben. Die nach ihm forschenden Klassiker sind ihm darin gefolgt und haben die Irregularität wissentlich aus der physikalischen Beschreibung ausgeklammert.

Erst vor ca. 25 Jahren begann man, hauptsächlich durch die Arbeit des französischen Mathematikers Benoît Mandelbrot, eine Geometrie des Irregulären zu entwerfen – die Fraktale.[361] Mandelbrot prägte diesen neuen Begriff aus dem lateinischen „fractus" (frangere), was „gebrochen" heißt. Ein Stein zerbricht zumeist in einer unregelmäßigen Fläche, nicht in einer schönen glatten euklidischen Ebene.

Fraktale haben eine sich auf allen Größenordnungen wiederholende Irregularität, die allerdings nach einem festen Bildungsgesetz erzeugt wird. Die Schlüsseleigenschaft dieser geometrischen Struktur ist die *Selbstähnlichkeit*.[362] Diese bedeutet, daß bei einem Phänomen mit fraktaler Struktur der natürliche Maßstab fehlt. Typische natürliche Fraktale sind Küsten und historisch gewachsene Ländergrenzen. Die Länge einer solchen Küstenlinie hängt vom willkürlich gewählten Maßstab ab, für einen beliebig feinen Maßstab geht die Länge sogar gegen ∞. Für die Fraktale läßt sich nun ein eigener Dimensionsbegriff einführen. So wie sich mit den Dimensionen 0, 1, 2, 3, 4 Punkt, Linie, Fläche, Raum, Raumzeit charakterisieren lassen, kann man bei einer fraktalen Kurve, die z. B. eine Fläche fast ganz ausfüllt, einen Dimensionsbegriff einführen, der ein Maß für die Komplexität dieser Kurve darstellt. Mittels der fraktalen Dimension läßt sich der Grad der Irregularität mit geometrischen Mitteln fassen. Dies ist nun von weltbildhafter Bedeutsamkeit. Wenn das makroskopische, deterministische Chaos geometrisierbar ist, dann besagt dies, daß es ebenso wie die klassischen regulären Formen durch die Vernunft gezähmt werden kann.

Daß das Chaos nicht einfach ein gesetzloses Dunkel und damit eine Schranke für die Tätigkeit des menschlichen Verstandes darstellt, läßt sich auch an den früher schon erwähnten lokalen Instabilitäten der Bewegung studieren.[363] Ein gewöhnliches physikalisches Pendel, dessen Schwingungen durch eine Kraft an der Aufhängung gedämpft werden, steuert, wo immer man es auch starten läßt, auf eine feste Endlage zu. In der Sprache des Phasenraumes, bei dem die Freiheitsgrade des Systems gleich den Koordinaten des Zustandsraumes gesetzt werden, heißt dies, daß der *Attraktor* des Systems ein Fixpunkt ist.

Ein ungedämpftes mathematisches Pendel bewegt sich permanent auf einer geschlossenen Kurve im Zustandsraum. Hier ist der Attraktor ein Grenzzyklus. Für manche noch kompliziertere Prozesse ergeben sich höherdimensionale Endkonfigurationen im Zustandsraum wie z. B. Tori. Der Attraktor kennzeichnet jedenfalls die geometrische Zielsituation des Systems. Ein System kann auch mehrere Attraktoren haben. Jene Menge von Punkten, die zu einer bestimmten Endlage des Systems führen, nennt man das Einzugsgebiet des Attraktors.

Von einem chaotischen System spricht man dann, wenn sich keine der genannten festen Endkonfigurationen im Phasenraum einstellt, sondern eine Fläche, die unbegrenzt oft in sich gefaltet ist in einer Weise, die man sich durch das Kneten eines Teiges veranschaulichen kann. Trajektorien, die am Anfang ganz nahe beisammen liegen, werden in einer unauflöslichen Weise ineinander verschlungen. Die mathematische Form dieses seltsamen Attraktors ist durch die Geometrie eines Fraktals beschrieben.

Nun besteht kein Zweifel, daß ein dynamisches System, das einen seltsamen Attraktor besitzt, eine neue Erkenntnisgrenze etabliert, weil die ursprüngliche Information, die seinen Anfangszustand charakterisiert, durch die schnelle Faltung der Bahnen über den gesamten Zustandsraum verschmiert wird. Damit ist der kausale Zusammenhang von Vergangenheit und Zukunft für alle denkbaren Beobachter unzu-

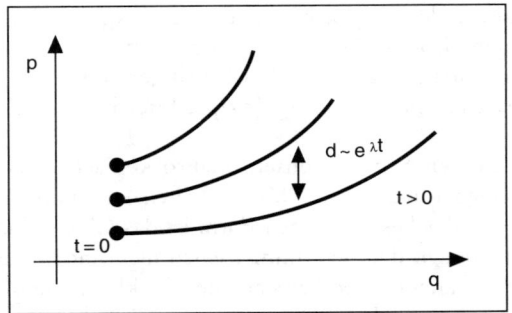

Abb. 17: Ein Maß für Chaotizität (nach G. Wunner 1989)

gänglich. Chaotische Systeme mit einem seltsamen Attraktor verlieren überdies noch eine weitere epistemische Eigenschaft, sie können nicht mehr im Sinne des Baconschen Reduktionismus aus den Teilen des Systems und dessen inneren Kräften verstanden werden.[364] Wenn die Wechselwirkungen der Komponenten des Systems nicht linear sind, ist das Aufbrechen des Ganzen in seine Bestandteile und die Rekonstruktion seines globalen Verhaltens im allgemeinen Fall unmöglich. Dennoch bedeutet auch die Existenz solcher Trajektorieneigenschaften chaotischer Systeme nicht, daß hier eine Analyseresistenz vorliegt. Die Ursache für die Empfindlichkeit chaotischer Systeme gegenüber einer winzigen Variation der Anfangsbedingungen ist das exponentielle Auseinanderlaufen von ursprünglich eng benachbarten Teilchen.

Begrifflich entscheidend ist nun, daß man ein Maß für die Stärke einführen kann, mit der sich mit wachsender Zeit die Teilchenbahnen trennen.[365] Die Entfernung d wächst mit $e^{\lambda t}$, wobei λ der sogenannte Liapunov-Exponent ist, der das Ausmaß des exponentiellen Auseinanderdriftens bestimmt. λ sagt somit etwas darüber aus, wie instabil eine Bahn ist. Im Sonderfall von nichtchaotischen Systemen, wo die Bahnen nur linear mit der Zeit auseinanderlaufen, verschwindet λ. Aus diesem Zusammenhang wird deutlich, daß es sogar ein quantitatives Maß für Chaotizität gibt, das einen kontinuierlichen Übergang zur nichtchaotischen Grenze stiftet. (Abb. 17)

In der Tat ist unsere reale Welt ein Gemisch von linearen und nichtlinearen, von regulären und irregulären Phänomenen. Natürlich gibt es elektromagnetische Erscheinungen, für die allein Maxwells lineare Theorie zuständig ist. Interferenzeffekte in der Optik, elektrostatische Phänomene, die unter das Coulombsche Gesetz fallen, gehören dazu.

Auch die Musik lebt vielfach von der Überlagerungsfähigkeit von Schwingungen. Ebenso sind die unangenehmen Schwebungen bei bestimmten Instrumenten, die den Musikgenuß stören, ein Ergebnis des linearen Superpositionsprinzips. Hier ist sicher kein Chaos zu finden.

Auf der anderen Seite ist unsere makroskopische Welt auch von Quanteneffekten durchzogen. Wie verhalten sich nun die Quanten zum Chaos? In der beschriebenen Form ist das Chaos ein rein klassischer Begriff, der in den deterministischen nichtlinearen Bewegungsgleichungen auftaucht. Nun hat sich aber die klassische Mechanik als Grenzfall der umfassenderen Quantenmechanik erwiesen, die als übergeordnete Theorie dann verwendet werden muß, wenn es um molekulare, atomare, nukleare und elementare Systeme geht. Obwohl das Angrenzen der beiden Theorien ein diffiziles semantisches Problem darstellt, kann man formal den Grenzübergang h → 0 als Ausdruck der Beziehung beider Theorien ansehen.

Gibt es nun eine Fortsetzung des klassischen Chaosgeschehens im quantenmechanischen Bereich?

Obwohl die Frage nicht ganz entschieden zu sein scheint, deutet sich an[366], was man auf Grund der linearen Dynamik im Quantenbereich erwarten mußte, daß dort die klassische Chaotizität unterdrückt wird. Diese Tatsache läßt sich plausibel machen: Bei einer chaotischen Entwicklung treten immer stärkere Verschlingungen und Verwicklungen der Teilchenbahnen auf, die immer kleinere Teile des Zustandsraumes (Phasenraumes) erfassen. Wie bei der Herstellung eines Teiges die Anfangslagen aller Bestandteile immer stärker ineinandergeschoben werden, wenn der Bäcker weiterknetet, so erreicht die komplizierte Verschachtelung der Trajektorien zuletzt eine Größenordnung, die einer Unterteilung nicht mehr fähig ist, weil die quantenmechanische Körnigkeit, ausgedrückt durch das Wirkungsquantum h, einer weiteren Verfeinerung ein Ende setzt.

Man spricht daher von einer „Quantenunterdrückung des klassischen Chaos"[367]. Wenn dieses Resultat bestätigt wird – und in Sachen Quantenchaos ist sicher noch nicht das letzte Wort gesprochen –, ergibt sich Chaotizität als Zug der Welt der mittleren Größenordnung des Mesokosmos, um einen Terminus von Gerhard Vollmer zu gebrauchen. Es ist der Bereich, in dem sich die komplexen Strukturen voll etabliert haben, eingeschlossen sind dabei der Mensch und sein Gehirn, mit dem er versucht, dieser Komplexität nachzuspüren.

6. Die Verstehbarkeit der Welt

Aus der Komplexitätstheorie läßt sich neues Licht gewinnen für die Frage, wie weit und warum die Welt überhaupt verstehbar ist, was Einstein als eines der tiefen erkenntnistheoretischen Probleme empfunden hat.[368] Die Welt ist gekennzeichnet durch eine überwältigende Erscheinungsfülle, der aber nur eine kleine Zahl von Gesetzen zugrunde liegt. Die Vielfalt ist alles andere als vom Typus einer Zufallskombinatorik bestimmt. Viele Dinge, die rein von den stofflichen Kombinationsmöglichkeiten logisch denkbar wären, kommen nicht vor: Sterne mit 1000 Sonnenmassen, Säugetiere von einer Million Tonnen, Ameisen von 10^{-6} cm. Welche Systeme von den Gesetzen als stabil, kohärent und funktionsfähig ausgezeichnet werden, ist erklärungsbedürftig.

Für diesen Zweck hat man zum Teil auch ein neues begriffliches Instrumentarium erfunden. Um den Organisationsgrad des Universums auszudrücken, verwendet man den Begriff der *thermodynamischen Tiefe*.[369] Er drückt aus, wieviel Struktur sich in einem Universum aus einem homogenen Anfangszustand, meist ist es einfach das Vakuum, bilden konnte. Thermodynamische Tiefe ist ein von Seth Lloyd und Heinz Pagels eingeführter Begriff, um die intuitive Eigenschaft der Komplexität physikalischer Systeme einzufangen. Er hängt logisch mit den früher eingeführten Maßen für Komplexität zusammen, die jedoch andere, algorithmische oder sonstige Züge wie Rechenzeit bei einem Programm zur Kennzeichnung verwenden. Er orientiert sich an der Tatsache, daß es dynamische Systeme in einem kontinuierlichen Übergang gibt, von völlig geordneten wie etwa Kohlenstoffatomen in einem Diamantgitter bis zu ungeordneten wie die Moleküle eines Gases. Von einem Komplexitätsmaß wird gefordert, daß es für völlig ungeordnete Systeme verschwindet, aber einen vernünftigen Wert $\neq 0$ für die strukturierten Gebilde liefert. Auch soll es natürlich nicht nur irgendwelche Teilklassen betreffen, z. B. nur die lebendigen Systeme, sondern universell sein. Zudem kann Komplexität sicher keine einfache additive Eigenschaft physikalischer Körper sein, wie etwa deren Masse, sonst würde die simple Vervielfältigung eines Systems, z. B. einer Zeitung, den Komplexitätsgrad erhöhen. Lloyd und Pagels haben überzeugend dargetan, daß die Komplexität mit dem Entstehungsprozeß und dem Aufwand, der notwendig ist, um ein System hervorzubringen, in Zusammenhang gebracht werden muß. Der spezielle Übergangsprozeß bei Qualitätsänderungen wird also betrachtet. Die thermodynamische Tiefe ist ein Maß dafür, wie *schwierig* es ist, Bestandteile zu höheren Ordnungen zusammenzufügen.

Während die *algorithmische* Definition von Komplexität statisch ist und einer Zufallsfolge das höchste Maß an Komplexität zuordnet, geht die dynamische Definition der Komplexität über die thermodynamische Tiefe genau umgekehrt vor und weist zufälligen Anordnungen ein verschwindendes Komplexitätsmaß zu. Hier liegt kein Widerspruch vor, es werden einfach verschiedene Aspekte von Komplexität herausgegriffen. Die algorithmische Komplexität sagt uns, wieviel Information wir brauchen, um z. B. eine Zahl zu codieren. Die thermodynamische Tiefe sagt uns, wie schwierig es ist, die Zahl aus dem Code effektiv zu erzeugen. Es handelt sich also um den *statisch-mathematischen* Aspekt der Komplexität auf der einen Seite und um den *dynamisch-physikalischen* Aspekt auf der anderen Seite.

Betrachtet man die Welt vom Standpunkt der algorithmischen Komplexitätstheorie aus und fragt man nach dem Grund für die Existenz von Regeln, die das Strukturwachstum ermöglichen, so bedeutet dies nach der früher erwähnten Terminologie von Kolmogorov, Chaitin und Solomonov, daß die Welt *algorithmisch kompressibel* ist. Vom algorithmischen Standpunkt aus gesehen ist das Entscheidende an einem Gesetz, daß es die Information über einen kausalen Zusammenhang kompakt zusammenfaßt. Einsteins Frage nach dem Grund der Erkennbarkeit transformiert sich danach in die Aufgabe, den *Grund für die algorithmische Kompressibilität* zu suchen.

Ist diese Frage überhaupt beantwortbar? Sicher ist es nicht damit getan, auf die anthropische Notwendigkeit hinzuweisen, daß bereits das Vorhandensein unseres Gehirnes, mit dem wir diese Frage stellen, die algorithmische Kompressibilität verlangt. Wie wir früher begründet haben, stellt der Aufweis notwendiger anthropischer Bedingungen nie eine Erklärung dar, warum dieselben faktisch vorliegen. Sicher ist allerdings, daß bei absoluter algorithmischer Inkompressibilität, also im Falle von Chaos in dem Sinne, daß überhaupt keine kompaktifizierbare Redundanz im Universum existierte, also alle Ereignisse einzeln für sich unvergleichbar wären, Erkenntnis nicht stattfinden könnte. Erkenntnis hängt daran, daß überhaupt nichtchaotische, algorithmisch kompressible Teilbereiche existieren. Paul Davies hat die Vermutung geäußert[370], daß dies an der *näherungsweisen Linearität* vieler Systeme liegt und dies wiederum mit der Kleinheit bestimmter Kopplungskonstanten zusammenhängt. Die letzteren lassen sich möglicherweise aus einer einheitlichen Theorie ableiten, so daß man für eine Begründung, warum unser Universum nicht völlig chaotisch ist, auf eine große einheitliche Theorie warten muß. Selbst wenn das Universum grundsätzliche algorithmische Komprimierbarkeit besäße, könnte diese natürlich so gering sein, daß die resultierenden Regeln und Gesetze für die menschlichen Gehirne unfaßbar wären, bzw. daß die Prüfung der Gesetze die Rechenkapazität jedes möglichen Computers und die Laufzeit des Universums überschreiten würde. Tatsächlich liegt aber nicht diese Situation in unserer Welt vor, und möglicherweise hängt dies mit einer Art von *Separierbarkeit* der Teile des Universums zusammen. Wenn nach Art eines supermachischen Holismus alle Systeme mit allen anderen verflochten wären, ließen sich keine Teilalgorithmen abtrennen. Das Wahre wäre dann das Ganze, wie Hegel sagt, aber es wäre nicht für endliche Vernunftwesen erfaßbar. Den letzten Grund, warum diese für die Erkenntnis katastrophale Situation nicht vorliegt, sieht man heute in dem speziellen anfänglichen Quantenzustand des Universums. In der Quantenkosmologie überlegt man sich die Bedingungen, unter denen aus einem quantengravitativen Zustand (mit einer quantisierten Metrik) die heute weithin gültige klassische Raumzeit entstand. Wie Jonathan I. Halliwell gezeigt hat[371], braucht man dazu die Annahme der *"decoherence"*, eine Zerstörung der Interferenz der quantengravitativen Zustände. Die ursprünglich vorhandene starke Korrelation zwischen allen quantenmechanischen Möglichkeiten für die Wellenfunktion bzw. Dichtematrix des Universums muß reduziert werden. In dieser quantenkosmologischen Dekohärenz liegt verborgen, daß wir algorithmisch komprimierbare Teilerkenntnis der Welt haben können. Erstaunlich ist nicht nur, daß aus der ursprünglichen quantitativen Überlagerung die kompartimentalisierbare Situation für die Erkenntnis geworden ist, sondern auch, daß das Universum so weit algorithmisch kompressibel ist, daß es, wie manche Optimisten unter den Theoretikern glauben, in finiter Zeit in eine fundamentale Formel faßbar sein soll.

Von philosophischer Seite her ist man eher geneigt, Skepsis anzumelden, und auch Karl Popper hat immer wieder unser grenzloses Unwissen betont. Von Apriori-Plausibilitätsüberlegungen her ist es eher unwahrscheinlich, daß gerade die *heutige* Mathematik, die von den zufällig jetzt vorhandenen Gehirnen erfunden wird, ausreichen soll, um auf die kontingente Komplexität der Natur zu passen. Die Neurologen halten es für wahrscheinlich, daß sich in den nächsten 2–3 Mio. Jahren das menschliche Gehirn weiterentwickeln wird. Einem phylogenetischen Gehirnwachstum bis zu einer Verdoppelung des heute bestehenden Wertes steht von der Hirndurchblutung, der Wirbelsäule, der Halsmuskulatur und der Mechanik des aufrechten Ganges her kein Hindernis entgegen. Dies legt nahe, wie Otto Joachim Grüsser ausführt, daß sich langfristig die menschliche Erkenntnisfähigkeit in weite-

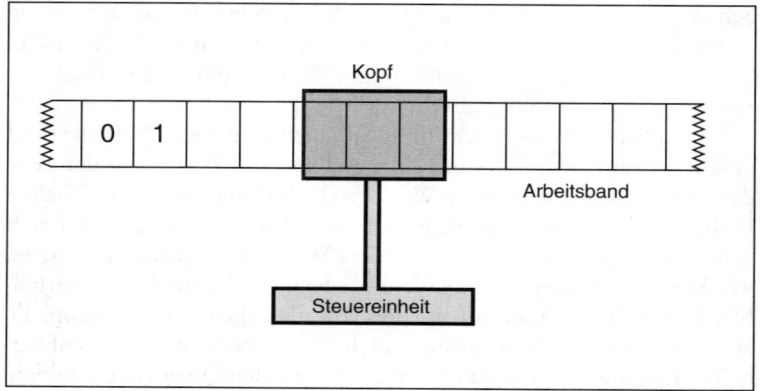

Abb. 18: Die universelle Turing-Maschine

ren Sprüngen verbessern wird.[372] Von daher mutet es seltsam an, daß
nicht der „Homo superbus" der Zukunft, sondern sein viel beschränk-
terer Ahne gerade jetzt die umfassende Einheitstheorie gefunden
haben soll. Wir können aber den einfachsten Grund für die Erklärung
bei einem möglichen Erfolg einer fundamentalen Einheitstheorie nicht
ausschließen: Die Welt ist eben nicht komplexer.

Ein gewisses Licht auf die Frage, wie raffiniert die Welt gestrickt ist,
wird auch von der *Church-Turing-Vermutung* geworfen, wonach jedes
im Prinzip lösbare mathematische Problem durch eine universelle Turing-Maschine bewältigt werden kann. Eine Turing-Maschine besteht
aus drei wesentlichen Einheiten: einem in beiden Richtungen unendlichen Arbeitsband, das in diskrete Felder eingeteilt ist, einem Lese- und
Schreibkopf, der Zeichen setzen und löschen kann, sowie einer Steuereinheit, die den Kopf auf dem Band hin- und herbewegt. (Abb. 18)

In jedem Feld kann immer nur *ein* Zeichen stehen, oder es kann leer
sein. Gelesen oder beschrieben wird immer nur das Feld, auf dem der
Kopf gerade hält. Der Kopf bewegt sich in diskreten Schritten nach
rechts oder links. In der Steuereinheit sind noch eine endliche Menge
von Zuständen und Vorschriften über jene Veränderungen enthalten,
die für die Schreib- und Bewegungsvorgänge gebraucht werden. Alles,
was durch einen Algorithmus oder eine Turing-Maschine durchgeführt
werden kann, realisiert eine *berechenbare Funktion*. Damit ist man
auch im Besitz einer exakten Explikation des intuitiven Begriffes der
Berechenbarkeit. Es hat sich gezeigt, daß alle Präzisierungen von Berechenbarkeit über rekursive Funktionen oder Zellularautomaten gleich-

wertig mit dem Algorithmusbegriff sind, wie er durch die Turing-Maschine geliefert wird.[373] Nicht berechenbare Funktionen entstehen, wenn man einer Turing-Maschine Selbstanwendungsprobleme stellt. So ist z. B. das Halteproblem für Turing-Maschinen algorithmisch nicht lösbar. Beim Halteproblem handelt es sich um die Frage nach der Existenz eines Verfahrens, mit dem man bei Computern feststellen kann, ob sie für bestimmte Eingaben anhalten oder nicht. Da es für beliebige Turing-Maschinen keinen Algorithmus gibt, der für alle möglichen Eingaben feststellt, ob die Maschine nach endlich vielen Schritten anhält oder nicht, ist das Halteproblem unentscheidbar.

Die Turing-Maschine kann also nicht alles bewältigen, womit man sie füttert, dennoch glaubt man an die von Church und Turing 1936 formulierte Vermutung, daß eine Turing-Maschine alles berechnen kann, was sich in einer endlichen Zeit durch eine Folge von physikalisch realisierbaren Operationen durchführen läßt. Viele nehmen an, daß auch das menschliche Gehirn nach Art einer Turing-Maschine arbeitet, obwohl diese Vermutung jüngst in Zweifel gestellt worden ist.[374]

Normalerweise wird die Behauptung von Church und Turing als metamathematischer Satz angesehen, daß alle Formalisierungen des intuitiven Begriffes der Berechenbarkeit äquivalent sind. David Deutsch hat jedoch gezeigt, daß hinter dieser metamathematischen Berechenbarkeitsbehauptung eine verborgene Aussage über die Natur enthalten ist.[375] Damit die Turing-Maschine arbeiten kann, die ja eine idealisierte Form aller elektronischen Rechner darstellt, müssen die arithmetischen Operationen physikalisch möglich sein. Wenn die Naturgesetze nicht die Durchführung einer physikalischen Modellbildung gestatteten, in der Addition, Subtraktion und Multiplikation möglich sind, wären diese Operationen nicht berechenbare Funktionen. Anders ausgedrückt: Es gibt keinen Apriori-Grund, warum die Natur so beschaffen sein muß, daß jedes endliche realisierbare physikalische System durch einen universellen Modellrechner simuliert werden kann, der in seinem Bauplan die algorithmische Berechenbarkeit enthält. Die klassische Physik, die eine durchgängige Stetigkeit ihrer Vorgänge annimmt, und die universelle Turing-Maschine, die immer nur mit diskreten Schritten arbeitet, besitzen nicht die gewünschte Korrespondenz von physikalischer Realisierbarkeit und Berechenbarkeit. Allerdings läßt sich, wie Deutsch gezeigt hat, eine quantenmechanische Verallgemeinerung der Turing-Maschine finden, nämlich der *universelle Quanten-Computer*, und dieser ist auf Grund der heute allgemein akzeptierten Quantennatur der Realität kompatibel mit dem Church-Turing-Prinzip. Wenn man diese Korrespondenz philosophisch ernst nimmt, kann man den Quanten-Computer als Hinweis auf eine objektiv existierende Quantenrealität ansehen.

Damit ergibt sich ein bemerkenswertes gegenseitiges Stützungsverhältnis von Mathematik und Physik. Aus der Physik lassen sich die mechanisch möglichen Operationen ablesen; diese grenzen ein, welche Rechenaktivitäten ein idealer Computer durchführen kann und was eine berechenbare Funktion ist. Auf der anderen Seite lassen sich wiederum die physikalischen Gesetze gerade mit den so definierten berechenbaren Funktionen formulieren. Da entsteht natürlich die Frage, ob unser Universum in bezug auf die Berechenbarkeit einen *Sonderstatus* besitzt. Theoretiker haben schon öfter ihr Erstaunen darüber formuliert, warum unsere Welt sich scheinbar mühelos erfassen läßt, wobei diese Erkennbarkeit nicht nur die Berechenbarkeit, sondern auch die thermodynamische Tiefe, d. h. einen bestimmten Grad an hochorganisierter Komplexität, voraussetzt.

Im Genpool der spekulativen Ideen – um die früher erwähnte Diktion von Toulmin zu verwenden – taucht im Rahmen der Komplexitätsproblematik auch wiederum ein alter Gedanke von Leibniz auf, wonach wir in der *besten aller möglichen Welten* leben. Diese auf den ersten Blick angesichts des vielen Unglücks und Elends in der Welt widersinnige Vorstellung, die von Voltaire in seinem Candide so treffend kritisiert wurde, erhält eine etwas weniger absurde Form, wenn man sie von einer Wertaussage auf eine deskriptive Behauptung transformiert, welche dann besagt, daß wir in einem Universum leben, das die *größtmögliche Vielfalt* mit dem *maximalen Ordnungsgrad* besitzt. Dabei muß man natürlich bestimmte irreduzible minimale Strukturregeln vorgeben, auf die hin unsere aktuale Mannigfaltigkeit der Welt beurteilt wird. Julian B. Barbour hat dies mit Hilfe einer Graphentheorie versucht, nämlich zu zeigen, daß die Vielfalt unserer Welt in einem bestimmten mathematischen Sinne eine Optimierung darstellt, die nicht übertroffen werden kann.[376] So angreifbar ein solcher konkreter Vorschlag auch sein mag, so zeigt er doch auch wieder die Reichweite der modernen naturwissenschaftlichen Ideenbildung, die klassische philosophische Konzeptionen aktiviert und ihnen einen neuen Sinn gibt.

Auf der anderen Seite enthüllt sich die Berechenbarkeit als ein Zug unserer Welt, dessen Reichweite man in Frage stellen kann. Für bestimmte extreme Raumzeitgebiete, etwa den Anwendungsbereich der Quantengravitation, kann es vorkommen, daß kein Algorithmus mehr existiert, der ausdrückt, wie man die Theorie auf solche Situationen anwendet.[377] Es könnte sein, daß in solchen Theorien das normalerweise für selbstverständlich gehaltene Kriterium nicht mehr erfüllt ist, daß alle meßbaren Größen einer Theorie berechenbare Zahlen sind. J. A. Wheeler hat schon vor einiger Zeit die Vermutung geäußert[378], daß die Gesetzesartigkeit selbst, vielleicht in Form der Berechenbarkeitsbedingung, der zeitlichen Entwicklung unterworfen sei. Dies ist natürlich nur sinnvoll, wenn man an ein ontologisches Gegenstück zu den von Menschen formulierten Gesetzesformeln glaubt. Nur diese, der Welt selbst inhärenten Strukturen können sich entwickeln, wobei eine solche "law without law"-Konzeption wiederum eine Entwicklungstendenz auf einer tieferen Ebene erfordert. Angesichts dessen erscheint es mir fraglich, ob diese Idee, daß das Universum seine eigenen Gesetze erzeugt, oder andersherum gedacht, daß die Gesetzesartigkeit der Natur in Richtung auf die Anfangssingularität verschwindet, konsistent formuliert werden kann.

Ein kritisches Argument drängt sich unmittelbar auf. Wenn es ein Basisprinzip der Physik P gäbe, aus dem sich deduktiv alle Gesetze der materiellen Welt ableiten ließen, dann kann P nicht in gleicher Weise begründet werden wie die Konsequenzen von $P \vdash L_1, L_2, L_3 \ldots$ Der Ursprung von P selbst bliebe immer noch offen, die Frage wäre unabweisbar, aber nicht beantwortbar, warum die Welt gerade durch P und nicht durch P' oder P'' charakterisiert ist. Wie David Deutsch richtig gezeigt hat[379], liegt hier ein logisches Dilemma vor: Die Basisformel P kann nur ein analytischer oder ein synthetischer Satz sein. Beim analytischen Satz kann sein Wahrheitswert allein auf Grund der logischen Form und der Bedeutung seiner Terme festgestellt werden, aber er sagt nichts über die Welt aus.

Physikalische Gesetze und Prinzipien, wie abstrakt auch immer, müssen synthetischen Charakter besitzen, sie sprechen über die Welt, und ihr Wahrheitswert wird durch Beobachtung festgestellt. So kann P eigentlich nur ein synthetischer Satz sein, der a posteriori, also über seine testbaren Konsequenzen geprüft wird, dann aber bleibt er als kontingente Behauptung bestehen. Er kann somit sicher nicht die wirklich letzte allumfassende Erklärung der Basisstruktur unserer Welt liefern.

Die verschiedensten Vorschläge wurden gemacht, um noch etwas Elementareres unter den Gesetzen zu finden. „Vorgeometrie", gesetzlose, chaotische Komplexität, aber sie alle leiden unter der analytisch-synthetisch-Dichotomie, entweder leer oder weiter hinterfragbar zu sein.

Auf der Suche nach einem „Vorgesetz" hat D. Deutsch sogar Zuflucht zum „synthetischen Apriori" genommen. Er ist der Meinung,

daß allen physikalischen Gesetzen die unumgängliche Annahme zugrunde liegt, wonach die Gesetze selbst den physikalischen Prozeß
ihrer Kenntnisnahme nicht ausschließen dürfen. "One thing that we al-
ways tacitly assume *a priori* in the search for any physical theory is that
the physical process of that theory becoming known and expressed is
not in itself forbidden by the theory."[380] Aber auch bei dieser gleichsam transzendentalen Bedingung läßt sich die Begründungsfrage nicht
einfach abweisen. Zudem ist nicht einsichtig, warum gerade dieses
„Vorgesetz" die unhinterfragbare Basis sein soll. Die Kontingenz der
Welt ist letztlich nicht eliminierbar.

7. Der Ort des Chaos

Nachdem wir nun einiges zur begrifflichen Klärung von Chaos gehört haben, wird mancher Leser fragen, für welche Probleme das neue
Instrumentarium nun eigentlich gebraucht wird. Ein Teil der Überlegungen zum Chaos befaßt sich damit, die einschränkenden Auswir-
kungen auszumalen, *wieviel* unkontrollierbare Phänomene es gibt,
von den Wolkenmustern, tanzenden Flammen, den Börsenkrachs zu
den Instabilitäten der politischen Entwicklung. Manch einer, der sich
vielleicht bedroht fühlt vom „Alptraum des Determinismus"[381], ist
froh und glücklich, daß das Chaos die Dynamik vieler Systeme von
den Zwängen der Ordnung und Vorhersagbarkeit befreit hat. Die
strenge Berechenbarkeit der Natur war ja ohnehin für viele Menschen
eine emotionale Belastung.

Damit bleibt das, was wir den *konstruktiven* Sinn des Chaos nennen
können, unberührt. Er betrifft das Verständnis des hohen Ordnungsgrades der Natur. Aber wo hat konstruktive Chaotizität ihren Ort? Wo
löst sie Probleme besser als ihre klassischen Alternativen? Sehen wir
uns einige Beispiele an: Die Existenz von Leben war immer von Katastrophen begleitet, die seine Bewahrung, Ausdehnung und Höherentwicklung bedrohten. Kometen haben sicher mehr als einmal in der
Erdgeschichte die Entwicklung des Lebens beeinflußt, und wenn die
Astrophysiker recht haben, werden wir auch in der Zukunft von solchen Katastrophen nicht verschont bleiben.[382] Rein logisch gesehen,
hätte die Natur auch deterministische Strategien anwenden können,
um mit der Lebenserhaltung fertig zu werden. Sie wählte aber die effi-
zientere Methode, bei der die Zufälligkeit schon an der Basis eingebaut
ist, um besser gegen die unerwarteten Veränderungen der selegieren-
den Umstände gerüstet zu sein. Evolution ist, wie Joseph Ford es aus-

gedrückt hat, *Chaos mit Rückkopplung*.[383] Gäbe es nur die zufälligen Mutationen, wäre das Leben einfach ein Glücksspiel. Die natürliche Selektion lenkt den Zufall so, daß im Ergebnis sich eine Tendenz zur Lebenserhaltung und Verbesserung einstellt.

Ein Fallbeispiel aus der Medizin, wo die Zufallskomponente des Chaos vorteilhaft zur Geltung kommt, ist das *Immunsystem* des Menschen. Das Problem, das der Körper lösen muß, besteht darin, die verschiedensten Eindringlinge, die seine Gesundheit bedrohen, abzuwehren: Keime, Mikroben, Bakterien, Viren. Ein deterministisch arbeitender Abwehrmechanismus müßte in seinem Programm alle möglichen Feinde des Organismus aufgelistet haben, um richtig reagieren zu können. Allein der Speicher für all diese Varianten würde einen erheblichen Teil des Körpers ausmachen. Es ist für den Körper viel ökonomischer, ein Abwehrprogramm zu besitzen, das mit seinen Zufallskomponenten sich auf beliebige Schädlinge einstellen kann. Da der Körper also auf eine Folge von Zufallsereignissen antworten muß, ist es optimal, wenn er den *Reichtum des Chaos* ausnützt, um mit einer nichtdeterministischen Strategie auf das Problem zu reagieren.

In der Medizin hat sich ganz generell die ältere Vorstellung als unrichtig herausgestellt, daß Gesundheit in der stabilen Ordnung der Lebensvorgänge besteht, wohingegen Krankheit mit einer Störung dieser Ordnung, also mit Chaos, verbunden ist. Vielmehr nimmt man heute an, daß der Zustand der Gesundheit aus einem diffizilen Zusammenspiel beider Elemente besteht, wohingegen Krankheit im Übergewicht oder in der Unterentwicklung einer der beiden Komponenten zu suchen ist.[384] So fand man, daß beim menschlichen Herzen die Schlagfrequenz keiner vorhersehbaren Regel folgt, die zufälligen Schwankungen jedoch, in verschiedenen Zeitintervallen betrachtet, die geometrische Beziehung der Selbstähnlichkeit erfüllen. Ein Verschwinden dieser geordneten Unordnung in der Herztätigkeit in Richtung auf ein starres Muster ist ein Anzeichen für eine lebensbedrohliche Erkrankung. Die Analyse hat gezeigt, daß *Gesundheit* eine fein abgestimmte Balance zwischen Ordnung und Chaos darstellt. *Krankheit* kann sich ergeben aus „erstarrter" Ordnung oder „ungesteuertem" Chaos. Dieses Ergebnis liegt natürlich an der Komplexität der Vorgänge im Organismus und dessen Kausalstruktur. Es liegen fast nie lineare Prozesse vor, sondern immer ganze Prozeßnetzwerke, die nur das Prinzip der schwachen Kausalität befolgen.[385]

Heute gibt es kaum mehr Bereiche, wo nicht chaotische Phänomene geortet werden. Eigenartigerweise tauchen manchmal Chaosphänomene dort auf, wo man sie gar nicht vermutet, auch etwa in der *Inge-*

nieurkunst und in der Technik. Man möchte eigentlich meinen, daß dies der Bereich der uhrwerkartigen Präzision ist, in dem alles von kluger Hand sorgfältig nach Plan zusammengefügt werden muß. Dies scheint jedoch nicht immer so zu sein.[386] Im Februar 1974 kenterte vor der norwegischen Küste ein Frachtschiff in schwerer See, in dem 36 Seeleute starben. Die Untersuchung des Schiffes ergab keine grundsätzliche Fehlkonstruktion, das Schiff hätte eigentlich der See standhalten müssen. Man begann dann mit einer anderen Erklärung zu arbeiten. Man mutmaßte, daß das Schiff gesunken war als Folge eines sogenannten *Übergangsphänomens*, möglicherweise war es an der Breitseite von einer kurzen Folge von abnormal langen Wellen getroffen worden, die einen chaotischen Effekt hervorriefen. Das Wort „Übergangsphänomen" soll dabei auf einen völlig irregulären Bewegungsablauf hindeuten, ein Stampfen, Schlingern und Stoßen des Schiffes, das nicht in der statischen Prüfanordnung im Hafen modelliert werden kann. Übergangsphänomen bedeutet auch, daß die Bewegung einer nichtlinearen Dynamik unterworfen ist. Im allgemeinen ist es für die Ingenieure sehr schwierig zu beurteilen, wo der Bereich der Nichtlinearität einsetzt und wie weit man mit der linearen Approximation kommt. Dieses Problem betrifft nicht nur Schiffe, sondern auch die Schwankungen von hohen Gebäuden, die Bewegungen von Kernkraftwerken bei Erdbeben oder das Bewegungsverhalten einer Ölbohrinsel auf hoher See. Generell ist der lineare Bereich, wo die Auslenkung des Objektes proportional der angreifenden Kraft ist, relativ groß. Dann existiert aber ein schmaler Grenzbereich, wo das System in dem nichtlinearen Chaos unkontrollierbar wird. Die Simulation der vollen nichtlinearen Zufälligkeit der dynamischen Situation gestaltet sich äußerst schwierig. Ein zufällig offenes, kleines Fenster bei einem Schiff kann die Reaktion desselben in schwerer See bereits vollständig verändern. Dennoch versucht man Zufallsverhalten zu modellieren, holistische Ingenieurkunst bemüht sich, auch in diesem Bereich das Chaos in den Griff zu bekommen.

Nicht nur in der Mechanik, auch in der *Elektrodynamik* beginnt sich in jüngster Zeit das Chaos auszubreiten, z. B. in den elektrischen Schaltkreisen.[387] Normalerweise würde man denken, daß Schaltkreise völlig starre Gebilde darstellen. Die einzelnen Schaltelemente sind durch Funktionen wie „und", „oder", „nicht" in einer starren Weise verbunden, an der nichts geändert werden kann. Kein Chip-Hersteller wird Verknüpfungen der Art „vielleicht", „manchmal", „warum nicht" verwenden. Schaltkreise, so meint man, sind wie Uhren, dort erwartet man auch ein regelmäßiges Uhrwerk. Eine Digital- oder Analoguhr, die unvorhersehbar schneller oder langsamer und manchmal auch rückwärts geht, ist für den Zweck, für den eine Uhr konstruiert worden ist, unbrauchbar. Die Elektronikindustrie bemüht sich natürlich, gut funktionierende Schaltsysteme zu bauen, die erst einmal möglichst wenig Chaotizität enthalten. Die Ingenieure können aber mittlerweile, da es perfekt funktionierende Schaltsysteme nicht gibt, auch mit den auftretenden chaotischen Elementen umgehen. Ja, was besonders interessant ist, sie können das Chaos sogar konstruktiv ins Positive wenden. Man kann dies anhand der Funktionsweise eines Verstärkers einsehen. Jeder Verstärker ist vom Konstrukteur her als lineares Gerät geplant, man möchte eine lineare Abhängigkeit von Eingangs- und Ausgangsleistung besitzen. Die Realität entspricht jedoch nicht der mathematischen Planung. Jeder reale Verstärker ist de facto nicht linear, d. h., man hat nicht einfach einen konstanten Anstieg der Leistung, sondern dieser ist von einer gewissen Irregularität überlagert. Das hängt mit den Eigenschaften der Bauteile und deren niemals völlig exakten Zusammenfügung zusammen. Die nichtlinearen Abweichungen stören aber nun die zu verstärkende Information. Der Effekt ist, daß man im Ausgangsbereich niemals mehr genau die eingegebene Information hört. Konventionell reagiert man darauf immer so, daß man durch bessere Kontrolle der Bauteile die Linearität exakter zu realisieren versucht. Der in jüngerer Zeit beschrittene Weg besteht eher darin, Rückkopplungen einzubauen, also die nichtlinearen Züge des Systems selbst zur Korrektur zu verwenden. Der Verstärker vergleicht danach selbst die ausgehende mit der eingehenden Information und korrigiert die Abweichung von der linearen Verstärkerwirkung. Auch diese Korrektur kann natürlich nicht vollständig sein und nicht perfekt, auch sie besitzt wieder einen kleinen Fehler. Die Rückkopplungsschleifen müssen mit Vorsicht angebracht werden, aber wenn man das tut, dann handelt es sich wiederum um eine konstruktive Verwendung der nichtlinearen Züge eines Systems.

Im Verlaufe dieses Buches sind wir schon mehrfach auf ökonomische Fragen eingegangen, aber es ist zweifellos von Nutzen, noch einmal darauf hinzuweisen, daß auch in der *Marktwirtschaft* eine konstruktive Verwendung von Chaoselementen vorliegt.[388] Börsenkurse sind offensichtlich der Prototyp eines stochastischen Prozesses. Die Kurse verhalten sich wie der Random Walk eines Photons, das sich aus dem Kern der Sonne an die Peripherie bewegt, oder wie ein Pollenkorn, das von der Brownschen Bewegung herumgestoßen wird. Die negative Wirkung davon besteht darin, daß man aus logischen Gründen die Zeitreihe der Börsenschwankungen nicht für seinen eigenen Gewinn aus-

nützen kann, es ist wirklich ein nicht berechenbarer Prozeß. Auch
wenn einem Anlageberater oft das Gegenteil suggerieren wollen und
mit Insider-Informationen locken, die De-facto-Nichtberechenbarkeit
setzt der Spekulation enge Grenzen. Interessant ist in diesem Fall aber
wiederum die positiv-konstruktive Bedeutung der Nichtberechenbarkeit auch der Börsenbewegungen. Die Börse stellt einen Ordnungsfak-
tor der Wirtschaft dar. Sie ist ein Instrument der preiswerten und leicht
zugänglichen Informationsverarbeitung. Im Börsenkurs eines Unter-
nehmens sind die Daten, die für seine Wertbestimmung maßgeblich
sind, zusammengefaßt. Der positive Ordnungsaspekt besteht nun
darin, daß man den Börsenkurs verwenden kann, um wirtschaftliche
Dispositionen optimal zu treffen.[389] Der Börsenkurs kann also nicht
dazu dienen, das große Geld zu machen, aufgrund des stochastischen
Verlaufes ist das unmöglich, aber die Informationsbündelung in diesem Wirtschaftsinstrument erlaubt eine Entscheidung darüber, mit
wem und in welcher Weise in der Wirtschaft kooperiert werden kann.
Die Börse ist ein typischer Marktmechanismus, um schnell und
kostengünstig Information auszutauschen. Das Gesamtbild der ökonomischen Landschaft, die vom freien Markt dominiert wird, besteht
in einem Ineinander von lokalen und globalen Strukturen. Es gibt durchaus lokale, geplante, relativ starr organisierte Bauelemente, wie etwa
die Hierarchie in einer Firma. Aber alle diese Knotenelemente sind global durch ein nicht geplantes, nicht gesteuertes Netz von Marktbezie-
hungen verbunden. Das Netzwerk von Marktinteraktionen weist eine
Dynamik auf, aber kein Ziel, obwohl es aus vielen einzelnen gezielten
Intentionen besteht. Der Markt ist eine unteleologische Superstruktur,
die in chaotischer Weise die Einzelinitiativen der Unternehmer und die
Käufer verbindet. Hier haben wir eine ähnliche Situation wie in der
Medizin. Die spezifische Dynamik mit ihren chaotischen Strukturele-
menten besitzt eine hohe Stabilität, sie kann auch Störungen wegdämpfen, d. h. Krisen überwinden. Natürlich kann kein System stabil
gegenüber beliebigen Störungen sein. Jedes System ist immer nur meta-
stabil, es wird berandet durch verschieden hohe Metastabilitätsschwel-
len. Von daher läßt sich kein Einwand gegen den freien Markt bringen.
Der Markt ist ein hochgeordnetes Gebilde, der Wohlstand, gesicherte
Lebensmittelzufuhr und indirekt auch den Frieden sichert. Die Verteidiger der Planwirtschaft sehen immer nur die destruktiven, anarchi-
schen Züge des marktwirtschaftlichen Chaos, sie vergessen die *Dop-
pelfunktion des Chaos*. Es wirkt eben nicht nur erkenntnistheoretisch
destruktiv im Sinne der Nichtberechenbarkeit, obwohl es in der Tat
keine Theorie gibt, die die kausalen Interaktionen des Marktes erfassen

könnte. Die Anhänger der sozialistischen Planwirtschaft übersehen aber das Moment der spontanen Ordnungsentstehung aus zufälligen, nicht geplanten Entschlüssen einzelner Teilnehmer des Marktes. Sie übersehen die konstruktive Dynamik des Chaos. Sie vergessen, daß man bei dem Ersetzen der naturwüchsigen Spontaneität des Marktes durch gelenkte Ordnung ein ökonomisches System von geringerem Komplexitätsgrad erhält. Man erhält dann genau jene Ordnung, von der diese Elitegruppe glaubt, daß sie überschaubar wäre. Die deterministisch geplante Ordnung ist jedoch von reduzierter Komplexität. Es ist eine ärmere Struktur mit geringerem Wirkungsgrad. Die Leistungskraft der kapitalistischen Wirtschaftsordnung liegt in ihrer bewußten Integration der konstruktiven Rolle des Chaos. In diesem Sinne kann man durchaus behaupten, daß wir alle vom Chaos leben.

8. Der Mensch in der Welt des Chaos

a) Eine Chance für die Freiheit?

Mehr als einmal ist versucht worden, den Quantenindeterminismus für das Thema Freiheit aufzuschließen. Schon im Kontext der klassischen Physik trat immer wieder die Frage auf, ob ein universeller Determinismus im Sinne von Laplace mit der Freiheit menschlichen Handelns vereinbar sei. Viele ältere Autoren waren der Meinung, daß ein starrer Ablauf des Universums, bei dem auch der Mensch in das umfassende Uhrwerk eingeschlossen ist, mit freier Entscheidung imkompatibel sei.[390] Karl Popper hat diese Situation in Anlehnung an Arthur H. Compton den „Alptraum des Determinismus" genannt.[391] Kritiker der Unvereinbarkeitsthese wie Moritz Schlick und Rudolf Carnap[392] haben jedoch darauf hingewiesen, daß ein solcher Grund zur Beunruhigung gar nicht gegeben ist. Nimmt man Freiheit in dem ursprünglichen Sinne, wie sie auch vom Alltagsmenschen spontan aufgefaßt wird, bedeutet sie einfach nur die Möglichkeit, in Einklang mit den eigenen Wünschen und Vorstellungen zu handeln. Man ist dann frei, wenn man nicht gehindert wird, das zu tun, was man nach eigenem Ermessen tun möchte. Auch ein perfekter klassischer Determinismus würde für eine Realisierung einer solchen Freiheit kein Hindernis darstellen; die Tatsache, daß die eigenen Wünsche kausale Vorgänger haben, sei es in Form genetischer Veranlagung, sei es in Form von Umweltfaktoren und Erziehung, wird niemanden davon abhalten, sich diese Wünsche zu erfüllen, wenn es die Abwesenheit von Zwang gestattet.

Die Dinge liegen eher umgekehrt. Eine deutlich erkennbare kausale Struktur in den Ereignissen der Welt läßt erst die möglichen Wirkungen des eigenen Handelns abschätzen. Der Determinismus ist also für freies Handeln notwendig; zielgerichtetes Handeln erscheint undenkbar, wenn die kausalen Abhängigkeiten zwischen den Ereignissen unklar bleiben. Nur in einer Welt mit ausreichend kausaler Vernetzung sind wir Täter unserer Taten, und nur in einer solchen Welt können wir auch für unsere moralischen Entscheidungen verantwortlich gemacht werden.

Wenn der Leser an dieser Stelle immer noch Zweifel haben sollte, ob das vorgeschlagene Versöhnungskonzept von Determinismus und Freiheit wirklich den Kern des menschlichen Handelns trifft, möge er sich folgendes Beispiel vor Augen halten. Gesetzt den Fall, der biologische Determinismus wäre perfekt in dem Sinne, daß z. B. die Liebe eines Menschenpaares gänzlich von der genetischen Disposition beider abhinge. Dies entspricht sicherlich nicht ganz den Tatsachen, wir wollen es aber für die Argumentation annehmen.[393] Diese zwei Menschen werden sich als *unfrei* betrachten, wenn die äußere Welt danach trachtet, sie zu trennen, ihrem Zusammentreffen Hindernisse jeder Art in den Weg zu legen. Auf der anderen Seite wird die Abwesenheit von solchen Zwängen der Gesellschaft oder von moralischen Konventionen, die es ihnen ermöglichen, ungehindert zusammenzukommen, von ihnen sicherlich als *Freiheit* empfunden. Die Tatsache, daß ihre gegenseitige Zuneigung vielleicht durch ein biologisches Gesetz vollständig erklärbar wäre, daß ihr emotionaler Zustand also *kausale Vorläufer* besitzt, wird in den beiden mitnichten den „Alptraum des Determinismus" Comptons auslösen. Auch eine strenge kausaldeterministische Erklärung des beiderseitigen emotionalen Glückszustandes, etwa durch neurochemische Ursachen[394], wird niemals den Eindruck der Unfreiheit in diesem Paar entstehen lassen. Ganz im Gegenteil, wenn man beide mit diesem konkreten Faktum konfrontierte, würde dies bei beiden vermutlich den Eindruck des Füreinanderbestimmtseins durch die Natur hervorrufen. So betrachtet, wird der biologische Determinismus unser Liebespaar – in nüchternen Augenblicken – eher zur Reflexion über ihre Führung durch die Naturgesetze verleiten, sicher aber nicht zum Alptraum. In jedem Fall werden die beiden sich als frei betrachten genau dann, wenn die Umgebung ihrer Begegnung nichts in den Weg legt, wie stark die Gesetzesstruktur auch sei, die ihre Zuneigung bestimmt.

Einige Autoren wie Pascual Jordan und Henry Margenau[395] haben die Position verteidigt, daß Freiheit Indeterminismus voraussetzt, und sie haben in der Quantenmechanik die Rettung vor dem „Alptraum des Determinismus" gesehen. Quantenmechanische Zufallsereignisse, wie sie z. B. beim radioaktiven Zerfall gegeben sind, können auf der makroskopischen Ebene verstärkt werden. Eine freie Entscheidung ist in dieser Sicht dann realisiert, wenn ein Zufallselement in dem starken Kausalnexus auftaucht. Erst damit wird das Ereignis einer Willensentscheidung von den früheren Zuständen, den Motiven, partiell unabhängig gemacht. Liefern nun solche verstärkten Zufälle wirklich die Lösung für das Freiheitsproblem? Nach unserer Meinung ist dies nicht der Fall. Eine unberechenbare Quantenschwankung, die sich in der Neurochemie des Gehirns fortpflanzt und dort die Entscheidung einer Person auslöst, zwischen zwei Handlungsalternativen zu wählen, macht den Menschen zum Spielball des Zufalls. Letzten Endes könnte der Handelnde auch gleich jeden beliebigen Zufallsgenerator, z. B. einen Würfel, zur Entscheidung einsetzen. Werkzeug des Zufalls zu sein kann nicht im Interesse eines Verteidigers der Freiheit liegen. Freiheit bedarf nicht des Zufalls, ja noch stärker, sie ist sogar *unvereinbar* mit dem Zufall, da er der Autonomie des Handelnden widerspricht. Eine Handlung kann frei und trotzdem verursacht sein. Es ist auch noch sinnvoll, davon zu sprechen, daß man in dieser Situation anders hätte handeln können, als man es effektiv getan hat, wenn man nur anders gewollt hätte. Moralische Verantwortlichkeit wird man nur dort mit einer Handlung verbinden können, wo eine rationale Abschätzung der Wirkung des Handelns möglich ist. In einer Welt ohne starke Kausalstruktur, also etwa in einer makroskopischen Quantenwelt, wo die meisten Parameter eine erhebliche, nicht berechenbare Streuung besitzen, wäre Handeln ein Vabanquespiel. Moralität in unserem Sinne könnte es in einer solchen Welt nicht geben.

Man kann auch die Frage stellen, ob der Quantenzufall an dem früher genannten Beispiel des Liebespaares irgend etwas hinsichtlich der Freiheit ändert. Wie werden die beiden reagieren, wenn sie erfahren, daß ihre Zuneigung das Ergebnis eines akausalen Quantensprunges in der Neurochemie ihres limbischen Systems ist? Werden sie aufatmen, weil sie nun vom „Alptraum der deterministischen Kausalität" befreit sind? Gewiß nicht! Sie werden wie zuvor ihre *Freiheit* ausschließlich mit der *Abwesenheit von Zwang* verbinden und sich dann als frei fühlen, wenn ihnen die gesellschaftlichen Randbedingungen es erlauben, das zu tun, was ihrer Neigung entspricht.

Dieses Argument gilt auch für jenes Zufallselement, das sich aus dem deterministischen Chaos ergibt. Die Berechenbarkeit zukünftiger Entwicklungen wird ja nicht nur durch makroskopische Verstärkun-

gen von stochastischen Quanteneffekten gestört, sondern auch durch
das eigene chaotische Verhalten klassischer deterministischer Systeme.
Paul Davies hat zu begründen versucht, daß damit eine Basis für die
Realität des freien Willens gegeben ist. "Chaos seems to provide a
bridge between the deterministic laws of physics and the laws of
chance, implying that the Universe is genuinely creative and that the
notion of free will is real." [396] Hier trifft die gleiche Kritik zu, die oben
gegen das quantenmechanische Verstärkermodell vorgebracht wurde.
Die physikalische Welt enthält beides, chaotische und nicht chaotische
Systeme. In der Theorie dynamischer Systeme versucht man abzugren-
zen, wieviel Chaos in der Gesamtmenge aller Systeme enthalten ist. In
der Menge aller Hamiltonschen Systeme sind auch *integrable* enthalten, die maximal stabil sind, d. h. stabile Trajektorien besitzen. Das
KAM-Theorem drückt aus, wie sich die Beimischung kleiner nichtintegrabler Anteile auswirkt. Obwohl der überwiegende Anteil an nichtin-
tegrablen Systemen in unserer Welt verhindert, daß das Universum
auch nur einen kleinen Teil seiner selbst berechnen kann, weist doch
die Welt, in der wir handeln, ein gewisses Maß an *Trajektorienstabilität*
auf. Diese ist die Voraussetzung für die Möglichkeit moralisch verant-
wortlichen Handelns.

In einer rein chaotischen Welt, in der gar keine Systeme auch nur
kurzfristig berechenbar sind, ist ein zielgerichtetes Handeln, eben das
Erreichen einer *bestimmten* Veränderung in der Welt, unmöglich. Dies
trifft auch auf unser früheres Beispiel der Beziehung zwischen den Ge-
schlechtern zu. Obwohl die Liebe vermutlich der Ort der zwischen-
menschlichen Beziehungen ist, an dem ein eher geringer Grad der Vorhersagbarkeit vorliegt, und dort normalerweise ein fast permanentes
Chaos herrscht, wie die Sozialpsychologen herausgefunden haben[397],
kann dies nicht in einem solch perfekten Sinne gemeint sein, daß die
Reaktionsweise des Partners völlig unbestimmbar wäre. Ohne eine
schwache Form der kausalen Regularität im Verhalten und in der emotionalen Einstellung des geliebten Menschen wäre auch ein kurzfristi-
ges Zusammenleben undurchführbar.

b) Ein Fremdling in der Natur?

Wissenschaftler, Philosophen und auch Dichter haben oft ihren Eindruck artikuliert, daß der Mensch mit seinen emotionalen und geistigen Funktionen schwierig in das Reich der Natur einzuordnen sei. Philosophische Systeme wurden errichtet, um zu begründen, daß Physis,

Bios und Psyche strukturell und stofflich einer dem Wesen nach andersartigen Ontologie angehören; man etablierte pluralistische Mehrwel-
tentheorien, Schichtsysteme und regionale Abgrenzungen, um die
phänomenologisch so verschiedenen Bereiche zu trennen. Ein Grund
für die tiefen Gräben, die man lange Zeit zwischen der „toten" Materie
und den lebendigen und bewußten Systemen mit ihrer Fähigkeit zur
Ideation sah, liegt sicher in dem Typus der Naturwissenschaft, den
man grob mit mechanistisch bezeichnet und der die Neuzeit bis zur
Quantenwende um 1900 beherrscht hatte. Wir haben die Transformation, die in kleinen Schritten die Sicht der Natur verändert hat, im einzelnen verfolgt. Wir haben gesehen, wie die klassischen Disziplinen
der Physik überschritten worden sind durch Theorien über Schwankungen, Instabilitäten und Verzweigungen, über nichtlokale Wechselwirkungen von Elementen eines Systems und Phasenübergänge, die
qualitative Sprünge wiedergeben. Ordnungstheorien, die Komplexitä-
ten und den Aufbau hierarchischer Strukturen beschreiben, zeichnen
eine völlig neue Sicht der Natur. In diesem Bild einer aktiven schöpferischen Natur ist das traditionell so beladene Reduktionsproblem der
ontologischen Gegensätze weitgehend entschärft.

Auf der anderen Seite wird der Mensch mit seinen soziokulturellen
Besonderheiten nicht einfach als ein besonders schwieriger Anwen-
dungsfall der Physik gesehen, er ist nicht einfach eine schwierig zu
lösende Rechenaufgabe.

Die Materie hat viel von ihrem trägen, „toten" Charakter verloren.
Man kann sehen, wie sie, gegeben die richtigen thermodynamischen
Randbedingungen, eine innere Aktivität entfaltet. Trotz ihrer qualitativen Eigenständigkeit sind lebende, neuronale und soziale Systeme
keine Ausnahmen von Naturgesetzen, die nur deswegen funktionieren, weil besondere Vitalkräfte und spirituelle Agentien diese Gesetze
regional außer Kraft setzen. Die lebendigen Züge der Realität sind
dann in Einklang mit den physikalischen Gesetzen, wenn man die Besonderheit des Ungleichgewichts und der Nichtlinearität in Rechnung
stellt.[398] Der Aufbau und die Erhaltung funktionaler und struktoraler
Ordnung ist somit etwas, das als naturgesetzliches Geschehen verstanden werden kann. Der Gegensatz im Reich der Natur zwischen Physis, Bios und Psyche enthüllt sich als ein Artefakt, das durch das Heranziehen unzuständiger Naturgesetze zustande gekommen ist. Strukturaufbau erfolgt dabei in vielen kleinen Schritten, viele Verzweigungen sind notwendig, um ein System hoher Komplexität zu erzeugen.
Makroskopische Strukturen wie der Mensch, die am fernen Ende einer
Hierarchie von Verzweigungen oder „Katastrophen" liegen, haben

eine so hohe strukturale und funktionale Autonomie, daß die Täuschung entsteht, sie würden aus der Natur herausfallen. Die dualistischen Philosophen haben sich dadurch in die Irre führen lassen. Sie haben nicht bedacht, daß Erkenntnis dann besonders schwierig ist, wenn das kognitive System dem Objekt zu nahe steht. Dies ist in besonderer Weise der Fall bei jenem Instrument, auf das der Mensch so besonders stolz ist, sein Gehirn.

Gary Schwartz, ein Neurologe der Yale Universität, hat es sogar als ein Paradoxon bezeichnet, daß das Gehirn zwar für seine eigene Steuerung verantwortlich ist und damit auch für seine eigenen Gedanken, Gefühle und Handlungen, aber dennoch keine direkte Erfahrung von dem Vorgang der Steuerung besitzt (Brain Self-Regulation Paradox).[399] Der Mensch erfährt sich nicht als einer, dessen Organ die Erfahrungen des Bewußtseins erzeugt. Ein Bild der Funktionsweise seines Gehirns ist in diesem Fall nur durch objektivierendes Zurücktreten von der störenden Nähe möglich, z. B. durch theoretische Modellbildung im psychobiologischen Ansatz. Gerade im Fall des Menschen ist es außerordentlich wichtig, wenn er sich aus einiger Entfernung betrachtet und sein Wesen in einen größeren Naturzusammenhang einbettet. Genauso geht der systemtheoretische Ansatz vor, er macht Differenz und Gleichheit der Naturobjekte deutlich. Er ermöglicht es, die Besonderheiten des Menschen kausal auf die Natur zu beziehen. Vor allem kann man dann den Menschen mit all seinen bewußten und kognitiven Funktionen vom Evolutionsprinzip her verstehen. Die systemtheoretischen Ansätze, welche die Selbstorganisation der nicht „toten", sondern höchst „kreativen" Materie wiedergeben, umspannen den gesamten Bereich des Lebendigen, sogar mit Einschluß der sozialen Aktivitäten. Nirgendwo ist dies besser zu beobachten als beim individuellen Wachstum des Gehirns. Der Aufbau des Neuronen-Netzwerkes im Gehirn organisiert sich in dem Sinne selbst, daß sich die Verbindungen, ohne von irgendeiner übergeordneten Instanz gesteuert zu sein, aneinanderfügen.[400] Je mehr solche Zusammenhänge bekannt werden, um so mehr erhärtet sich die Vermutung, daß das Universum ein großes zusammenhängendes System ist, in dem alle Teile ihren gesetzesartigen Platz haben. Damit schwindet auch das, was Jacques Monod die „totale Einsamkeit und radikale Fremdheit" [sa totale solitude, son étrangeté radicale] des Menschen genannt hat. Anstatt nur ein Zigeuner zu sein, der am Rande des Universums in absoluter Zufälligkeit existiert und der zu seiner großräumigen Einbettung keine Beziehung besitzt, enthüllen die jüngst entworfenen Theorien ein anderes Bild. Der Mensch ist als Ausdruck der hohen schöpferischen Kraft der Natur zu sehen, die zumindest über eine lange Zeit in der Lage ist, Komplexität aufzubauen, wobei dieses Strukturwachstum sich gesetzesartig und im Prinzip verstehbar vollzieht. Damit gibt es auch keinen guten Grund anzunehmen, daß der Mensch für sich selbst eine unüberschreitbare Barriere der Intelligibilität darstellt. In der Scala naturae ist seine Existenz sicher ein erstaunliches Ergebnis, aber weder aus dem Evolutionsprinzip noch aus der Komplexitätstheorie läßt sich ein Hinweis auf eine Spitzenposition finden, er erscheint vielmehr als Sprosse dieser nach oben offenen Stufenleiter.

In die gleiche Richtung weisen auch Ergebnisse des jüngst entstandenen Forschungsgebietes der *Neuroinformatik*.[401] In diesem Zweig der Theorie der künstlichen Intelligenz werden die Modelle der Hirnforschung auf die Entwicklung lernfähiger neuronaler Computer übertragen. Man baut also technische neuronale Netzwerke nach den Prinzipien der vorhandenen biologischen neuronalen Netze, und zwar so, daß während des Lernvorganges der Grad der Verstärkung der Verbindungskontakte zwischen den einzelnen Prozessoren geändert wird. Die Intelligenzleistung dieser neuen Generation von Menschen erzeugter technischer Denkwesen wird von den Fachleuten dieses Gebietes so hoch eingeschätzt, daß sie unter Umständen in der Lage sein werden, die vom Menschen erzeugten globalen Probleme der terrestrischen Ökologie, Hydrologie, Atmosphären- und Ressourcen-Überwachung zu meistern. Sollte dieser Plan Wirklichkeit werden, bedeutet das philosophisch einen weiteren Schritt in Richtung auf eine bescheidenere Einschätzung der Wichtigkeit des Menschen im Gesamtverband der Natur. Er muß Kompetenz abtreten, um jene komplexen Probleme, die er zwar erzeugt hat, aber mit seiner begrenzten Intelligenz nicht lösen kann, durch Denkwesen bewältigen zu lassen, die er zwar noch schaffen konnte, deren Denkwege jedoch seinen Geist transzendieren. Gibt ein solcher Kompetenzverlust Anlaß zur Depression? Warum eigentlich? Freuen wir uns nicht auch, wenn unsere Kinder klüger sind als wir selbst und Aufgaben lösen können, um die wir uns vergeblich bemüht haben?

ANMERKUNGEN

[1] S. Freud: Plädoyer für eine wissenschaftliche Weltauffassung. In: N. Hörster (Hrsg.): Religionskritik/Arbeitstexte für den Unterricht. Stuttgart 1984, S. 103–119. B. Russell: Was der freie Mensch verehrt. In: N. Hörster (Hrsg.): Religionskritik/Arbeitstexte für den Unterricht. Stuttgart: 1984, S. 140–146.

[2] S. Freud: Plädoyer für eine wissenschaftliche Weltauffassung. A. a. O., S. 103.

[3] L. Wittgenstein: Tractatus logico-philosophicus 6.52. Frankfurt 1959, S. 114.

[4] J. M. Davidson: The Psychobiology of Sexual Experience. In: J. M. Davidson/R. J. Davidson (eds.): The Psychobiology of Consciousness. New York 1980, pp. 271–332.

[5] R. Engel: From Molecules to Life. In: E. Agazzi/A. Cordero (eds.): Philosophy and the origin and evolution of the universe. Dordrecht 1991, pp. 203–218.

[6] J. D. Vincent: Biologie des Begehrens. Hamburg 1990, S. 91.

[7] J. D. Vincent: Biologie des Begehrens. Hamburg 1990, S. 301.

[8] A. J. Mandell: Psychobiology of Transcendence: God in the Brain. In: J. M. Davidson/R. J. Davidson (eds.): The Psychobiology of Consciousness. New York 1980, pp. 379–464.

[9] H. Blumenberg: Wirklichkeiten, in denen wir leben. Stuttgart 1981, S. 711.

[10] P. S. Churchland: Reduction and the Neurobiological Basis of Consciousness. In: A. J. Marcel/E. Bisiach (eds.): Consciousness in Contemporary Science. Oxford 1988, pp. 273–304, vgl. p. 301.

[11] Vgl. etwa die Argumentation von Thomas Nagel: What is it Like to Be a Bat? In: Philosophical Review 83 (1974), pp. 435–450.

[12] F. Climent: La Fisica, Fundamento de todas las Ciencias. In: F. Arasa (ed.): La Unificatión de las Ciencias. Barcelona: Delfos, 1991, p. 129–138.

[13] H. Primas: Umdenken in der Naturwissenschaft. In: GAIA 1992, Nr. 1, S. 5–15.

[14] I. Prigogine: Wir sind keine Zigeuner am Rande des Universums. In: Conturen 11 (1991), S. 17–27.

[15] H.-P. Dürr: Wissenschaft und Wirklichkeit: Über die Beziehung zwischen dem Weltbild der Physik und der eigentlichen Wirklichkeit. In: H.-P. Dürr/W. Zimmerli (Hrsg.): Geist und Natur. Bern 1989, S. 28–46, vgl. S. 31 f.

[16] H.-P. Dürr: a. a. O., S. 28–46.

[17] B. Kanitscheider: Die Reichweite der Physik und das Problem des Szientismus. In: H. Bouillon/G. Andersson (Hrsg.): Wissenschaftstheorie und Wissenschaften. Berlin 1991, S. 31–47.

[18] R. Spaemann/R. Löw: Die Frage Wozu? München 1981, S. 291.

[19] Horazu: Oden I, 11,8

[20] B. Russell: Dennoch siegt die Vernunft: Der Mensch im Kampf um sein Glück. Bonn 1956, S. 8.

[21] Vgl. Bartley G. Hoebel: Neurogene und chemische Grundlagen des Glücksgefühls. In: M. Gruter/M. Rehbinder (Hrsg.): Der Beitrag der Biologie zu Fragen von Recht und Ethik. Berlin 1983, S. 87–110.

[22] E. O. Wilson: Biologie als Schicksal. Frankfurt 1980, S. 132.

[23] Jaime Echarri: Filosofía fenoménica de la naturaleza. Tomo I: Naturaleza y Fenómeno. Bilbao: Universidad de Deusto, 1990, p. 9.

[24] P. A. M. Dirac: The Relation Between Mathematics and Physics. In: Proceedings of the Royal Society of Edinburgh 59 (1938/39), Part II, pp. 122–129.

[25] H. Weyl: Symmetry. Basel 1955.

[26] H. O. Peitgen/P. H. Richter: The Beauty of Fractals. Berlin 1986.

[27] B. Russell: Warum ich kein Christ bin. München 1963.

[28] I. Newton: Mathematische Prinzipien der Naturlehre / mit Bemerkungen und Erläuterungen von J. Ph. Wolfers (Nachdruck der Ausgabe Berlin 1872). Darmstadt 1963.

[29] Jacques Merleau-Ponty: Laplace: un héros de la science normal. in: La Recherche 10 (1979), p. 251–258.

[30] E. Halley: A Synopsis of the Astronomy of Comets. London: printed at Oxford, 1705.

[31] L. A. Seneca: Questions naturalles / Texte établi et traduit par P. Oltramare. Paris 1929.

[32] C. Sagan/A. Druyan: Der Komet. München 1985, S. 33.

[33] St. Weinberg: Newtonianism and Today's Physics. In: S. W. Hawking/ W. Israel (eds.): Three Hundred Years of Gravitation. Cambridge 1987, pp. 5–16.

[34] R. U. Sexl: Order and Chaos. In: G. Radnitzky (ed.): Centripetal Forces in the Sciences. Vol. II. New York 1988, pp. 144–156.

[35] W. Baier: Chaoten im Sonnensystem. In: Sterne und Weltraum 28 (1989), S. 416.

[36] St. Weinberg: Newtonianism and Today's Physics. In: S. W. Hawking/ W. Israel (eds.): Three Hundred Years of Gravitation. Cambridge 1987, p. 10.

[37] E. J. Dijksterhuis: Die Mechanisierung des Weltbildes. In: Physikalische Blätter 12 (1956), S. 481–494.

[38] H. Albert: Zur Kritik der reinen Religion: Über die Möglichkeit der Religionskritik nach der Aufklärung. In: K. Salamun (Hrsg.): Aufklärungsperspektiven. Tübingen 1989, S. 114.

[39] R. Bentley: A Confutation of Atheism from the Origin and Frame of the World. London 1693.

[40] W. Whiston: Astronomical Principles of Religion Natural and Reveal'd. London 1717.

[41] W. Paley: Natural Theology: or, Evidences of the Existence and Attributes of the Deity, Collected from the Appearances of Nature. London 1802.

[42] N. Rescher (ed.): Current Issues in Teleology. Lanham 1986.

[43] D. Hume: Dialogues Concerning Natural Religion / ed. with Introduction by Henry D. Aiken. New York 1959.

[44] D. Hume: a. a. O., Part II.

[45] D. Hume: a. a. O., Part III, p. 30.

[46] D. Hume: a. a. O., Part VIII.

[47] I. Kant: Kritik der reinen Vernunft, B 132–135.

[48] K. R. Popper: Auf der Suche nach einer besseren Welt: Vorträge und Aufsätze aus 30 Jahren. München 1984, S. 145.

[49] Th. H. Huxley: Reden und Aufsätze naturwissenschaftlichen, pädagogischen und philosophischen Inhalts. Berlin 1877, S. 286.

[50] Th. H. Huxley: a. a. O., S. 286.

[51] I. Kant: Kritik der Urteilskraft, § 80.

[52] Vgl. die Auseinandersetzung zwischen Manfred Eigen und Bruno Vollmert zur Kontroverse um die Entstehung des Lebens. In: Natur (1982), Nr. 10, S. 90–98; Natur (1982), Nr. 11, S. 92–98; Natur (1983), Nr. 3, S. 68–77.

[53] Zur Orientierung Adam Smiths an der Newtonschen Methode vgl. O. H. Taylor (ed.): A History of Economic Thought. New York 1960, p. 49ff.

[54] A. Smith: Natur und Ursachen des Volkswohlstandes. Leipzig 1933, S. 15 (1. Aufl. 1776).

[55] F. A. v. Hayek: Evolution und spontane Ordnung. Zürich 1983, S. 18.

[56] J. Priestley: The Doctrine of Philosophical Necessity Illustrated. London 1777.

[57] R. E. Hobart: Free Will as Involving Determination and Inconceivable Without It. In: Mind 43 (1934), pp. 1–27.

[58] J. J. C. Smart: Our Place in the Universe. New York 1989, pp. 140–165.

[59] Th. H. Huxley: The Progress of Science. In: Th. H. Huxley: Method and Results. London 1894, pp. 103–104.

[60] Vgl. J. C. Maxwell: Science and Free Will. In: Lewis Campbell/William Garnett: Life of James Clerk Maxwell. New York 1969. pp. 434–444.

[61] H. Spencer: Eine Autobiographie. Stuttgart 1905, S. 6.

[62] L. v. Mises: Nationalökonomie: Theorie des Handelns und Wirtschaftens. Unveränd. Nachdruck der 1. Auflage, Genf 1940. München 1980.

[63] Vgl. dazu: F. Hinterberger/M. Müther: Selbstorganisation: Märkte, Staat und Institutionen. Unveröfftl. Ms., Gießen 1991.

[64] K. R. Popper: Das Elend des Historizismus. Tübingen 1965.

[65] J. Newton: Brief an Richard Bentley vom 25. 2. 1692/3. In: M. K. Munitz (ed.): Theories of the Universe: From Babylonian Myth to Modern Science. New York 1957, pp. 216–219, vgl. p. 217.

[66] L. Perce Wilams: Epistemology and Experiment. The Case of Michael Faraday. In: I. Lakatos/A. Musgrave (eds.): Problems of the Philosophy of Science. Amsterdam 1968, pp. 231–248.

[67] J. C. Maxwell: Über physikalische Kraftlinien/hrsg. v. L. Boltzmann. Darmstadt 1976, S. 36.

[68] B. Kanitscheider: Über Schellings „spektulative Physik" und einige Ele-

mente einer idealistischen Epistemologie in der gegenwärtigen Kosmologie. In: Heckmann/Reinhard et al. (Hrsg.): Natur und Subjektivität: Zur Auseinandersetzung mit der Naturphilosophie des jungen Schelling/Referate, Voten und Protokolle der II. Internationalen Schelling-Tagung Zürich 1983. Stuttgart 1985, S. 239–263 (problemata 106).

[69] F. Krafft: Das Selbstverständnis der Physik im Wandel der Zeit. Weinheim 1982, S. 75–128.

[70] A. de Rujula: Superstrings and Supersymmetry. In: Nature 320 (1986), p. 678.

[71] B. Kanitscheider: Was heißt „Vereinheitlichen" in der Physik? In: W. Saltzer (Hrsg.): Zur Einheit der Naturwissenschaften in Geschichte und Gegenwart. Darmstadt 1990, S. 168–190.

[72] Vgl. dazu Tetu Hirosige: The Ether Problem, the Mechanistic Worldview, and the Origins of the Theory of Relativity. In: Historical Studies in the Physical Sciences 7 (1976), pp. 3–82.

[73] I. Newton: Opticks/hrsg. von B. Cohen. New York 1952, p. 400.

[74] A. J. Miller: Zur Geschichte der speziellen Relativitätstheorie. In: P. C. W. Aichelburg/R. U. Sexl (Hrsg.): Albert Einstein: Sein Einfluß auf Physik, Philosophie und Politik. Braunschweig 1979, S. 91–109.

[75] J. C. Maxwell: Molecules. In: W. D. Niven (ed.): The Scientific Papers of James Clerk Maxwell. Volume II. New York 1952, pp. 361–378, Zitat p. 377.

[76] ἡ τροπή = die Wende, Umkehr.

[77] R. Clausius: Über verschiedene für die Anwendung bequeme Formen der Hauptgleichungen der mechanischen Wärmetheorie. In: Annalen der Physik und Chemie 125 (1865), S. 353–400, speziell S. 400.

[78] L. Boltzmann: Weitere Studien über das Wärmegleichgewicht unter Gasmolekülen. In: Sitzungsberichte der Kaiserlichen Akademie der Wissenschaften Wien, math.-naturwiss. Classe, Abteilung 2, 66 (1872), S. 275–370.

[79] Zum Begriff der Verteilungsfunktion siehe Glossar.

[80] Siehe Glossar für die Definition der H-Funktion.

[81] B. Kanitscheider: Ludwig Boltzmann: trazos de su vida. In: Folia Humanistica 28 (1990), S. 161–170.

[82] J. D. van der Waals: Die statistische Naturanschauung. In: Physikalische Zeitschrift 4 (1902/03), S. 508–514, hier S. 512.

[83] Lord Kelvin: Baltimore Lectures on Molecular Dynamics and the Wave Theory of Light. Baltimore 1904.

[84] R. Carnap: The Methodological Character of Theoretical Concepts. In: H. Feigl/M. Scriven (eds.): Minnesota Studies in the Philosophy of Science. Vol. I.: The Foundations of Science and the Concepts of Psychobiology and Psychoanalysis. Minneapolis 1956, pp. 38–76.

[85] C. R. Kordig: The Justification of Scientific Change. Dordrecht 1971, p. 59. Th. S. Kuhn: The Structure of Scientific Revolutions. Chicago 1962, p. 101.

[86] D. Shapere: Evolution and Continuity in Scientific Change. In: Philosophy of Science 56 (1989), pp. 419–437.

[87] Vgl. auch H. Putnam: Explanation and Reference. In: G. Pearce/P. Maynard (eds.): Conceptual Change. Dordrecht 1973, pp. 199–221.

[88] K. R. Popper: The Myth of the Framework. In: E. Freeman (ed.): The Abdication of Philosophy: Philosophy and the Public Good/Essays in Honor of Paul Arthur Schilpp. LaSalle 1976, pp. 23–48. Für eine ausführliche systematische Kritik der Feyerabend-Kuhn-These vgl. Gunnar Andersson: Kritik und Wissenschaftsgeschichte: Kuhns, Lakatos' und Feyerabends Kritik des Kritischen Rationalismus. Tübingen 1988.

[89] I. B. Cohen: Isaac Newtons Papers and Letters on Natural Philosophy and Related Documents. 2nd ed. Cambridge 1978.

[90] P. Kerszberg: The Cosmological Question in Newton's Science. In: OSIRIS, 2nd series (1986), pp. 69–106.

[91] S. W. Hawking: Newton's Principia. In: S. W. Hawking/Werner Israel (eds.): Three Hundred Years of Gravitation. Cambridge 1987, p. 3.

[92] J. Kepler: Unterredung mit dem Sternenboten. Prag 1610.

[93] H. W. M. Olbers: Über die Durchsichtigkeit des Weltraums. In: Astronomisches Jahrbuch 51 (1826), S. 110–121.

[94] B. Kanitscheider: Kosmologie: Geschichte und Systematik in philosophischer Perspektive. Stuttgart 1984, Kap. VI.1.

[95] Die Auflösung des Paradoxons vom leuchtenden Nachthimmel wird heute zumeist in der Strahlungsarmut des Nachthimmels gesehen (E. Harrison: The Dark Night Sky Paradox. In: American Journal of Physics 45 [1977], pp. 119–124). Aber es gibt auch andere Vorschläge: Wenn das Weltall ein Fraktal mit der Dimension D < 2 ist, bleibt der Himmel schwarz, bzw., wenn man den endlichen Radius der Sterne berücksichtigt, leuchtet er extrem schwach (B. Mandelbrot: Die fraktale Geometrie der Natur. Basel 1987, S. 103). Für die wissenschaftstheoretische Situation vgl. G. Vollmer: Warum wird es nachts dunkel? Das Olbersche Paradoxon als wissenschaftstheoretische Fallstudie. In: Praxis der Naturwissenschaften – Physik 40 (1991), Nr. 4, S. 28–34.

[96] D. W. Sciama: Kosmologie. In: P. W. C. Aichelburg/R. U. Sexl (Hrsg.): Albert Einstein: Sein Einfluß auf Physik, Philosophie und Politik. Braunschweig 1979, S. 19–26, spez. S. 19.

[97] H. A. Lorentz: Elektromagnetische Erscheinungen in einem System, das sich mit beliebiger, die des Lichtes nicht erreichender Geschwindigkeit bewegt. In: H. A. Lorentz et al.: Das Relativitätsprinzip. 7. Auflage. Darmstadt 1974, S. 6–25.

[98] G. F. Fitzgerald: The Ether and the Earth Atmosphere. In: Science 13 (1889), p. 390.

[99] Th. S. Kuhn: Die Struktur wissenschaftlicher Revolutionen. Frankfurt 1967.

[100] G. Kirchhoff: Über das Verhältnis zwischen dem Emissionsvermögen und dem Absorptionsvermögen der Körper für Wärme und Licht. In: Annalen der Physik und Chemie 109 (1860), S. 275–301.

[101] W. Wien: Über die Energieverteilung im Emissionsspectrum eines

schwarzen Körpers. In: Annalen der Physik und Chemie 58 (1896), S. 662–669.
Für die mathematische Form vgl. Glossar.

[102] J. W. S. Rayleigh: Remarks upon the Law of Complete Radiation. In:
Philosophical Magazine 5. Series 49 (1900), pp. 539–540. J. H. Jeans: On the
Partition of Energy between Matter and Ether. In: Philosophical Magazine 6.
Ser 10 (1905), pp. 91–98.

[103] Vgl. B. Kanitscheider: Das Weltbild Albert Einsteins. München 1988,
S. 68.

[104] Th. S. Kuhn: Black Body Theory and the Quantum Discontinuity. Oxford 1978.

[105] W. H. Newton-Smith: The Rationality of Science. Boston 1981, pp. 244–245.

[106] J. Loschmidt: Über den Zustand des Wärmegleichgewichtes eines Systems von Körpern mit Rücksicht auf die Schwerkraft I. In: Sitzungsberichte
der kaiserlichen Akademie der Wissenschaften Wien, math.-naturwiss. Classe,
2. Abteilung 73 (1876), S. 128–142.

[107] L. Boltzmann: Bemerkungen über einige Probleme der mechanistischen
Wärmetheorie. In: Sitzungsberichte der kaiserlichen Akademie der Wissenschaften Wien, math.-naturwiss. Classe, 2. Abteilung 75 (1877), S. 62–100.

[108] J. Loschmidt: Über den Zustand des Wärmegleichgewichtes eines Systems von Körpern mit Rücksicht auf die Schwerkraft I. In: Sitzungsberichte
der kaiserlichen Akademie der Wissenschaften Wien, math.-naturwiss. Classe,
2. Abteilung 73 (1876), S. 135.

[109] J. C. Maxwell: Theory of Heat. Third edition. London 1872, p. 308.

[110] B. Kanitscheider: Information. In: Staatslexikon. 7., völlig neu bearbeitete Auflage. Dritter Band. Freiburg 1987, Sp. 73–78.

[111] B. Stewart/P. G. Tait: The Unseen Universe: or Physical Speculations on
a Future State. 2nd ed. London 1875.

[112] Vgl. dazu P. M. Heimann: The Unseen Universe: Physics and the Philosophy of Nature in Victorian Britain. In: British Journal for the History of
Science 6 (1972), pp. 73–79.

[113] L. Szilard: Über die Entropieverminderung in einem thermodynamischen System bei Eingriffen intelligenter Wesen. In: Zeitschrift für Physik 53
(1929), S. 840–856. L. Brillouin: Maxwell's Demon Cannot Operate: Information and Entropy I. In: Journal of Applied Physics 22 (1951), pp. 334–337.

[114] E. Zermelo: Über einen Satz der Dynamik und die mechanische Wärmetheorie. In: Annalen der Physik und Chemie 3. Folge 57 (1896), S. 485–494.

[115] L. Boltzmann: Zu Herrn Zermelos Abhandlung „Über die mechanische
Erklärung irreversibler Vorgänge". In: Annalen der Physik und Chemie
3. Folge 60 (1897), S. 394–398.

[116] H. Poincaré: Le méchanisme et l'expérience. In: Revue de metaphysique
et de morale 1 (1893), p. 534–537.

[117] A. Einstein: Über die von der molekularkinetischen Theorie der Wärme
geforderte Bewegung von in ruhenden Flüssigkeiten suspendierten Teilchen.
In: Annalen der Physik 17 (1905), S. 549–560. M. von Smoluchowsky: Zur

kinetischen Theorie der Brownschen Molekularbewegung und der Suspensionen. In: Annalen der Physik 21 (1906), S. 756–780.

[118] H. Poincaré: Sur les équations de la dynamique et le probléme des trois corps. In: Acta Mathematica 13 (1890), pp. 1–270.

[119] F. Nietzsche: Die fröhliche Wissenschaft. Kritische Studienausgabe, KSA3. Berlin 1988.

[120] B. Kanitscheider: Nietzsches Idee des zyklischen Universums vor dem Hintergrund der heutigen physikalischen Kosmologie. In: J. Albertz (Hrsg.): Kant und Nietzsche – Vorspiel einer künftigen Weltauslegung. Wiesbaden 1988, S. 133–155.

[121] F. J. Tipler: General Relativity and the Eternal Return. In: F. J. Tipler (ed.): Essays in General Relativity/Festschrift für Abraham H. Taub. New York 1980, pp. 21–37.

[122] Ch. Darwin: On the Origin of Species. 2. Auflage. London 1860, p. 486.

[123] H. von Helmholtz: Über die Wechselwirkung der Naturkräfte und die darauf bezüglichen neueren Ermittelungen der Physik. In: H. v. Helmholtz: Populäre wissenschaftliche Vorträge. Braunschweig 1871, S. 99–136.

[124] Die freie Energie F ist für ein abgeschlossenes System definiert und durch F = E–TS gegeben, wobei E die Energie, T die absolute Temperatur und S die Entropie darstellt. Die Entwicklung des Systems ist durch die Abnahme der freien Energie definiert, die im Gleichgewicht ihren Minimalwert erreicht.

[125] L. Boltzmann: Über einige meiner weniger bekannten Abhandlungen über Gastheorie. In: Verhandlungen der Gesellschaft Deutscher Naturforscher und Ärzte 69 (1897), 2. Teil., 1. Hälfte, S. 19–26, Zitat S. 25.

[126] P. R. Ehrlich/E. H. Ehrlich: Population, Resources and Environment. San Francisco 1970.

[127] D. Dörner: Die Logik des Mißlingens. Hamburg 1989.

[128] D. Dörner: a. a. O., S. 25.

[129] Markt – Plan – Freiheit. Franz Kreuzer im Gespräch mit Friedrich von Hayek und Ralf Dahrendorf. Wien 1983, S. 20.

[130] James M. Buchanan: Die Grenzen der Freiheit. Tübingen 1984, S. 130.

[131] Vgl. dazu die interessante Untersuchung von Robert Heilbroner, der es so formuliert: With few exceptions socialism has experienced a public delegitimization without precedents in modern perhaps in all history; whereas despite its failures capitalism has enjoyed an uncontestable, and probably rising degree of internal political support (R. Heilbroner: Analysis in Vision in the History of Modern Economic Thought. In: Journal of Economic Literature 28 [1990], pp. 1097–1114).

[132] M. Friedman: Kapitalismus und Freiheit. Stuttgart 1971, S. 29.

[133] M. Friedman/R. Friedman: Free to choose. San Diego 1980, p. 69.

[134] H.-J. Eysenck: Die Ungleichheit der Menschen. München 1975.

[135] M. Friedman/R. Friedman: Free to choose. San Diego 1980, p. 148.

[136] F. v. Hayek: Arten der Ordnung. In: F. v. Hayek: Freiburger Studien. Tübingen 1969, S. 32–46.

216 Anmerkungen

¹³⁷ Davon zu unterscheiden ist die Wirksamkeit von Verfassungsregeln, die Staats- und Regierungsform etablieren. Eine Regierung ist auch bei v. Hayek eine bewußt gewollte Einrichtung, sie ist eine Organisation, die auf einer Entscheidung der Gemeinschaft beruht; deren Regelsystem allerdings ist durch einen evolutionären Prozeß zustande gekommen. (Vgl. F. v. Hayek: Recht, Gesetzgebung und Freiheit. Bd. 1: Regeln und Ordnung. München 1980, S. 169.)

¹³⁸ Es sollte allerdings nicht versäumt werden anzumerken, daß nicht alle Ökonomen den „evolutionistischen Optimismus" v. Hayeks teilen. J. Buchanan, sonst auch ein Verteidiger des Prinzips der spontanen Ordnung, hat darauf hingewiesen, daß die von selbst sich bildende Struktur wertneutral ist; anders gesagt, man kann nicht sicher sein, daß der evolutionäre Prozeß *immer* zu einer Optimierung führt.
(Zum Vergleich der beiden ökonomischen Positionen siehe Viktor Vanberg: Liberaler Evolutionismus oder vertragstheoretischer Konstitutionalismus? Tübingen 1981)

¹³⁹ F. v. Hayek: Grundsätze einer liberalen Gesellschaftsordnung. In: F. v. Hayek: Freiburger Studien. Tübingen 1969, S. 108–125.

¹⁴⁰ G. Radnitzky: Soziale oder freie Marktwirtschaft? In: Neue Züricher Zeitung (1990–5–26), Nr. 120, S. 93 ff.

¹⁴¹ P. R. Ehrlich/A. H. Ehrlich/O. P. Haldren: Ecoscience: Population, Resources, Environment. San Francisco 1977.

¹⁴² J. D. Barrow/F. Tipler: The Anthropic Cosmological Principle. Oxford 1986, p. 170.

¹⁴³ J. D. Barrow: F. Tipler: The Anthropic Cosmological Principle. Oxford 1986, p. 170.

¹⁴⁴ Vgl. F. J. Dyson: Time Without End: Physics and Biology in an Open Universe. In: Review of Modern Physics 51 (1979), pp. 447–460.

¹⁴⁵ J. Simon: The Ultimate Resource. Princeton 1981. Vgl. auch J. Simon: Resources, Population, Environment: An Overplay of False Bad News. In: Science 208 (1980), pp. 1431–1437.

¹⁴⁶ J. D. Barrow/F. Tipler: The Anthropic Cosmological Principle. Oxford 1986, p. 173.

¹⁴⁷ J. D. Barrow/F. Tipler: The Anthropic Cosmological Principle. Oxford 1986, p. 659.

¹⁴⁸ ROM bedeutet „read only memory".

¹⁴⁹ RAM bedeutet „random access memory".

¹⁵⁰ W. H. Newton-Smith: The Rationality of Science. Boston 1981, p. 226.

¹⁵¹ B. Kanitscheider: Does Physical Cosmology Transcend the Limits of Naturalistic Reasoning? In: P. Weingartner/G. J. W. Dorn (eds.): Studies on Mario Bunge's Treatise. Amsterdam–Atlanta (GA) 1990, pp. 337–350; vgl. dazu auch die Antwort Mario Bunges: Kanitscheider on the Tense Relations between Science and Philosophy. A. a. O., pp. 630–633.

¹⁵² M. Planck: Die Quantenhypothese / hrsg. von Armin Hermann. München 1969 (Dokumente der Naturwissenschaften, Abteilung Physik, Band 12).

¹⁵³ M. Planck: Die Entstehung und bisherige Entwicklung der Quantentheorie. In: M. Planck: Vorträge und Erinnerungen. Darmstadt 1965, S. 125–138.

[154] J. H. Jeans: A Comparison between Two Theories of Radiation. In: Nature 72 (1905) pp. 293–294.

[155] G. Gamov: Mister Tomkins seltsame Reisen durch Kosmos und Mikrokosmos. Braunschweig 1980.

[156] J. C. Maxwell: Molecules. In: W. D. Niven (ed.): The Scientific Papers of James Clerk Maxwell. Volume II. New York 1952, pp. 361–378, Zitat p. 376.

[157] W. Kuhn/M. Stöckler: Deduktionen und Interpretationen. Erklärung der Planckschen Strahlungsformel in physikinterner, wissenschaftstheoretischer und didaktischer Perspektive. In: W. Kuhn (Hrsg.): Vorträge der Deutschen Physikalischen Gesellschaft / Fachausschuß Didaktik der Physik 13 (1986), S. 19–51.

[158] A. Einstein: Über einen die Erzeugung und Verwandlung des Lichtes betreffenden heuristischen Gesichtspunkt. In: Annalen der Physik 17 (1905), S. 132–148.

[159] C. H. Kirsten/H.-G. Körber (Hrsg.): Physiker über Physiker. Berlin 1975, S. 201.

[160] H. Hertz: Über einen Einfluß des ultravioletten Lichtes auf die elektrische Entladung. In: Annalen der Physik und Chemie 31 (1887), S. 982–1000.

[161] A. Einstein: Über einen die Erzeugung und Verwandlung des Lichtes betreffenden heuristischen Gesichtspunkt. In: Annalen der Physik 17 (1905), S. 132–148, Zitat S. 133.

[162] Für Details vgl. B. Kanitscheider: Das Weltbild Albert Einsteins. München 1988, S. 52.

[163] R. Milikan: Electrons (+ and –), Protons, Neutrons, and Cosmic Rays. Chicago 1935, p. 236.

[164] A. H. Compton: A Quantum Theory of the Scattering of X-Rays by Light Elements. In: Physical Review 21 (1923), pp. 483–502.

[165] M. Bunge: Treatise on Basic Philosophy. Volume VII, Part I. Dordrecht 1985, p. 166.

[166] A. Einstein: Briefwechsel mit Michele Besso 1903–1955, Brief vom 12. 12. 1951, hrsg. von P. Speziali. Paris 1972, S. 453.

[167] B. Kanitscheider: Quantum Mechanics – Realism at bay? In: A. van der Merwe (ed.): Microphysical Reality and Quantum Formalism. Dordrecht 1988, pp. 53–65.

[168] A. Hermann: Frühgeschichte der Quantentheorie 1899–1913. Moosbach–Baden 1969, S. 31–32.

[169] A. Sommerfeld: Atombau und Spektrallinien. Braunschweig 1919, S. 1.

[170] Vgl. dazu C. Schäfer: Einführung in die theoretische Physik, Band II, 2. Berlin 1951, S. 32 ff. oder jedes andere Handbuch der theoretischen Physik.

[171] Vgl. Glossar.

[172] A. Eddington: Das Weltbild der Physik und ein Versuch seiner philosophischen Deutung. Braunschweig 1931.

[173] J. J. C. Smart: Our Place in the Universe. Oxford 1989, p. 50.

[174] J. J. Thomson: On the Structure of the Atom. Philosophical Magazine 6. Series 7 (1904), pp. 237–265.

[175] C. Schäfer: Einführung in die theoretische Physik. Band III,1. Berlin 1951, Kap. 12.

[176] H. Nagaoka: On a Dynamical System Illustrating the Spectrum Lines and the Phenomena of Radioactivity. In: Nature 69 (1904), pp. 392–439.

[177] E. Rutherford: The Scattering of α and β Particles by Matter and the Structure of the Atom. In: Philosophical Magazine 6. Series 21 (1911), pp. 669–688.

[178] Für den quantitativen Zusammenhang vgl. Glossar.

[179] N. Bohr: On the Constitution of Atoms and Molecules. In: Philosophical Magazine 6. Series 26 (1913), pp. 1–25; pp. 476–502; pp. 857–875. Wiederabdruck in: Niels Bohr: Collected Works. Volume 2: Work on Atomic Physics (1912–1917) / edited by U. Hoyer. Amsterdam 1981, pp. 161–233.

[180] N. Bohr: Das Quantenpostulat und die neuere Entwicklung der Atomistik. In: Die Naturwissenschaften 16 (1928), S. 245–257.

[181] B. Kanitscheider: Gibt es Grenzen der physikalischen Beschreibung in Raum und Zeit. In: H. Burger (Hrsg.): Zeit, Natur und Mensch. Berlin 1986, S. 116–145.

[182] I. Kant: Kritik der reinen Vernunft, B 59.

[183] B. van Fraassen: The Scientific Image. Oxford 1980, p. 41.

[184] C. Cowan/F. Reines: Detection of the Free Neutrinos. In: Physical Review 92 (1953), pp. 830–831.

[185] D. Shapere: The Concept of Observation in Science and Philosophy. In: Philosophy of Science 49 (1982) pp. 485–525.

[186] Bas C. van Fraassen: The Scientific Image. Oxford 1980, p. 39.

[187] H. Putnam: Philosophical Papers. Volume I: Mathematics, Matter and Method. Cambridge 1975, p. 73. Für eine korrekte Rekonstruktion und Verteidigung des Argumentes vgl. Alan Musgrave: The Ultimate Argument for Scientific Realism. In: Robert Nola (ed.): Relativism and Realism in Science. Dordrecht 1988, pp. 229–252.

[188] A. Sommerfeld: Zur Quantentheorie der Spektrallinien. In: Annalen der Physik 51 (1916), S. 1–94; S. 125–167.

[189] vgl. M. Stöckler: Philosophische Probleme der relativistischen Quantenmechanik. Berlin 1984.

[190] Für Genaueres zu diesen beiden Effekten vgl. Glossar.

[191] J. A. Wheeler: From Mendeléev's Atom to the Collapsing Star. In: Transactions of the New York Academy of Sciences, Series II 33 (1971), pp. 745–779.

[192] I. Newton: Opticks / edited by B. Cohen. New York 1952, p. 394.

[193] S. L. Glashow: Quarks with Color and Flavor. In: Scientific American (October 1975), pp. 38–50.

[194] H. Margenau: Nature of Physical Reality. New York 1950.

[195] V. Weisskopf: Of Atoms, Mountains, and Stars: A Study in Qualitative Physics. In: Science 187 (1975), pp. 605–612.

[196] E. Schrödinger: Quantisierung als Eigenwertproblem. In: Annalen der Physik 79 (1926), S. 361–376, Wiederabdruck in: Dokumente der Naturwissenschaft / hrsg. von Armin Hermann. Band 3. Stuttgart 1963, S. 9–24.

[197] W. Heisenberg: Über quantentheoretische Umdeutung kinematischer und mechanischer Beziehungen. In: Zeitschrift für Physik 33 (1925), S. 879–893, wiederabgedruckt in: Dokumente der Naturwissenschaft / hrsg. von Armin Hermann. Band 3. Stuttgart 1963, S. 31–45.

[198] E. Schrödinger: Über das Verhältnis der Heisenberg-Born-Jordanschen Quantenmechanik zu der meinen. In: Annalen der Physik 79 (1926), S. 734–756.

[199] Für diese mehr technischen Aspekte der Quantenmechanik vgl. M. Jammer: The Philosophy of Quantum Mechanics. New York 1974, spez. p. 20ff.

[200] Vgl. hier die Arbeit von H. Rauch: Die Quantenmechanik auf dem Prüfstand der Neutroneninterferometrie. In: Physikalische Blätter 41 (1985), S. 190–195.

[201] Vgl. F. Selleri: Die Debatte um die Quantentheorie. Braunschweig 1983, Kap. III,7.

[202] N. Bohr: The Quantum Postulate and the Recent Development of Atomic Theory. In: Nature 121 (1928), pp. 580–590. N. Bohr: Das Quantenpostulat und die neuere Entwicklung der Atomistik. In: Naturwissenschaften 16 (1928), S. 245–257.

[203] B. Kanitscheider: Wissenschaftstheorie der Naturwissenschaft. Berlin 1981, S. 169.

[204] N. Bohr: Licht und Leben. In: Die Naturwissenschaften 21 (1933), S. 245–250.

[205] F. Gonseth: Remarque sur l'idee de complementarité. In: Dialectica 2 (1948), p. 413–420.

[206] N. Bohr: Chemistry and the Quantum Theory of Atomic Constitution. In: Journal of the Chemical Society 134 (1932), pp. 349–384.

[207] H. Primas: Kann Chemie auf Physik reduziert werden? In: Chemie in unserer Zeit 19 (1985), S. 109–119; S. 160–166.

[208] N. Bohr: Atomphysik und menschliche Erkenntnis. Braunschweig 1985, S. 19.

[209] F. Capra: Das Tao der Physik. 9. Aufl. Bern 1987.

[210] M. Ferguson: Die sanfte Verschwörung. Basel 1982.

[211] Vgl. hier die Analyse von M. Lambeck: Die New Age-Physik des Fritjof Capra. In: Skeptiker 3 (1989), S. 9–14.

[212] J. v. Neumann: Mathematische Grundlagen der Quantenmechanik. Berlin 1932.

[213] W. Heisenberg: Über den anschaulichen Inhalt der quantentheoretischen Kinematik und Mechanik. In: Zeitschrift für Physik 43 (1927), S. 172–198.

[214] W. Heisenberg: Über den anschaulichen Inhalt der quantentheoretischen Kinematik und Mechanik. In: Zeitschrift für Physik 43 (1927), S. 172–198, Zitat S. 172.

[215] H. Margenau: Open Vistas. New Haven 1961, Chapter V.

[216] N. R. Hanson: The Dematerialization of Matter. In: E. McMullin (ed.): The Concept of Matter. Notre Dame 1964, pp. 549–569.

[217] J. E. Charon: L'Esprit et la relativité complexe. Paris 1983.

[218] Für deren Kritik vgl. M. Bunge: Scientific Materialism. Dordrecht 1981.

[219] R. Sheldrake: Das Gedächtnis der Natur. Bern 1990, Kap. 6.

[220] Für den Leser, der tiefer in die Epistemologie der Quantenmechanik eindringen möchte, sei das Werk von M. Jammer empfohlen: The Philosophy of Quantum Mechanics. New York 1974.

[221] Vgl. dazu A. Cordero: Intelligibility and Quantum Theory. In: C. Dilworth (ed.): Science and Intelligibility. Amsterdam 1992.

[222] N. Bohr: Das Quantenpostulat und die neuere Entwicklung der Atomistik. In: Die Naturwissenschaften 16 (1928), S. 245–257.

[223] W. Hamilton: Of Presentative and Representative Knowledge in the Work of Thomas Reid. London 1851, pp. 804–815.

[224] A. Petersen: The Philosophy of Niels Bohr. In: Bulletin of the Atomic Scientists 19 (September 1963), pp. 8–14, Zitat p. 12.

[225] J. von Neumann: Mathematische Grundlagen der Quantenmechanik. Berlin 1932, Kap. V.

[226] F. London/E. Bauer: La théorie de l'observation en méchanique quantique. Paris 1939, S. 42.

[227] E. P. Wigner: The Problem of Measurement. In: E. P. Wigner: Symmetries and Reflections. Indiana 1967, pp. 153–170.

[228] J. de Lamettrie: L'homme machine. Leiden 1748.

[229] E. Schrödinger: Die gegenwärtige Situation in der Quantenmechanik. In: Die Naturwissenschaften 23 (1935), S. 807–812, S. 823–828, S. 844–849, Zitat S. 812.

[230] H. Rauch: Die Quantenmechanik auf dem Prüfstand der Neutroneninterferometrie. In: Physikalische Blätter 41 (1985), S. 190–195.

[231] F. Selleri: Die Debatte um die Quantentheorie. Braunschweig 1983, S. 81–85.

[232] Ph. Ball: Schrödinger's Cat Ensnared. In: Nature 347 (1990), pp. 330–331.

[233] H. Primas: Realistic Interpretation of the Quantum Theory for Individual Objects. In: La Nuova Critica 13/14 (1990), pp. 41–72.

[234] H. Primas: a. a. O.

[235] A. Einstein/B. Podolsky/N. Rosen: Can Quantum-Mechanical Description of Physical Reality Be Considered Complete? In: Physical Review 47 (1935), pp. 777–780.

[236] Vgl. Glossar.

[237] J. A. Wheeler: Information, Physics, Quantum: the Search for Links. In: Proceedings of the 3rd Symposium on Foundations of Quantum Mechanics. Tokyo 1989, pp. 354–368.

[238] K. R. Popper: Quantum mechanics without "The Observer" In: M. Bunge (ed.): Quantum Theory and Reality. Berlin 1987, pp. 7–44. M. Bunge: The Bell Inequalities and All That. In: Philosophia naturalis 26 (1989), pp. 121–134.

[239] A. Aspect/J. Dalibard/G. Roger: Experimental Test of Bell's Inequalities Using Time-Varying Analyzers. In: Physical Review Letters 49 (1982), pp. 1804–1807.

[240] R. Penrose: Gravity and State Vector Reduction. In: R. Penrose/C. J. Isham (eds.): Quantum Concepts in Space and Time. Oxford 1986, pp. 129–146.

[241] A. Einstein: Zur Elektrodynamik bewegter Körper. In: Annalen der Physik 17 (1905), S. 891–921.

[242] A. Einstein: Zur Elektrodynamik bewegter Körper. In: Annalen der Physik 17 (1905), S. 891–921, Zitat S. 891.

[243] E. Harrison: Cosmology. Cambrigde 1981, p. 136.

[244] R. U. Sexl/H. K. Schmidt: Raum – Zeit – Relativität. Braunschweig 1978, S. 44.

[245] A. Einstein: Mein Weltbild. Frankfurt 1977, S. 129; für eine ausführliche Darstellung der Konsequenzen der Masseenergieäquivalenz vgl. H. Fritzsch: [$E = mc^2$] Eine Formel verändert die Welt: Newton, Einstein und die Relativitätstheorie. München 1988.

[246] A. Einstein: Ist die Trägheit eines Körpers von seinem Energieinhalt abhängig? In: Annalen der Physik 18 (1905), S. 639–641.

[247] A. Einstein: Über das Relativitätsprinzip und die aus demselben gezogenen Folgerungen. In: Jahrbuch der Radioaktivität und Elektronik 4 (1907), S. 411–462.

[248] H. Minkowski: Raum und Zeit. In: H. A. Lorentz et al.: Das Relativitätsprinzip. 7. Aufl. Darmstadt 1974, S. 54–71.

[249] A. Einstein: Grundgedanken und Methoden der Relativitätstheorie in ihrer Entwicklung dargestellt. Diese unveröffentlichte Arbeit ist auszugsweise zitiert in: A. Pais: Subtle is the Lord, Oxford 1982, p. 178.

[250] A. Pais: a. a. O., p. 178.

[251] B. Riemann: Über die Hypothesen, welche der Geometrie zugrunde liegen (1854). (Unveränderter fotomechanischer Nachdruck der Ausgabe Göttingen 1867.) Darmstadt 1959.

[252] E. Mach: Die Mechanik. Historisch-kritisch dargestellt (1883). (Unveränderter fotomechanischer Nachdruck der 9. Auflage Leipzig 1933.) Darmstadt 1963.

[253] A. Einstein, zitiert nach H. Hönl: Zur Geschichte des Machschen Prinzips. In: Wissenschaftliche Zeitschrift der Friedrich-Schiller-Universität Jena. Math.-Nat. Reihe 15 (1966), Nr. 1, S. 25–36, Zitat S. 26.

[254] Z. B.: H. F. Gönner: Machsches Prinzip und Theorie der Gravitation. In: J. Nitsch et al. (Hrsg.): Grundlagenprobleme der modernen Physik. Mannheim 1981, S. 85–101.

[255] Für eine detaillierte Untersuchung vgl. H. Dambmann: Die Bedeutung des Machschen Prinzips in der Kosmologie. Philosophia naturalis 27 (1990), S. 234–271.

[256] H. A. Hönl: Über das Machsche Prinzip. In: Zeitschrift für Naturforschung 8a (1953), S. 2–6.

[257] Dies wußte schon Newton, und Einstein hat es noch einmal in einem Brief an C. Berenda Weinberg vom 1. 12. 1937 ausgedrückt: „Alles Begriffliche kann seine Berechtigung nur auf seine *Beziehbarkeit* auf ... aber keineswegs auf eine Ableitbarkeit *aus* dem sinnlich Wahrnehmbaren gründen." Princeton

Einstein Archiv. Zitiert nach R. Torretti: Relativity and Geometry. Oxford 1983, p. 331.

[258] R. Toretti: a. a. O., p. 202.

[259] B. Kanitscheider: Das Weltbild Albert Einsteins. München 1988, S. 130.

[260] Cl. M. Will: The Renaissance of General Relativity. In: P. C. W. Davies (ed.): The New Physics. Cambridge 1989, pp. 7–33.

[261] Cl. M. Will: Space – Based Gravity Tests. In: Nature 347 (1990), pp. 516–517.

[262] A. Einstein: Kosmologische Betrachtungen zur Allgemeinen Relativitätstheorie. In: Sitzungsberichte der Königlich Preußischen Akademie der Wissenschaften 1917, S. 142–152.

[263] A. Friedman: Über die Krümmung des Raumes. In: Zeitschrift für Physik 10 (1922), S. 377–386.

[264] B. Kanitscheider: Gibt es einen absoluten Nullpunkt der Zeit? In: Praxis der Naturwissenschaften – Physik 40 (1991), Nr. 4, S. 19–24.

[265] A. Friedman: Über die Möglichkeit einer Welt mit konstanter negativer Krümmung des Raumes. In: Zeitschrift für Physik 12 (1924), S. 326–332.

[266] H. J. Blome/W. Priester: Big Bounce in the Very Early Universe. In: Astronomy and Astrophysics 250 (1991), pp. 43–49.

[267] R. Tolman: Relativity, Thermodynamics and Cosmology. Oxford 1934.

[268] R. U. Sexl: On the Origin of Order in the Universe. The Fourteenth International Conference on the Unity of the Science (ICUS). Houston (Texas) 1985.

[269] B. Kanitscheider: Ist die Kosmologie eine Luxuswissenschaft? In: A. Scharmann/H. Schramm (Hrsg.): Physik: Theorie – Experiment – Geschichte – Didaktik. Köln 1984, S. 227–240.

[270] Ch. Misner: The Isotropy of the Universe. In: Astrophysical Journal 151 (1968), pp. 431–457.

[271] J. D. Barrow/J. Silk: The Left Hand of Creation. London 1984.

[272] Dies wäre möglich, wenn das Universum zur Frühzeit durch ein Kasner-Modell beschrieben wäre (Edward Kasner 1921).

[273] C. B. Collins/S. W. Hawking: Why is the Universe Isotropic? In: Astrophysical Journal 180 (1973), pp. 317–334.

[274] J. D. Barrow/R. A. Matzner: The Homogeneity and Isotropy of the Universe. In: Monthly Notices of the Royal Astronomical Society 181 (1977), pp. 719–727.

[275] J. D. Barrow/J. Silk: The Structure of the Early Universe. In: Scientific American 242 (1980), No. 4, pp. 98–108. Dt.: Die Struktur des Universums. In: Spektrum der Wissenschaft (Juni 1980), S. 78–89.

[276] E. Kasner: Geometrical Theorems on Einstein's Cosmological Equations. In: American Journal of Mathematics 43 (1921), pp. 217–221.

[277] Ch. W. Misner: Mixmaster Universe. In: Physical Review Letters 22 (1969), pp. 1071–1074.

[278] Ch. W. Misner: Absolute Zero of Time. In: Physical Review 186 (1969), pp. 1328–1333; vgl. dazu B. Kanitscheider: Gibt es einen absoluten Nullpunkt

der Zeit? In: Praxis der Naturwissenschaften – Physik 40 (1991), Nr. 4, S. 19–24.

[279] J. D. Barrow: Chaos in the Einstein Equations. In: Physical Review Letters 46 (1981), pp. 963–966.

[280] Für die Definition des Dichtekontrastes vgl. Glossar.

[281] B. Collins/S. W. Hawking: Why Is the Universe Isotropic? In: Astrophysical Journal 180 (1973), p. 317–334, Zitat 334.

[282] J. D. Barrow/F. J. Tipler: The Anthropic Cosmological Principle. Oxford 1986, p. 427.

[283] J. J. C. Smart: Philosophical Problems of Cosmology. In: Revue internationale de philosophie 41 (1987), pp. 112–126. B. Kanitscheider: Das Anthropische Prinzip – ein neues Erklärungsschema der Physik? In: Physikalische Blätter 45 (1989), S. 471–476.

[284] B. Carter: The Anthropic Principle and its Implications for Biological Evolution. In: Philosophical Transactions of the Royal Society of London A 310 (1983), pp. 347–363.

[285] B. de Fontenelle: Entretiens sur la pluralité des mondes. In: Œuvres complètes de Fontenelle. Tome deuxième, Ire Partie. Paris 1818, S. 1–83.

[286] Vgl. Virginia Trimble: Cosmology: Man's Place in the Universe. In: American Scientist 65 (1977), pp. 76–86.

[287] J. A. Wheeler: Genesis and Observership. In: R. E. Butts/J. Hintikka (eds.): Foundational Problems in the Special Sciences. Part Two of the Proceedings of the Fifth International Congress of Logic, Methodology and Philosophy of Science. London, Ontario, Canada, 1975, Dordrecht 1977, pp. 3–33. B. J. Carr: The Anthropic Principle. In: Acta Cosmologica 11 (1982), pp. 143–151.

[288] J. Leslie: Universes. London 1989.

[289] B. Kanitscheider: The Anthropic Principle and Its Epistemological Status in Modern Physical Cosmology. In: E. Agazzi/A. Cordero (eds.): Philosophy and the Origin and Evolution of the Universe. Dordrecht 1991, pp. 361–398.

[290] A. Guth: Inflation Universe: A Possible Solution to the Horizon and Flatness Problem. In: Physical Review D 23 (1981), pp. 347–356.

[291] Vgl. Glossar.

[292] A. D. Linde: The Universe: Inflation out of Chaos. In: New Scientist 105 (1985–3–7), No. 1446, pp. 14–18. A. D. Linde: Particle Physics and Inflationary Cosmology. In: Physics Today 40 (1987), No. 9, pp. 61–68.

[293] J. D. Barrow: The World within the World. Oxford 1988, pp. 368–369.

[294] F. Dyson: Time without End: Physics and Biology in an Open Universe. In: Reviews of Modern Physics 51 (1979), pp. 447–460.

[295] J. Leslie: Universes. London 1989, p. 9.

[296] S. Toulmin: Human Understanding. Vol. I: The Collective Use and Evolution of Concepts. Princeton 1977, p. 50.

[297] J. C. Maxwell: Matter and Motion (1877) New York 1920.

[298] J. C. Maxwell: Matter and Motion (1877) New York 1920, pp. 13–14.

[299] J. C. Maxwell: Matter and Motion (1877) New York 1920, p. 14.

[300] H. Poincaré: Wissenschaft und Methode. Leipzig 1914, S. 57.

[301] Lukrez: De rerum natura II. Zürich 1956, S. 216–224.

[302] Shmuel Sambursky: Naturerkenntnis und Weltbild. Zürich 1977, S. 83–118.

[303] R. Descartes: Abhandlung über die Methode. Übers. von A. Buchenau. Hamburg 1952, S. 15.

[304] F. Bacon: Novum Organon. London 1620, Buch I, Sektion 124.

[305] Aristoteles: De caelo, 294 b.

[306] J. Audretsch/M. Stöckler: Fritjof Capra, New Age und die wirkliche Physik. In: Civis (März 1989), Nr. 1, S. 32–39.

[307] Aristoteles: De partibus animalium, 645 a.

[308] E. J. Dijksterhuis: Die Mechanisierung des Weltbildes. Veröffentl. der Gesellschaft für internationale Wissenschaftsgeschichte 1952, Heft 1, S. 33–63.

[309] E. J. Dijksterhuis: Die Mechanisierung des Weltbildes. A. a. O., S. 54.

[310] Vgl. Glossar.

[311] M. Jammer: The Experiment in Classical and in Quantum Physics. In: Proc. Int. Symp. on Foundations of Quantum Mechanics, Tokyo 1983, pp. 265–276.

[312] Berichtet von W. Heisenberg: Der Teil und das Ganze. München 1969, S. 92.

[313] Th. Burnet: Telluris theoria sacra. London 1681.

[314] I. B. Cohen: Isaac Newton's Papers and Letters on Natural Philosophy & Related Documents. 2nd ed. Cambridge 1978.

[315] I. Newton: Opera omnia/ hrsg. von Horsley. Bd. 4. London 1782, S. 431, vgl. auch S. 441.

[316] I. Newton: Brief an Richard Bentley vom 11. 2. 1693. In: M. K. Munitz (ed.): Theories of the Universe: From Babylonian Myth to Modern Science. New York 1957, pp. 216–219, vgl. p. 219.

[317] I. Kant: Allgemeine Naturgeschichte und Theorie des Himmels. Akademie-Ausgabe Bd. 1. Berlin 1910, S. 215–368.

[318] I. Kant: a. a. O., S. 339.

[319] I. Kant: a. a. O., S. 338.

[320] I. Kant: a. a. O., S. 263.

[321] I. Kant: a. a. O., S. 265.

[322] P. S. de Laplace: Ideen zur Kosmogonie. In: H. Schmidt (Hrsg.): Die Kant-Laplace'sche Theorie. Leipzig 1925, S. 193–223.

[323] H. v. Helmholtz: Über die Entstehung des Planetensystems. In: H. v. Helmholtz: Populäre wissenschaftliche Vorträge. 3. Heft Braunschweig 1876, S. 99–137, Zitat S. 129.

[324] F. W. Herschel: On the Construction of the Heavens. In: F. W. Herschel: The Scientific Papers. Vol. I., London 1912, pp. 223–259.

[325] F. W. J. Schelling: Einleitung zu dem Entwurf eines Systems der Naturphilosophie. In: Manfred Schröter (Hrsg.): Schellings Werke. 2. Hauptband: Schriften zur Naturphilosophie 1799–1801. München 1958, S. 269–326, Zitat S. 291 Anm.

326 F. W. J. Schelling: a. a. O., S. 300.

327 Ch. Lyell: Principles of Geology. London 1830–33.

328 S. V. Clube/W. M. Napier: The Microstructure of Terrestrial Catastrophism. In: Monthly Notices of the Royal Astronomical Society 211 (1984), pp. 953–968.

329 Jüngste gravimetrische und erdmagnetische Messungen im Golf von Mexico deuten darauf hin, daß in Yucatán vor 65 Millionen Jahren ein massiver Meteorit eingeschlagen haben muß. (Vgl. den Bericht von A. Dorozynski: Localizamos el meteorito que acabó con los dinosaurios. In: Conocer, Núm. 103. Agosto 1991, p. 46–49.)

330 P. S. de Laplace: Philosophischer Versuch über die Wahrscheinlichkeiten / übers. von N. Schwaiger. Leipzig 1886, S. 4.

331 K. R. Popper: Indeterminism in Quantum Physics and in Classical Physics. In: British Journal for the Philosophy of Science 1 (1950/51), pp. 117–133; pp. 173–195.

332 Die Allmenge, das ist also die Menge aller Objekte, ist ein inkonsistenter Begriff und deshalb in der Mathematik verboten. (G. Cantor, 1899.)

333 Vgl. Max Päsler: Prinzipien der Mechanik. Berlin 1968.

334 Für die genaue Form der Gleichungen vgl. das Glossar.

335 I. Prigogine/I. Stengers: Dialog mit der Natur. München 1981, S. 79.

336 C. L. Siegel: On the Integrals of Canonical systems. In: Annals of Mathematics 42 (1941) pp. 804–822. C. L. Siegel: Über die Existenz einer Normalform analytischer Hamiltonscher Differentialgleichungen in der Nähe einer Gleichgewichtslösung. In: Mathematische Annalen 128 (1954), S. 144–170.

337 V. I. Arnold: Mathematical Methods of Classical Mechanics. New York, Heidelberg 1978.

338 J. Ford: What is Chaos, That We Should Be Mindful Of It? In: Paul Davies (ed.): The New Physics. Cambridge 1989, pp. 348–372, vgl. p. 361.

339 R. U. Sexl: Irreversibilität und stochastisches Verhalten deterministischer Systeme. Unveröffentl. Manuskript.

340 E. N. Lorenz: Deterministic Nonperiodic Flow. In: Journal of the Atmospheric Sciences 20 (1963), pp. 130–141.

341 J. Ford: How Random Is a Coin Toss? In: Physics Today (April 1983), pp. 40–47.

342 G. J. Chaitin: Algorithmic Information Theory. Cambridge 1987.

343 J. Ford: What Is Chaos, That We Should Be Mindful Of It? In: Paul Davies (ed.): The New Physics. Cambridge 1989, pp. 348–371.

344 Für die genauere Begriffsbestimmung vgl. Glossar.

345 J. Ford: What Is Chaos, That We Should Be Mindful Of It? In: Paul Davies (ed.): The New Physics. Cambridge 1989, pp. 348–371, vgl. 351.

346 R. Courant/H. Robbins: Was ist Mathematik? 3. Aufl. Berlin 1973, S. 55.

347 J. Ford: What Is Chaos, That We Should Be Mindful Of It? In: Paul Davies (ed.): The New Physics. Cambridge 1989, pp. 348–371, vgl. p. 352.

348 P. Davies: Prinzip Chaos. München 1988, S. 55.

[349] M. Bunge: Treatise on Basic Philosophy. Vol. 7: Philosophy of Science and Technology. Dordrecht 1981, Part I, p. 26.

[350] M. Bunge: Scientific Materialism. Dordrecht 1981, p. 161.

[351] A. Fraenkel: Einleitung in die Mengenlehre. Berlin 1928.

[352] Die Intuitionisten bestreiten die Gültigkeit von $\neg\neg$ p → p, akzeptieren wohl aber die Umkehrung p → $\neg\neg$ p.

[353] Hao Wang: From Mathematics to Philosophy. London 1974.

[354] M. Bunge: Treatise on Basic Philosophy. Vol. 7. A. a. O., Part I, p. 50.

[355] J. D. Barrow: The World within the World. Oxford 1988, p. 258.

[356] G. Chaitin: Information-Theoretic Limitations of Formal Systems. In: Journal of the Association for Computing Machinery 21 (1974), pp. 403 ff.

[357] B.-O. Küppers: Die Komplexität des Lebendigen – Möglichkeiten und Grenzen objektiver Erkenntnis der Biologie. In: B.-O. Küppers (Hrsg.): Ordnung aus dem Chaos. München 1987, S. 15–48.

[358] B.-O. Küppers: Die Komplexität des Lebendigen. A. a. O., S. 41.

[359] P. Cvitanovic (ed.): Universality in Chaos. 2nd edition. New York 1989.

[360] H. Haken/A. Wunderlin: Die Selbststrukturierung der Materie. Braunschweig 1991, S. 22.

[361] B. B. Mandelbrot: The Fractal Geometry of Nature. San Francisco 1977; dt. Die fraktale Geometrie der Natur. Basel 1987.

[362] S. Großmann: Selbstähnlichkeit: Das Strukturgesetz im und vor dem Chaos. In: Physikalische Blätter 45 (1989), S. 172–180.

[363] J. P. Crutchfield et al.: Chaos. In: Scientific American (December 1986), pp. 46–57; dt. Chaos. In: Spektrum der Wissenschaft (Februar 1987), S. 78–90.

[364] Für den Beweis vgl. R. Hedrich: Komplexe und fundamentale Strukturen: Grenzen des Reduktionismus. Mannheim 1990.

[365] G. Wunner: Gibt es Chaos in der Quantenmechanik? In: Physikalische Blätter 45 (1989), S. 139–145.

[366] G. Wunner: a. a. O.

[367] G. Wunner: a. a. O., S. 140.

[368] P. C. W. Davies: Why is the Physical World so Comprehensible? In: W. Zurek (ed.): Complexity, Entropy and the Physics of Information. Redwood City 1990, pp. 61–70.

[369] S. Lloyd/H. Pagels: Complexity as Thermodynamic Depth. In: Annals of Physics 188 (1988), pp. 186–213.

[370] P. C. W. Davies: Why is the Physical World so Comprehensible? In: W. Zurek (ed.): Complexity, Entropy and the Physics of Information. Redwood City 1990, pp. 61–70, vgl. p. 63.

[371] J. I. Halliwell: Information Dissipation in Quantum Cosmology and the Emergence of Classical Spacetime. In: W. Zurek (ed.): Complexity Entropy and the Physics of Information. A. a. O., pp. 459–469.

[372] O.-J. Grüsser/L. R. Weiss: Quantitative Models on Phylogenetic Growth of the Hominid Brain. In: Ph. V. Tobias (ed.): Hominid Evolution: Past, Present and Future. New York 1985, pp. 457–464.

[373] Für Details zum Begriff der Berechenbarkeit vgl. G. Vollmer: Denk-zeuge: In: Mannheimer Forum/hrsg. von E. P. Fischer. Mannheim 1991, S. 15–78.

[374] R. Penrose: The Emperor's New Mind. Oxford 1989. dt. Computerden-ken. Heidelberg 1991.

[375] D. Deutsch: Quantum Theory, the Church-Turing Principle, and the Universal Quantum Computer. In: Proceedings of the Royal Society London A 400 (1985), pp. 97–117.

[376] J. B. Barbour: Maximal Variety as a New Fundamental Principle of Dynamics. In: Foundations of Physics 19 (1989), pp. 1051–1073.

[377] R. Geroch/J. B. Hartle: Computability and Physical Theories. In: Foun-dations of Physics 16 (1986), pp. 533–550.

[378] J. A. Wheeler: On Recognizing 'Law Without Law'. In: American Jour-nal of Physics 51 (1983), pp. 398–404.

[379] D. Deutsch: On Wheeler's Notion of 'Law Without Law' in Physics. In: Foundations of Physics 16 (1986), pp. 565–572.

[380] D. Deutsch: On Wheeler's Notion of 'Law without Law' in Physics. In: Foundations of Physics 16 (1986), p. 570.

[381] A. H. Compton: The Freedom of Men. London 1935.

[382] D. Morrin/C. R. Chapman: Target Earth, It Will Happen. In: Sky & Telescope 79 (1979), pp. 261–265.

[383] J. Ford: What Is Chaos, That We Should Be Mindful Of It? In: Paul Davies (ed.): The New Physics. Cambridge 1989, pp. 348–372, vgl. p. 355.

[384] W. Gerok: Ordnung und Chaos als Elemente von Gesundheit und Krankheit. In: W. Gerok (Hrsg.): Ordnung und Chaos in der unbelebten und belebten Natur. Stuttgart 1989, S. 19–42.

[385] W. Gerok: Ordnung und Chaos als Elemente von Gesundheit und Krankheit. In: W. Gerok (Hrsg.): Ordnung und Chaos in der unbelebten und belebten Natur. Stuttgart 1989, S. 19–42, vgl. S. 20.

[386] A. McRobie/M. Thompson: Chaos, Catastrophes and Engineering. In: New Scientist 26 (1990–6–9), No. 1720, pp. 41–46.

[387] I. Lesurf: Chaos on the Circuit Board. In: New Scientist 126 (1990–6–30), No. 1723, pp. 63–66.

[388] C. Ch. v. Weizsäcker: Ordnung und Chaos in der Wirtschaft. In: W. Ge-rok (Hrsg.): Ordnung und Chaos in der unbelebten und belebten Natur. Stutt-gart 1989, S. 43–57.

[389] C. Ch. v. Weizsäcker: Ordnung und Chaos in der Wirtschaft. A. a. O., S. 45.

[390] K. R. Popper: Objektive Erkenntnis. Hamburg 1973, S. 242.

[391] A. H. Compton: The Freedom of Men. London 1935.

[392] R. Carnap: Einführungen in die Philosophie der Naturwissenschaft. München 1969, S. 216–222.

[393] In der Soziobiologie hat man in der Tat Gründe gefunden, daß Freund-schaft, Zuneigung und sexuelle Anziehung auf genetische Ähnlichkeit der Part-ner zurückgehen. (I. Philippe Rushton: Genetic Similarity, Human Altruism,

and Group Selection: In: Behavioral and Brain Sciences 12 [1989], pp. 509–559.)

394 J. M. Davidson/R. J. Davidson (eds.): The Psychobiology of Consciousness. New York 1980, Chapter 12.

395 H. Margenau: Quantum Mechanics, Free Will, and Determinism. In: Journal of Philosophy 64 (1967), pp. 714–725.

396 P. Davies: Chaos Frees the Universe. In: New Scientist 128 (1990–10–6), No. 1737, pp. 48–51.

397 Vgl. dazu V. Beck/E. Beck-Gernsheim: Das ganz normale Chaos der Liebe. Frankfurt 1990.

398 I. Prigogine/P. M. Allen/R. Herman: Long Term Trends and the Evolution of Complexity. In: E. Laszlo/J. Bierman (eds.): Goals in a Global Community. Vol. I: Studies on the conceptual foundations. New York 1977, pp. 1–63.

399 G. E. Schwartz: Consciousness and the Brain Self-Regulation Paradox. In: J. M. Davidson/R. I. Davidson (eds.): The Psychobiology of Consciousness. New York 1980, pp. vii-x.

400 H. Haken: Erfolgsgeheimnisse der Natur. Stuttgart 1981, Kapitel 14.

401 R. Eckmiller (ed.): Advanced Neural Computers. Amsterdam 1990.

GLOSSAR

Algorithmus: Allgemeines Verfahren, das für ein vorgelegtes Problem in endlich vielen eindeutig festgelegten Schritten eine Lösung liefert – wenn sie existiert.

Anomalie von Jupiter und Saturn: Jupiter beschleunigt sich und Saturn verlangsamt sich durch gegenseitige Störungen von langer Periode.

Äquivalenzprinzip: Grundlegendes Postulat der Allgemeinen Relativitätstheorie, daß die Wirkungen der Gravitation und die Wirkungen von Beschleunigungen lokal grundsätzlich nicht unterscheidbar sind. „Trägheit und Schwere sind wesensgleich." (A. Einstein)

Äther: Ein gewichtsloser, alles erfüllender Stoff, durch dessen Existenz man in der klassischen Elektrodynamik die Ausbreitung des Lichts erklärt.

Attraktor: Endkonfiguration eines dynamischen Systems im Phasenraum, z. B. für ein gedämpftes Pendel der Fixpunkt.

Balmer-Formel: $\lambda = \lambda_0 \dfrac{m^2}{m^2 - 4}$

Von J. J. Balmer im Jahre 1883 aufgestellte Beziehung für eine Spektralserie, die beim Übergang des Wasserstoffatoms von einem höheren zum zweittiefsten Energieniveau emittiert wird.

Beschleunigung des Elektrons: Beschleunigte Ladungen strahlen, und zwar in einer Stärke S_o, die proportional dem mittleren Beschleunigungsquadrat ist,

$$S_o = \frac{2}{3} \frac{e^2 \dot{\gamma}^2}{c^3}$$

Bohr-Radius: $r_B = \hbar^2 / m_e e^2 = 0{,}529 \cdot 10^{-8}$ cm

r_B ist der Radius der innersten Quantenbahn des Elektrons im Bohrschen Atommodell des Wasserstoffatoms.

Boltzmann H-Theorem: $dH/dt \leq 0$ [$H = -kS$] [k = R/N]

Es drückt die Erreichung des Gleichgewichtes in der kinetischen Gastheorie aus. H ist dem Entropiewert des Gases S negativ proportional, k ist die Boltzmann-Konstante, welche als Verhältnis von Gaskonstante R und Avogadrozahl N definiert ist.

de Broglie-Wellen: Louis de Broglie ordnete jedem materiellen Teilchen mit der Energie E und dem Impuls p eine Wellenerscheinung zu, mit der Frequenz $v = E/h$ und der Wellenlänge $\lambda = h/p$. Da $p = m \cdot v$ ist, kann man die de Broglie-Gleichung auch $v = h/m \cdot v$ schreiben.

Compton-Effekt: Streuung elektromagnetischer Wellen an freien oder schwach gebundenen Elektronen, die mit einer Änderung der Wellenlänge verbunden ist.

Determinismus: Dem Determinismus liegt die Annahme zugrunde, daß die Zukunft durch die Gegenwart (und diese durch die Vergangenheit) genau eindeutig bestimmt ist. In der klassischen Physik versuchte man, die das Naturgeschehen beherrschenden Gesetze in Differentialgleichungen zu fassen und durch Angabe von Anfangsbedingungen daraus das künftige Geschehen abzuleiten.

Dichtekontrast: Der Dichtekontrast

$$\frac{\delta\varrho}{\varrho} = \frac{\varrho(x) - \bar\varrho}{\varrho(x)}$$

ist ein Maß für die Inhomogenität der Materieverteilung im Raum (z. B. des Kosmos).

Dispersion ist die Eigenschaft von weißem Licht, sich in einem Medium in die Spektralfarben zu zerlegen. Allgemeiner bezeichnet man als Dispersion die Frequenzabhängigkeit des Brechungsindex.

DN-Erklärung: Eine deduktiv nomologische Erklärung verwendet ein *allgemeines Naturgesetz* und spezielle Anfangsbedingungen, um ein spezielles Phänomen zu erklären. DN-Erklärungen gehen auf Arbeiten von C. Hempel und P. Oppenheim zurück.

Drehimpulsquantelung: Schon im Bohrschen Atommodell mußte postuliert werden, daß der Drehimpuls nur in ganzzahligen Vielfachen von ℏ auftritt. Die Drehimpulsquantelung ist eine generelle Konsequenz der Quantenmechanik.

Entropie: Zustandsgröße eines thermodynamischen Systems, die mit dem Anteil der nicht in Arbeit umwandelbaren Energie zusammenhängt. Irreversible makroskopische Prozesse führen stets zu einer Zunahme der Entropie, so daß dadurch eine Richtung von Naturprozessen festgelegt wird.

Ergodenhypothese wurde zur Lösung des Ergodenproblems eingeführt. Dabei geht es darum, die Ersetzung zeitlicher Mittelwerte durch Mittelwerte über den Phasenraum theoretisch zu begründen.

Die Boltzmannsche Ergodenhypothese besagt nun, daß ein thermodynamisches System im Laufe der Zeit alle möglichen Zustände mit dem gleichen Wert der Gesamtenergie annimmt. Dies ist aber theoretisch nicht haltbar.

Extremalprinzipien erlauben es, die Bewegungsgleichungen eines Systems zu bestimmen, wobei eine bestimmte mechanische Größe bei der Bewegung einen Extremwert annimmt. So ist z. B. beim Prinzip der kleinsten Wirkung jene Bewegung ausgezeichnet, bei der die Wirkung $[S = \int L dt]$ minimal wird.

Feld: Ein Feld ordnet jedem Punkt des Raumes einen Wert zu. Man unterscheidet skalare Felder, Vektorfelder und Tensorfelder. Skalare Felder sind z. B. Temperaturfelder, Vektorfelder sind Geschwindigkeitsfelder, Tensorfelder ordnen jedem Punkt einen Tensor, z. B. einen Spannungszustand, zu.

Hamilton-Funktion: Die Hamilton-Funktion H bestimmt die Dynamik eines physikalischen Systems. Aus den Hamilton-Gleichungen

$$\dot{q}_\alpha = \frac{\partial H}{\partial p_\alpha} \; ; \dot{p}_\alpha = -\frac{\partial H}{\partial q_\alpha}$$

ergeben sich die Bewegungsgleichungen.

Higgs-Feld: Ein nach dem Physiker Peter Higgs benanntes Feld φ, das durch das Potential U gekennzeichnet werden kann:

$$U = -m^2 \; \varphi + \frac{\lambda}{2} \; \varphi^4$$

Der erste Term beschreibt die Masse des Higgs-Teilchens, der zweite die Selbstwechselwirkung des Higgs-Feldes. Mit dem Higgs-Mechanismus kann man den Feldquanten in den Eichtheorien eine Masse zuordnen.

Heuristik: Erfinderkunst. Lehre von den Verfahren, Probleme zu lösen. Die Heuristik arbeitet z. B. mit Analogien, Generalisierungen und Modellen, wobei es nur auf den Erfolg der verwendeten heuristischen Prinzipien ankommt und weniger auf deren formale Korrektheit.

Induktionsgesetz: Das Induktionsgesetz beinhaltet die Tatsache, daß ein zeitlich veränderliches Magnetfeld ein elektrisches Feld induziert.

Inertialsystem: Gleichförmig bewegtes Bezugssystem, in dem die Bewegung sich selbst überlassener Körper nach dem Trägheitsgesetz erfolgt.

Information: Eine Nachricht – das ist eine von einem Sender zu einem Empfänger übermittelte Zeichenkette –, die einen Sachverhalt ausdrückt, einem Zweck dient oder eine Handlung auslöst, gilt als Information. Nach C. E. Shannon ist das Maß der Information die logarithmische Funktion der statistischen Wahrscheinlichkeiten $p(s_i)$ der verschiedenen zu sendenden Mitteilungen s_i: $H = -\sum_{i=1}^{N} p(s_i)\log p(s_i)$

Inkommensurabilität: Zwei Größen sind inkommensurabel, wenn sie mangels eines gemeinsamen Maßstabs gar nicht miteinander vergleichbar sind. Die Inkommensurabilitätsthese behauptet nun, daß zwei Theorien, die durch eine wissenschaftliche Revolution (d. h. einen Umbruch wie die Kopernikanische Wende) getrennt sind, nicht nur miteinander unverträglich, sondern inkommensurabel sind, z. B. wegen des radikalen Bedeutungswandels der Begriffe, die beiden Theorien (scheinbar) gemeinsam sind. Die Inkommensurabilität verhindert die Kontinuität zwischen verschiedenen Paradigmata ebenso wie eine rationale Entscheidung zwischen konkurrierenden Theorien. So leugnen die Vertreter der Inkommensurablitätsthese z. B., daß die Newtonsche Mechanik einen Grenzfall der Einsteinschen Theorie darstelle.

Interferenz: Überlagerungserscheinungen, die beim Zusammentreffen zweier oder mehrerer Wellenzüge (elektromagnetische Wellen, Materiewellen, Oberflächenwellen) mit fester Phasenbeziehung untereinander am gleichen Raumpunkt beobachtbar sind.

232   Glossar

Invarianz: Unveränderlichkeit bestimmter physikalischer Größen bei Koordinatentransformation.

Irreversibilität: Nichtumkehrbarkeit physikalischer Zustandsänderungen, die bei allen natürlichen Prozessen unter Vermehrung der Entropie des Systems auftritt.

kanonische Transformation: Umkehrbar eindeutige Transformation der Koordinaten und Impulse eines physikalischen Systems, die die Form der Hamiltonschen Bewegungsgleichungen invariant läßt.

klassischer Elektronenradius: Wenn man das Elektron als kugelförmiges räumliches Gebilde ansieht, kann man ihm die Größe

$$r_e = \frac{e^2}{m_e c^2} = 2{,}818 \cdot 10^{-13}\ cm$$

zuordnen.

Kontingenz: Eigenschaften der Welt, die nicht notwendig aus den Naturgesetzen folgen, also auch anders sein könnten (z. B. Anfangsbedingungen), nennt man kontingent.

Korrespondenzprinzip: Heuristisches Prinzip bei der Entwicklung der Quantenmechanik: Die klassische Beschreibung eines physikalischen Systems muß als Grenzfall aus der quantentheoretischen Beschreibung folgen.

Kovarianz: Forminvarianz: Unveränderlichkeit der Form von physikalischen Gleichungen bei Koordinatentransformationen.

Lagrange-Funktion: In der Mechanik als Differenz der kinetischen Energie T und der potentiellen Energie U gebildeten Funktion $L(q_k, \dot{q}_k, t) = T - U$, die von den verallgemeinerten Orts- und Geschwindigkeitskoordinaten q_k, $\dot{q}_k$ sowie der Zeit t abhängt. Sie bestimmt das dynamische Verhalten eines Systems.

Linearer Operator: Abbildungsvorschriften, die jedem Element x einer Menge A eindeutig ein Element y einer zweiten Menge B zuordnet: Man schreibt $y = Tx$, und es gilt $T(x_1 + x_2) = T(x_1) + T(x_2)$ für $x_1, x_2 \in A$.

Lorentz-Transformation: Koodinatentransformation der Raum-Zeit-Welt von einem Bezugssystem S auf ein gegenüber diesem gleichförmig bewegtes Bezugssystem S', die den Abstand zweier Weltpunkte invariant läßt:

$$x' = 1/\beta\,(x - vt);\ t' = 1/\beta\,(t - \frac{vx}{c^2})$$

$$\beta = \sqrt{1 - \frac{v^2}{c^2}}$$

Maxwell-Boltzmann-Verteilung: Wahrscheinlichste Gleichgewichtsverteilung von N-Teilchen in einem vorgegebenen Volumen auf alle zugänglichen Orte und Geschwindigkeiten:

$$[f(u) = a e^{-\lambda u^2}]$$

Maxwellscher Verschiebungsstrom: Die theoretische Größe wurde von Maxwell postuliert, um die Ladungserhaltung der Elektrodynamik (Kontinuitätsgleichung) zu erfüllen.

Nichtvertauschbarkeit: In der Quantenmechanik ist es im allgemeinen nicht gleich, in welcher Reihenfolge zwei Operatoren T_1, T_2 auf einen Zustandsvektor $|x>$ angewandt werden, d. h., es ist meistens $T_1 T_2 |x> \neq T_2 T_1 |x>$.

Oszillator, harmonischer: Schwingungsfähiges Gebilde, bei dem die rücktreibende Kraft proportional der Auslenkung aus der Ruhelage ist.

Pauli-Prinzip: Grundlegendes Prinzip der Mikrophysik: Alle Quantenzustände eines Teilchensystems (z. B. Elektronen) können jeweils nur einfach besetzt werden.

Periheldrehung: Eine langsame Drehung der Apsidenlinie (Verbindungslinie der Punkte der kleinsten und größten Entfernung vom Zentralkörper) der Planeten in ihrer Bahnebene; die relativistische Periheldrehung ist die durch die Allgemeine Relativitätstheorie erklärte Drehung der großen Halbachse der Bahnellipse, die bei den inneren Planeten nach Abzug der durch die anderen Planeten verursachten Störungen übrigbleibt.

Periodensystem der Elemente: Systematische Anordnung sämtlicher bekannten chemischen Elemente in einer Tafel, die die Gesetzmäßigkeiten des atomaren Aufbaus der chemischen Elemente und ihrer physikalischen und chemischen Eigenschaften widerspiegelt. Das PSE gliedert sich in Perioden (Reihen) und Gruppen (Spalten).

Phasenraum: Abstrakter mathematischer Raum zur Beschreibung der Zustände eines mechanischen Systems. Besitzt das System N Freiheitsgrade, ist er $2N$-dimensional.

Photonen: Lichtteilchen mit einer Energie $E = h\nu$, einer Masse $m = \dfrac{h\nu}{c^2}$ und einem Impuls $p = \dfrac{h\nu}{c}$ ihre Ruhemasse $m_o = 0$,

Photonen sind die Quanten des elektromagnetischen Strahlungsfeldes.

Poisson-Gleichung: Von S. D. Poisson 1811 für das Gravitationspotential φ aufgestellte Differentialgleichung:

$$\Delta \varphi = -4 \pi \varrho$$

Prinzip von d'Alembert: Grundsatz der theoretischen Mechanik, der das dynamische Problem der Bewegung von n Massenpunkten, die unter dem Einfluß äußerer Kräfte stehen, formal auf ein statisches Problem zurückführt.

Raumkrümmung: Ein gespanntes Gummituch krümmt sich, wenn man eine Kugel darauflegt. In der Verallgemeinerung dieser Vorstellung wird (in der Allgemeinen Relativitätstheorie) die durch die Materie verursachte Abänderung der geometrischen Struktur des Raumes als Krümmung bezeichnet.

Resonanz: Mitschwingen eines schwingungsfähigen Systems bei Einwirkung von periodisch veränderlichen Kräften, deren Frequenz gleich der Eigenfrequenz des Systems ist.

Reversibilität: Umkehrbarkeit von Prozessen. Ein reversibel ablaufender Prozeß ermöglicht die Rückkehr zum Ausgangspunkt ohne bleibende Veränderungen in der Umgebung.

Rotverschiebung z: Das Spektrum des Lichts aller entfernten extragalaktischen Objekte ist nach längeren Wellenlängen um $\Delta\lambda$ verschoben: $z = \Delta\lambda/\lambda$. Die Rotverschiebung wird als Effekt der Expansion des Universums gedeutet. Mit z kann man auch einen kosmischen Zeitpunkt kennzeichnen, so fand etwa die Entkoppelung von Strahlung und Materie bei $z = 1000$ statt, das sind ca. 300 000 Jahre nach dem Ursprung des Universums.

Schwarze Hohlraumstrahlung: Die (Temperatur-)Strahlung, die im Innern eines allseitig geschlossenen, hohlen Körpers auftritt, wenn die Innenwände an allen Stellen die gleiche Temperatur haben.

Selbstähnlichkeit: Wiederkehr der gleichen geometrischen Struktur in kleinem Maßstab. Folgt der Bedingung

$$x(\lambda t) = \lambda^K x(t),$$ wobei K der Ähnlichkeitsexponent ist.

Spektralgesetze: Gibt die spektrale Intensitätsverteilung der schwarzen Wärmestrahlung wieder. Das Gesetz von Wilhelm Wien

$$u = \frac{8\pi\nu^3 h}{c^2}\, e^{-\frac{h\nu}{kT}}$$

(1886) und das Gesetz von Lord Rayleigh

$$u = \frac{8\pi\nu^2}{c^2}\, kT$$

sind beide Grenzfälle des von Max Planck 1900 gefundenen exakten Gesetzes

$$u = \frac{2h}{c^2}\, \frac{\nu^3}{e^{\frac{h\nu}{kT}}-1}$$

Stark-Effekt: Die von J. Stark 1913 entdeckte Aufspaltung der Spektrallinien eines Linienspektrums in eine Anzahl von Komponenten, wenn sich die Atome der untersuchten Substanz in einem elektrischen Feld befinden.

Superposition: Lineare Überlagerung von Wellen. In der Quantenmechanik lineare Kombination von Wellenfunktionen.

Thermodynamische Tiefe: Maß für die Komplexität eines Systems, das die Menge der Entropie, die während der Evolution eines Systems erzeugt wird, zur Definition verwendet.

Tunneleffekt: Ein atomares Teilchen durchdringt einen Potentialwall, in dem die potentielle Energie größer als die kinetische Energie ist.

Turing-Maschine: Universelles Modell eines Automaten, das 1936 von dem Mathematiker Alan M. Turing vorgeschlagen wurde.

Unschärferelation: Von Werner Heisenberg gefundene Beziehungen zwischen den Unschärfen (mittleres Schwankungsquadrat) zweier physikalischer Größen eines mikrophysikalischen Systems, z. B. lautet die Unschärferelation für die gleichzeitige Messung der Ortskoordinate x und der Impulskomponente p_x eines Teilchens $x \cdot p_x > h/2\pi$. Diese Relationen sind eine Folge der Nichtvertauschbarkeit der Operatoren (der dynamischen Variablen) in der Quantenmechanik.

Wirkungsquantum: Von Max Planck 1900 bei der Erklärung der schwarzen Hohlraumstrahlung eingeführte Konstante h, die die Dimension einer Wirkung (Energie × Zeit) besitzt.

Zeeman-Effekt: Bezeichnung für die 1896 von P. Zeemann entdeckte Aufspaltung der Spektrallinien, wenn die strahlenden Atome sich in einem Magnetfeld befinden:
– *normaler Zeeman-Effekt:* Aufspaltung jeder Linie in drei Komponenten, kann nach H. A. Lorentz durch schwingenden Dipol beschrieben werden;
– *anormaler Zeeman-Effekt:* Durch den Elektronenspin (Eigendrehimpuls) hervorgerufene Aufspaltung der Spektrallinien in starken Magnetfeldern.

NAMEN

ABRAHAM, MAX (1875–1922)
Professor der theoretischen Mechanik in Mailand, Professor der Physik in München und Stuttgart; Elektrodynamik, Elektronentheorie, Theorie des ‚starren Elektrons'

D'ALEMBERT, JEAN LE ROND (1717–1783)
französischer Mathematiker; Philosoph und Literat; Hrsg. von ›Encyclopédie‹; entwickelte das d'Alembertsche Prinzip

BOHR, NIELS (1885–1962)
Professor für theoretische Physik in Kopenhagen; Quantenmechanik, Kernphysik; mit Heisenberg: „Kopenhagener Interpretation" der Quantentheorie

BOLTZMANN, LUDWIG (1844–1906)
Professor für mathematische Physik in Graz, Wien, München und Leipzig; statistische Mechanik, Boltzmann-Gleichung

BORN, MAX (1882–1970)
Professor für Physik in Göttingen, Edingburgh; Quantentheorie, statistische Deutung der Quantentheorie

BROGLIE, LOUIS VICTOR DUC DE (1892–1987)
Prof. für Physik in Paris; Quantentheorie; de Brogliesche Materiewellen

CARNOT, SADI (1796–1832)
Ingenieur-Offizier in der französischen Armee; Thermodynamik; Carnotscher Kreisprozeß

CLAUSIUS, RUDOLF (1822–1888)
Professor für Physik an der TH-Zürich, Würzburg, Bonn; Thermodynamik, zweiter Hauptsatz der Thermodynamik, Entropie

COMPTON, ARTHUR (1892–1962)
Professor für Physik in Chicago, Washington; Quantentheorie, Compton-Effekt

EINSTEIN, ALBERT (1879–1955)
Professor für Physik in Zürich, Prag, Berlin, Princeton; Spezielle Relativitätstheorie, Allgemeine Relativitätstheorie (Theorie der Gravitation)

FARADAY, MICHAEL (1791–1867)
Mitglied der Royal Society, Direktor der Royal Institution in London; Elektrizitätslehre, elektromagnetische Induktion, Dynamo, Faraday-Effekt

FRIEDMAN, ALEXANDER (1888–1925)
Russischer Mathematiker und Meteorologe. Stammt aus St. Petersburg und arbeitete in Petrograd

GIBBS, JOSIAH (1839–1903)
Professor für mathematische Physik an der Yale-University; Thermodynamik, Gibbssche Phasenregel

HAKEN, HERMANN (*1927)
Professor für theoretische Physik, seit 1965 Universität Stuttgart-Hohenheim; Begründer der Synergetik

HAMILTON, SIR WILLIAM ROWAN (1805–1865)
irischer Mathematiker und Physiker, Vollender der klassischen Mechanik, Hamiltonsches Prinzip

HAYEK, FRIEDRICH AUGUST FREIHERR VON (1899–1992)
österreichischer Nationalökonom, bedeutendster Vertreter des Neoliberalismus; Professor 1962–1968 in Freiburg/Br.

HEISENBERG, WERNER (1901–1976)
Professor für theoretische Physik in Leipzig, Direktor des Max-Planck-Instituts für Physik und Astrophysik in Göttingen und München; Quantentheorie, Heisenbergsche Unschärferelationen; einheitliche Theorie der Elementarteilchen

HERTZ, HEINRICH (1857–1894)
Professor für Physik am Polytechnikum Karlsruhe und in Bonn; Elektrodynamik; Photoeffekt, Hertzsche (elektromagnetische) Wellen

LAGRANGE, JOSEPH LOUIS DE (1736–1813)
französischer Mathematiker und Physiker; Begründer der Variationsrechnung; Lagrange-Gleichungen der analytischen Mechanik

LAPLACE, PIERRE-SIMON DE (1749–1827)
Lehrer an der École Militaire und École Normale in Paris, kurz unter Napoleon Innenminister; Himmelsmechanik, Kant-Laplacesche Theorie der Entstehung des Sonnensystems

LENARD, PHILIPP (1862–1947)
Professor für Physik in Kiel und Heidelberg; Photoeffekt; Kathodenstrahlung

LEVERRIER, URBAIN JEAN JOSEPH (1811–1877)
Mitglied der Académie des Sciences und Direktor der Sternwarte von Paris; Astronomie; Planetentafeln von Leverrier, Neptun-Entdecker

LORENTZ, HENDRIK ANTOON (1853–1928)
Professor für theoretische Physik in Leiden; Lorentzsche Elektronentheorie; Lorentz-Transformation

LOSCHMIDT, JOSEF (1821–1895)
Professor der physikalischen Chemie in Wien; Thermodynamik; Loschmidtsche (Avogadrosche) Zahl

MACH, ERNST (1838–1916)
Professor der Mathematik in Graz, für Experimentalphysik in Prag, für Philosophie in Wien; Gasdynamik; Machscher Kegel; Positivismus
MAUPERTUIS, PIERRE LOUIS MOREAU DE (1698–1759)
französischer Physiker und Mathematiker; Prinzip von Maupertuis
MAXWELL, JAMES CLERK (1831–1879)
Professor für Physik in Aberdeen, London; Elektrodynamik; Maxwellsche Gleichungen
MICHELSON, ALBERT ABRAHAM (1852–1931)
Professor der Physik in Cleveland (Ohio), Worchester (Massachusetts) und Chicago; Interferenz des Lichts, Lichtgeschwindigkeit; Michelson-Morley-Experiment
MORLEY, EDWARD WILLIAMS (1838–1923)
Professor der Chemie in Cleveland (Ohio); Michelson-Morley-Experiment

OSTWALD, FRIEDRICH WILHELM (1853–1932)
Professor der Chemie in Riga und für physikalische Chemie in Leipzig; Ionentheorie; Ostwaldsches Verdünnungsgesetz

PAULI, WOLFGANG (1900–1958)
Professor für theoretische Physik an der ETH Zürich und in Princeton; Quantentheorie; Paulisches Ausschließungsprinzip
PLANCK, MAX (1858–1947)
Professor für theoretische Physik in Berlin; Plancksches Strahlungsgesetz; Wirkungsquantum
POINCARÉ, HENRI (1854–1912)
Professor für Mathematik in Caen und Paris; Topologie; Dreikörperproblem; Spezielle Relativitätstheorie
POISSON, SIMÉON DENIS (1781–1840)
Großer Mathematiker und Physiker; Begründer der Postutialtheorie
PRIGOGINE, ILYA (*1917)
Professor für physikalische Chemie in Brüssel; Arbeiten zur irreversiblen Thermodynamik

RAYLEIGH, JOHN WILLIAM STRUTT (1842–1919)
Professor für Physik in Cambridge, London; Mitglied und Präsident der Royal Society; Akustik; Wärmestrahlung; Rayleigh-Jeanssches Strahlungsgesetz; Rayleigh-Streuung
RIEMANN, BERNHARD (1826–1866)
Professor der Mathematik in Göttingen; Funktionentheorie; Riemannsche Geometrie

SCHRÖDINGER, ERWIN (1887–1961)
Professor für theoretische Physik in Zürich, Berlin, Oxford, Dublin, Wien; Quantentheorie; Schrödinger-Gleichung

SIEGEL, CARL LUDWIG (1896–1981)
  Professor für Mathematik in Göttingen und Princeton; Zahlentheorie; Himmelsmechanik

SOMMERFELD, ARNOLD (1868–1951)
  Professor für Mathematik in Clausthal, Aachen und für theoretische Physik in München; Theorie der Spektren, (Bohr-) Sommerfeldsches Atommodell

THOMSON, WILLIAM (LORD KELVIN) (1824–1907)
  Professor für Physik in Glasgow; Thermodynamik, Elektrizitätslehre, Kelvinsche Temperaturskala

REGISTER

Namen

Sachen